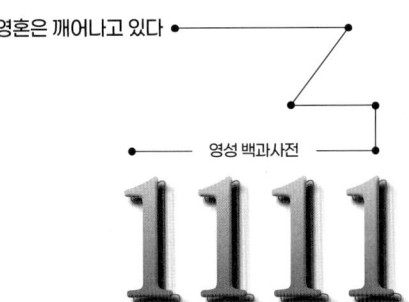

영혼은 깨어나고 있다

영성 백과사전

1111

1111
영혼은 깨어나고 있다

초판 1쇄 발행 2023년 10월 10일

지은이 수잔디
펴낸이 장길수
펴낸곳 지식과감성#
출판등록 제2012-000081호

교정 김서아
디자인 서혜인
편집 서혜인
검수 이주연, 이현
마케팅 김윤길

주소 서울시 금천구 벚꽃로298 대륭포스트타워6차 1212호
전화 070-4651-3730~4
팩스 070-4325-7006
이메일 ksbookup@naver.com
홈페이지 www.knsbookup.com

ISBN 979-11-392-1334-8(03180)
값 16,900원

- 이 책의 판권은 지은이에게 있습니다.
- 이 책 내용의 전부 또는 일부를 재사용하려면 반드시 지은이의 서면 동의를 받아야 합니다.
- 잘못된 책은 구입하신 곳에서 바꾸어 드립니다.

지식과감성#
홈페이지 바로가기

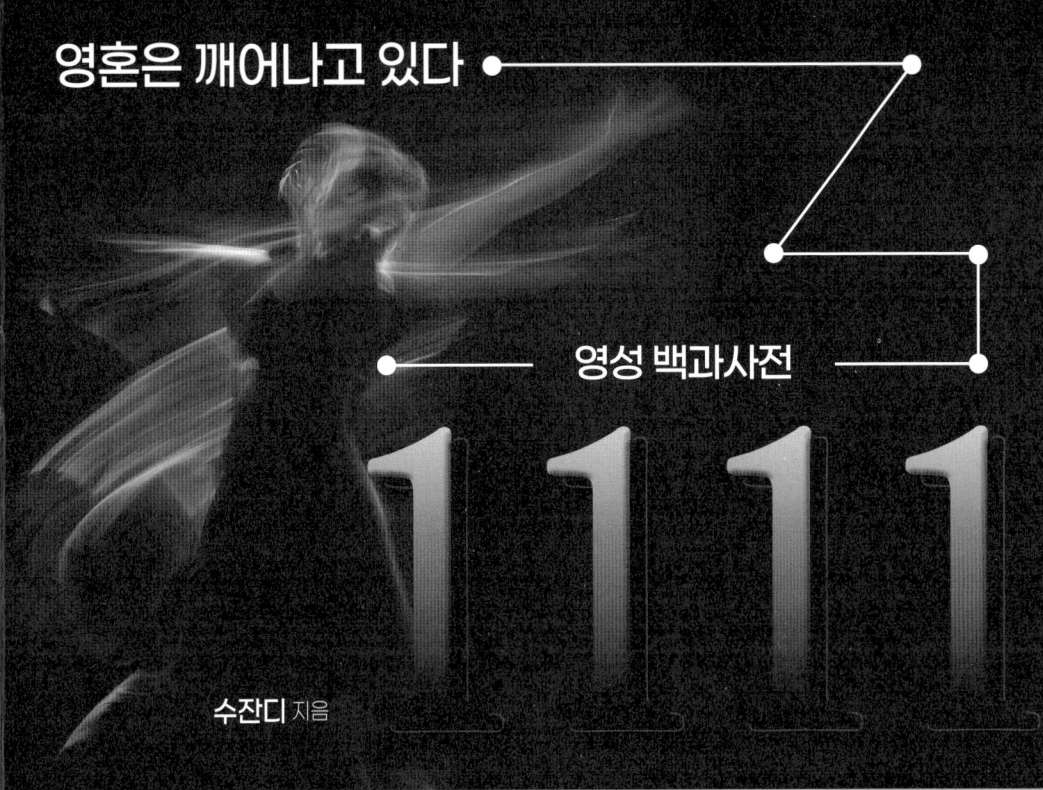

영혼은 깨어나고 있다

영성 백과사전

1111

수잔디 지음

지금 괴로움, 불안감, 공황장애를 느끼고 있나요?
머릿속에서 이런저런 생각이 끊임없이 일어나고 있나요?
때로 고요함 속에 욱하고 눈물이 솟구쳐 오르나요?

잘됐습니다

당신의 영혼은 깨어나고 있습니다

목차

저자의 말   9

종교와 영성 Religion and Spirituality   13

뉴에이지 New Age   17

너 자신을 알라   19
의식 20 ǀ 참나 21

단 하나의 절대 신 The God   22
그리스도 의식 Christ Consciousness 25

아카식 레코드 The Akashic Records   27
에테르체 도서관 28

채널링 Channelling이란?   29
생활 속의 채널링 31 ǀ 영의 가이드 Spiritual Guides 32 ǀ 채널링의 실용성 33 ǀ 채널링을 하며 형상이나 색을 보는 경우 36 ǀ 영의 가이드는 어떻게 정보를 전달할까? 37

창세기 1장 1절   37
여호와 40 ǀ 아담 41

로고스 Logos   42
빛/사랑 에너지 그리고 사랑/빛 에너지 Light/Love and Love/Light 44 ㅣ
빛/사랑 에너지 Light/Love Energy 45 ㅣ 우주 Universe: 로고스 46 ㅣ
블랙홀 49

상위자아 Higher-Self   50
상위자아와 소통 52

주파수와 밀도 Frequency and Density   54
영적 차원과 밀도 55

공간적 시간 Space/Time   59
4차원 59

시간적 공간 Time/Space   60

공시성 Synchronicity   61

오컬트 Occult   63

연금술 Alchemy   64

자연의 7법칙 The 7 Hermetic Principles   66
1. 유심론 67 ㅣ 2. 상호 교신/소통의 원리 68 ㅣ 3. 진동의 원리 69 ㅣ 4.
극성의 원리 70 ㅣ 5. 리듬의 원리 71 ㅣ 6. 원인과 그 영향의 법칙 72 ㅣ 7.
성의 원리 73

신성 기하학 Sacred Geometry   74
1. 특이점 Singularity 74 ㅣ 2. 베시카 파이시스 Vesica Piscis 76 ㅣ 3. 생명의 씨앗, 생명의 꽃, 생명의 열매 79 ㅣ 4. 플라토닉 입체 81

4원소와 차크라   83
차크라 Chakra 84

4원소의 에너지 센터, 차크라와 종교   86
1. 불 원소 Fire의 차크라 종교 87 ㅣ 2. 물 원소 Water의 차크라 종교 88 ㅣ 3. 공기 원소 Air의 차크라 종교 89 ㅣ 4. 흙 원소 Earth의 차크라 종교 90

요가 Yoga   92
요가의 종류 92

에너지체 Subtle Body/Spiritual Body   93
프라나 94

쿤둘리니 호흡   95

7 밀도계 의식 진화 과정   99
빛/사랑 에너지 변형 99 ㅣ 에너지체와 차크라 100 ㅣ 1 밀도계 100 ㅣ 뿌리 차크라 Red-Ray 101 ㅣ (뿌리 차크라 불균형 102) ㅣ (뿌리 차크라 힐링 104) ㅣ 2 밀도계 107 ㅣ 천골 차크라 Orange-Ray 107 ㅣ (천골 차크라 활성화 108) ㅣ (천골 차크라 불균형 증상 108) ㅣ 고통체 Pain Body 109 ㅣ 천골 차크라와 여성 110 ㅣ 감정 표출과 질병 111 ㅣ (감정의 소중함 113) ㅣ (천골 차크라 힐링 114) ㅣ 3 밀도계 116 ㅣ (3 밀도계 자아 성찰 116) ㅣ (3 밀도계 집단생활 117) ㅣ (마스크 Mask 117) ㅣ (우주 차원의 농담 Cosmic Joke 118)

ㅣ (비이원성 Non-Duality 119) ㅣ 생각 120 ㅣ (인생을 바라보는 두 관점 121) ㅣ 에고 프로그램 122 ㅣ (에고 Ego 124) ㅣ (한국인의 집단 고통체 126) ㅣ (아침 식사 127) ㅣ (단식 128) ㅣ 태양 총 차크라 Yellow Ray Chakra 130 ㅣ (태양 총 차크라 힐링 130) ㅣ (3 빌노예의 이원성 131) ㅣ 선택의 시간 133 ㅣ 영성의 극성 Spiritual Polarity 134 ㅣ (STO VS STS, Service To Others VS Service To Self 137) ㅣ 카르마 140 ㅣ (선행과 보상 141) ㅣ (인스턴트 카르마 143) ㅣ (추수 Harvest 144) ㅣ 차원 상승/졸업 145 ㅣ 기억 상실의 베일 147 ㅣ 자유 의지 147 ㅣ Social Memory Complex 사회적으로 통합된 메모리 복합체 149 ㅣ 100마리 원숭이 실험 150 ㅣ 4 밀도계 의식 152 ㅣ (4 밀도계 STO긍정극성의 예수 그리스도 153) ㅣ 심장 차크라 Green-Ray 154 ㅣ 전생 156 ㅣ 환생 157 ㅣ 용서 158 ㅣ (심장 차크라 Green-Ray 힐링 159) ㅣ 5 밀도계 의식 161 ㅣ (5 밀도계 의식의 특징 161) ㅣ 목 차크라 Blue-Ray Energy 162 ㅣ (목 차크라 왜곡 163) ㅣ (목 차크라 활성화 164) ㅣ (목 차크라 힐링 166) ㅣ 사랑 에너지 힐링과 빛 에너지 힐링 167 ㅣ 6 밀도계 168 ㅣ 송과선 차크라 Indigo-Ray 169 ㅣ (영체 Spiritual Body/Subtle Body 171) ㅣ (아스트랄 프로젝션 Astral Projection 171) ㅣ (DMT 174) ㅣ (초능력 174) ㅣ (양자 도약과 끌어당김의 법칙 176) ㅣ (다차원 의식의 환생 177) ㅣ 크라운 차크라 Violet-Ray 178 ㅣ 의식 진화의 마무리 178 ㅣ 똑같지 않아요 179 ㅣ 차크라 셀프 체크 리스트 182 ㅣ (뿌리 차크라 Root Chakra/Red Ray 182) ㅣ (천골 차크라 Sacral Chakra/Orange Ray 183) ㅣ (태양 총 차크라 Solar Plexus Chakra/ Yellow Ray 184) ㅣ (심장 차크라 Heart Chakra/Green Ray 185) ㅣ (목 차크라 Throat Chakra/ Blue Ray 185) ㅣ (송과선 차크라 The Third Eye Chaka/Indigo Ray 186)

영혼의 깨어남 단계 188

영혼의 어두운 밤 Dark Night of the Soul 189 ㅣ 깨어남의 중기 192

천사　　　　　　　　　　　　　　　　　　　　　196
사랑의 힘 201 ｜ 천국 202

악마　　　　　　　　　　　　　　　　　　　　　204
마스터와 노예 Master and Slave 206 ｜ 엔트리 포인트 Entry Point 208

에너지 전환　　　　　　　　　　　　　　　　　　210

여행하는 별 가루, 영혼 Stardust Traveller　　　　212
소울 그룹과 영혼의 종류 214 ｜ 스타시드 Starseeds 또는 방랑자 Wanderers 219 ｜ 세 번에 걸쳐 오는 자원봉사 영혼들 224 ｜ 스타시드에게 227

에필로그　　　　　　　　　　　　　　　　　　　229
참고 자료 목록 및 사진 출처　　　　　　　　　　231

저자의 말

현대의 우리는 스스로에게 돈의 족쇄를 채우고 끌려다닌다. 늘 불만이지만 지구 인간이라면 모두가 따라야 하는 어쩔 수 없는 삶의 방식이라 체념하며 살아간다.
부자는 더 넓고 두툼한 돈의 양탄자를 깔고 빈자는 더 무거운 빚을 메고 있지만 족쇄를 허리에 감싸는지 어깨에 지는지 차이일 뿐, 돈과의 노예 계약은 죽어서야 끝이 날 것이다.
'어차피 제거 불가능 족쇄라면 어깨보다는 허리에 둘러야 그나마 편하겠는데…'라고 생각하는가?

돈을 쓰기 위해 모은다면 쓰는 것이 그 의미가 되고 행복을 추구하는 인간이 돈의 의미를 퇴색시키지 않으려면 쓸 때 즐겁고 행복해야 한다.
그리고 잠시 돈 입장에서 생각해 보면 자신의 가치를 알아봐 준 그곳으로 다시 돌아가고 싶지 않을까?
당신은 돈을 지불하고 얻게 되는 재화와 서비스에 관심이 있는가? 받게 되는 것보다 나가는 돈에 온 신경이 집중되어 있는가?
돈을 쓸 때마다 부여잡고 싶은가?
그 누구도 필요 없는 곳에 돈을 쓰지 않는다. 모두 다 그만한 이유가 있기 때문에 돈을 내어놓는 것이다. 그럼에도 아까운 마음을 떨치기 어려운가?
아까움의 고통이 배설한 에너지는 돈의 껍데기가 된다. 돈 알맹이는 이미 휑 나가고 없는데 부여잡은 껍데기만 잔뜩 쌓여 간다. 과대 포장의 폐해로 정작 돈 알맹이가 들어갈 자리는 점점 사라진다.

돈을 아까워하는 것은 돈이 가진 파워가 무섭기 때문이 아닐까? 그런데 그 파워는 인간이 돈에게 준 것이다. 돈의 가치는 사용하는 사람(주인)이 부여하는 것이지 5만 원이 언제나 그리고 모두에게 1만 원보다 더 가치 있는 것은 아니다.

때에 따라 1천 원이 10만 원보나 훨씬 값진 역할을 할 때도 있다.

세탁기, 냉장고, 자동차가 우리를 위해 일하는 것처럼 상품이나 서비스를 쉽게 교환하기 위해 돈을 만들어 냈으니 돈은 우리의 노예로 태어난 것이다.

그 목적대로 돈을 대할 때, 돈의 마스터가 될 수 있다. 주인은 그 종복을 두려워하지 않는다.

돈 버는 법, 성공하는 법, 자기 계발서를 백날 뒤적이고 세상을 욕해도 자신의 생각을 바꾸지 않으면 변하는 것은 없다. 생각을 바꾸어야 행동이 바뀌고, 돈을 포함한 주변의 에너지들이 변화하게 된다.

그런데 문제는 알면서도 생각이 잘 바뀌지 않아 실천이 안된다는 것이다. 그것은 잠재의식(무의식)에 선입견과 고정관념이 저장되어 있기 때문이다.

잠재의식은 나의 생각과 삶을 지배하는 힘이 있으므로 에너지이고 혹자는 거부할 수 없고 보이지도 않는 이 힘을 신神이라 부르기도 한다.

눈에 보이는 이 세상의 모든 물질은 보이지 않는 것에서부터 탄생한 것이다. 그러니 변화된 삶을 살고 싶다면 보이지 않는 의식, 에너지, 신을 제대로 알아보고 이용하라.

"감정과 그 감정을 만든 생각에 빠지지 말고, 알아차리라."

이 말을 이미 여러 번 들었음에도 여전히 괴로움에 울부짖고 있다면 그대는 고통(에고)중독증을 앓고 있는 중이니 먼저 그 병을 치유해야 할 것이다.

영혼이 있는지 없는지 증명하지 않겠지만 책의 마지막 장을 덮었을 때 힘껏 달린 후 유난히 그 존재를 알리는 심장에 영혼이 살고 있음을 알게 되리라.
그대의 심장이 요동치며 깨어날 때가 오지 않았다면, 영혼은 이 책을 고르지도 않았을 테니 이제 잠에서 깨어날 준비를 하라.

종교와 영성 Religion and Spirituality

보는 것을 믿지 않기란 불가능하지만, 믿지 않는 것을 보는 것도 똑같이 불가능하다. 지각은 경험을 바탕으로 세워지며 경험은 믿음으로 이끈다. 믿음이 확고할 때 비로소 지각이 안정된다. 그렇다면 너는 사실 네가 믿는 것을 본다.
"보지 않고도 믿는 자들은 복이 있도다."라는 구절은 그것을 의미한다.[1]

종교는 지옥을 두려워하는 사람들을 위한 것이고 영성은 지옥(지옥 같은 인생)을 경험한 사람들이 선택하는 의식 진화 방식이다.
종교는 영의 세계를 소개하고 인간 삶의 도덕적 가이드라인을 제시할 수 있다. 하지만 변화에 저항하며 의식의 자유를 억압할 때 종교의 순기능은 사라지게 된다.
아이가 자전거를 처음 배울 때 보조 바퀴에 의지하는 것처럼 종교를 이해해야 한다. 이제 더 크고 튼튼한 자전거로 산악 여행을 떠날 준비가 되었다면 육체와 물질세계가 전부일 수 없다는 베이직 공부를 끝내고 다음 단계를 향해 페달을 굴려 보자.

종교에서 바라보는 창조물과 창조주의 관계는 다음과 같다.
창조주(하나님)가 인간을 포함한 지구의 생명을 창조했고 인간(나)은 동식물과 달리 그 사실을 인지하고 있다.
이런 엄청난 진리를 알고 있는 나(인간)는 신의 위대함과 고마움을 알기 때문에 신을 찬미하지 않을 수 없다. 나(인간)는 신이 만들었으므로 신

---

[1] 《기적수업 합본교과서》 217쪽, T-11.Ⅵ.1:1-5 (헬렌 슈크만 저, 구정희&김지화 역)

과 분리된 존재이다. 비유하자면, 나무로 깎아 만든 목각 인형은 나의 창조물이지 내가 아닌 것과 같다. 그래서 신(하나님)과 분리된 나(인간)는 마음대로 생각하고 행동하는 자유 의지가 있다. 그럼에도 불구하고 피조물인 나는 신이 정해 놓은 규칙대로 살아야 한다. 분리되었기 때문에 각자의 생각과 판단이 있을 수밖에 없지만 그렇다고 맘대로 하는 건 안 되는 조금 헷갈리는 자유 의지이다. 게다가 사과같이 생긴 과일을 따 먹는 일처럼 하지 말라고 한 짓을 하면, 언제든 빼앗길 수도 있는 생명이지만 우선은 태어난 것에 감사해야 한다.

신의 마음에 안 드는 행동이나 생각, 예를 들어 자위를 하거나 야한 생각이라도 떠오르게 되면 지옥에 떨어져 고통받게 될 수 있다.

마음 한편에 '*생각이라는 것이 내 맘대로 떠오르고 안 떠오르고 통제가 될 수 있는 성질이 아닌 데도 벌을 받아야 하다니 이럴 거면 처음부터 안 태어나는 게 낫지 않나?*' 라는 의문이 들지만 이런 생각도 지옥행 티켓이 된다.

살얼음판 같은 인생이라도 감사해야 하는 이유는 나(인간)는 피조물이므로 창조주를 경외하는 위치에 있기 때문이다. 이런 의무는 언제 만들어졌는지 궁금하지만 의문을 가지는 것은 믿음이 부족한 것이고 신성 모독이라 비난을 받을 테니 물어볼 수 없다.

인간의 행동이나 생각 때문에 육체가 죽으면 그 벌을 영혼이 받게 되니 영혼 입장에서는 죽으면 흙으로 돌아가 지옥 불에 타는 고통을 받지 않는 육체가 부러울 수도 있다. 이상하고 나쁜 생각을 하고 욕심을 내서 벌을 받게 됐으니 그 원인을 제공한 인간이 원망스러울 수도 있겠다.

인간 육체가 신의 말을 잘 듣고 착하게 살면 영혼은 천국에 가서 포상을 받아 하나님과 함께 천사들의 노랫소리를 듣게 된다. 아무리 맛있는 것도 1주일 먹으면 물리게 되고 재미난 것도 한 달이면 신물이 나는데 천국에서는 그런 일이 없었음 좋겠다. 몇십 년 지구 생활로 미루어 보아 슬픈 예감은 맞을 확률이 높지만 창조주를 만날 수 있다니 예수님도 잘 믿어야 한다.

이런 종교와 달리 영성은 창조주(신, 하나님, 절대의식...)와 나(인간, 영혼, 의식, 생각, 정신, 마음)를 분리하지 않는다.

땅과 땅속에서 씨앗으로 시작된 나무는 창조주와 우리(인간, 생명, 의식, 영혼...)의 관계와 비슷하다. 나무가 가지를 뻗치며 땅 위로 아무리 높고 크게 자란다 하더라도 땅과 분리되어서는 그 생명을 유지할 수 없다. 나무는 분리된 독립체가 아니고 땅은 나무를 지탱하고 영양분을 주며 함께할 뿐 명령하거나 간섭하는 존재가 아니다.

신(하나님, 절대의식, 창조주, 근원의식 etc 뭐라고 부르든)은 내 안에 그리고 밖에도 있다. 심장이, 척추가 내 안에 있으므로 나의 일부이고 나 자신인 것처럼 신성은 숨으로 나와 함께한다. 나무가 흙에 뿌리를 두어야 살아 있는 것처럼 나와 신은 분리되어 존재할 수 없다.

나의 육체는 신성을 표현하고 나의 생각은 신성을 담고 있음을 기억하는 영혼을 알아차리는 것이 영성의 궁극적 목표이다.

종교에서 믿는 아브라함의 신은 인간을 만든 창조자 집단 중 하나일 수는 있지만 영혼과 의식을 탄생시킨 태초의 절대의식 창조주는 아니라는 것이 영성의 기본 지식이다.

뉴에이지 또는 비이원성[2]의 영성이 무엇을 말하는지 정확히 모르는 사

---

[2] 스피노자의 범신론과 매우 유사하다. 범신론(汎神論: pantheism)은 세계 밖에 별개로 존재하는 인격신이 아닌 우주, 세계, 자연의 모든 것과 자연법칙을 신이라 하거나 또는 그 세계 안(신과 세계는 하나)에 하나의 신이 내재되어 있다는 철학, 종교관이자 예술적 세계관이다. 출처: 위키백과(우리 모두의 백과사전)

람들은 신이란 모든 것에 존재하는 의식으로 우리는 모두 신의 공동 창조자(Co-Creator)라는 개념을 *"모두가 신이라면 지나가는 고양이도 신이고, 전쟁과 성폭행도 신이냐?"* 라고 물을 수 있겠다.

우리는 세상(우주)과 그 안에 존재하는 다른 생명들(또는 것들)과 관계를 맺으며 자신의 존재를 확인하게 된다.

고양이라는 물리체는 신이 아닐지 모르지만 고양이를 살아 움직이게 하고 자신의 욕구를 표현하고 세상을 경험하는 고양이의 의식은 무한 가능성의 일부이므로 신이라 할 수 있다.

치타가 가젤을 잡아먹으면서 죄책감을 느끼지 않는 것은 그 의식이 선악을 판단하지 않기 때문이고 따라서 2 밀도계 의식의 동물은 그 행동(의식 표현)에 책임을 지지 않는다.

동물과 달리 인간은 옳고 그름을 판단하므로(의식하든 못하든) 자유 의지를 이용해 나름의 방법으로 잠재된 신의 가능성을 표현하며 이 과정에서 개인의 의식은 진화하거나 퇴화하기도 한다.

전쟁, 기아, 질병 등도 그 자체가 신이 아니라 신의 무한 가능성 중 인간이 그것을 선택해 세상에 발현해 낸 것이다.

비 내리는 거리를 친구 세 명이 걷고 있다. 한 명은 추적추적 내리는 비에 젖은 바지 때문에 기분이 나빠져 *"비가 싫다."* 라며 불평을 늘어놓는다. 다른 한 명은 비가 오면 세상이 깨끗해지고 공기도 맑아져 *"비가 좋다."* 라고 했다. 나머지 한 명은 말없이 빗소리를 듣고 비에 젖어 드는 나무, 보도블록, 건물들을 가만히 응시하며 걸었다.

세 명은 비를 창조하지 않았지만 내리는 비를 보며 각자 생각 에너지를 조합하고 재배열하면서 경험을 거부하거나 즐기기도 하고 바라보기도 하였다. 이렇게 우리는 이미 창조된 모든 물질과 비물질(생각이나 감정)을 나름의 방식으로 재창조하며 삶을 채우고 있다.

뉴에이지 New Age

하늘의 별들은 서로 수백만 광년 떨어져 있는 빛의 점들이다. 별자리는 물리적으로 존재하지 않지만 점성학에 담긴 상징으로 실재하며 이는 인간으로 태어난 이유와 이 세상이 무엇인지 그 진리를 찾는 여정의 표지판이 되어 준다.

(Power VS Force by David Hawkins)

최후의 만찬 때, 이제 누구를 따라야 하는지 우왕좌왕하는 제자들에게 예수 그리스도는 수수께끼 같은 얘기를 한다. "시티에 들어가면 물병을 들고 있는 남자(또는 사람)를 만날 것이다. 그가 들어가는 집으로 따라가라.[3]

암호 같은 그리스도의 말을 풀어 보면, A man(남자)로 번역된 그리스어 ἄνθρωπος(안스러포스/ánthrōpos)는 인류학(Anthropology)의 어원으로 인류(Mankind)라는 뜻이다. 시티는 도시가 아니라 세속 생활(물질세계)을 의미한다. 따라서 인류의 물병이란 지구

---

[3] When you have entered the city, A man will meet you carrying a pitcher of water: follow him into the house that he enters.(Luke 22:10)

에 살고 있는 모든 사람들이 볼 수 있는 하늘의 물병자리[4]를 가리킨다. 집으로 들어가라:의 집은 점성학에서 행성의 자리(무대나 배경)를 나타내는 House이다.

물병자리는 인류애, 집단의식, 공동의 목표, 이상적 사회, 친구, 커넥션, 기술 문명, 의사소통의 키워드로 표현되는 11번째 House이다.

지구는 프리세션 축을 중심으로 약 72년에 1°씩 원을 그리며 천체의 황도 12궁(30°씩 12개의 별자리가 배치됨)의 한 별자리를 약 2160년 동안 머물다 다음 별자리로 천천히 이동하는 대략 25920년의 메이저 사이클로 움직인다. 마야인들이 사용했던 달력의 표기 방법 중 하나인 1 바툰(B'ak'tun: 144000일)이 끝나는 날이 2012년 12월 21일이었기 때문에 이즈음 지구 종말론이 성행하기도 하였다. 서양의 트로피컬 점성학은 태양이 매년 춘분점에 양자리 0°를 지나가는 것을 기준으로 하는데 점성학의 황금시대 BC 2세기에 태양은 춘분 무렵 양자리에 있었다. 하지만 2023년 현재 태양은 춘분점에 물고기자리를 거의 벗어나 물병자리에 가까워지고 있다. 지구 축은 별자리를 역행으로 돌기 때문에 그리스도가 활동하던 2000년 전에는 물고기자리(12번째 House)의 시대였으며 현 인류는 물병자리 새로운 시대(New Age)를 맞이하고 있다.

뉴에이지는 이원성의 3 밀도계 의식에서 사랑의 4 밀도계 주파수로 차원 상승한 지구 사이클을 의미하기도 한다.

정신 분석학자 칼 융은 인간의 집단 무의식에는 원초적으로 12가지의 보편적 의식 원형이 새겨져 있다고 보았다. 그중 현시대에 해당하는 물병자리(11번째 House)의 의식 원형은 인류 전체의 깨달음을 돕는 깨어난 선구자와 자유로운 사유자(Free Thinker)이다. 이들은 생활 속에서 깨달

---

[4] 물병자리는 물병을 지고 있는 사람의 모습이다.

음을 실천하는 혁신적 사고방식의 얼리 어답터(Early Adopter)라고 불리기도 한다. 물병자리는 고차원의 기술 집약을 시도하고 열린 마음으로 생각을 공유하면서 함께 성장하는 세상을 그린다. 타인이 정해 놓은 기준과 무관한 개인의 이상향을 추구하고 자신의 의견을 당당히 표현하며 상대방의 다른 생각도 존중한다. 동물 보호, 남녀평등, 세대 간의 이해 격차를 조정하기 위해 애쓰고 성적 소수자처럼 취약 집단의 권리를 위해 싸우는 정의의 전사이기도 하다.

너 자신을 알라

어떤 문제를 골똘히 고민하다 그 답을 깨우쳐 이해하게 되거나 몰랐던 것을 알게 되는 것은 깜깜하던 머릿속에 불이 켜지는 것과 유사하기 때문인지 영어로 En-lighten-ment[5]라 하고, 불교에서 추구하는 깨달음[6]도 Enlightenment이다.

부처는 괴로움의 원인이 무지(Ignorance, 알지 못함)라고 했지만 세상의 지식을 쌓아 아는 것이 많아져도 여전히 괴로움(마음의 번뇌)에 휘청대는 것은 무지가 무식이 아니라 참나(진정한 자아 정체성)를 모른다는 의미이기 때문이다. 그렇다면 진정한 나를 아는 것이 괴로움에서 벗어나는 방법이 된다는 말이다.

신성한 채널(영매)이었던 오라클이 살던 고대 그리스 델포이 신전 입구

---

5 En: 타동사화시킴, Lighten: 밝히다. Ment: 명사형 접미사
6 깨침과 또 다른 깨침을 향한 달음박질(고양 원각사 주지 정각스님)

에는 *너 자신을 알라.*[7]라고 쓰인 현판이 걸려 있다. 자신에 대해 모든 것을 알고 있다면 신전에 들어와 질문할 필요가 없다는 의미이다.

'*자신에 대해 안다*'라는 것은 성격이나 장단점을 아는 1차원적 메타 인지가 아니라 인간이라는 육체를 도구 삼아 진화하고 있는 의식(영혼)이 참 나(진정한 자아)임을 아는 것이다.

의식

의식이 있음은 깨어서 주변 상황을 알아보고 자신이 누구인지 무엇을 하고 있는지 아는 것이다. 의식은 생각 수준, 양심, 도덕에 국한되지 않으며 행동, 감정, 생각을 알아보는 자신을 인지하는 것이다.

Cogito, ergo sum.
I think, therefore I am. 철학자 르네 데카르트

생각하고 있는 나는 부정할 수 없기 때문에 생각은 나의 존재함을 증명할 수 있으므로 흔히 '*나는 생각한다. 고로 존재한다.*'라고 번역된다. 그러나 생각이 사라지거나 바뀌면 나는 더 이상 존재하지 않거나 변하게 되는 것인가? 변하고 바뀌고 사라진다면 그것은 *참자아(진정한 나)*가 될 수 없다.

밥 먹고 하루 종일 하는 일이 생각이었을 사상가 데카르트가 이 사실을 몰랐을까?

만약 '*I am*'을 존재가 아니라 그냥 '*나는… 이다*' 또는 '*있음을 아는 것*'이라 바로 잡으면 그 의미는 달라진다.

'*나는 ~이다*'라고 학창 시절 영어 시간에 배우는 Be동사 앞을 비워 놓

---

7   γνῶθι σεαυτόν/Know Thyself.

을 수 없고 무엇이 되지 않고는 견딜 수 없는 현대의 사고방식으로 존재(Existence)라 번역했을 것이다. 그러나 데카르트가 말한 생각 능력은 인간의 지능이 아니다. 그 생각은 태초의 근원의식이다.

따라서 데카르트의 존재와 생각에 대한 정의는,

'*나는 의식한다. 그러므로 존재하는 모든 것 그 자체이다.*'

참나

참나(진정한 자아)는 선불교에서 사용하는 용어이다. 영성에서는 이를 의식이라 하고 종교계에서는 영혼이라 부른다.

"*당신은 누구입니까? 또는 무엇입니까?*" 라는 질문을 받으면 보통 아무개 이름을 가진 육체의 모습 또는 사회적 지위, 직업, 가족 관계를 서술한다. 외부 환경과 인간관계가 나의 존재를 증명하기 때문인데 이런 것들이 모두 사라지고 바뀌어도 변하지 않는 것이 '*진정한 나*'라는 것을 알았을 때 지구가 자전 방향을 바꾸어 아침에 떠오르는 태양이 순간 바닷속으로 가라앉는 충격을 경험했지만 참나를 말이나 글로 표현할 자신은 없다.

내 눈은 내 눈을 볼 수 없는 것처럼 나는 나를 알거나 볼 수 없다. 내가 안다고 생각하는 나는 내 에고의 일부일 뿐이며 이마저도 순식간에 변해 버려 어제 알았던 나의 모습이 오늘도 유지될 거라 확신할 수 없다.

'*진정한 나*'는 찾을 필요도 느끼려 노력할 필요도 없이 언제나 그대로 '있음'이다.

인간자아는 가끔 이를 알아차릴 수 있는데 고요한 새벽, 사찰의 종소리를 들어 본 적 있는가? 그 울림이 내 안에 닿으면 세상 모든 것이 멈춰버린다. 모든 것을 다 담았는데 아무것도 보이지 않고, 들리지 않고, 느껴지지 않는다.

단 하나의 절대 신 The God

창조주가 있는지, 없는지를 밝힐 필요가 없는 이유….
"당신은 당신을 창조했습니까? 그런 적 없지요? 아무도 정확히 뭐가 어떻게 시작되었는지 모르는데 우리가 이렇게 존재하고 있으니 그럼 당연히 최초의 무언가 또는 누군가 창조를 시작했겠지요?" 샤드 그루

모든 것의 시작, 태초에 대한 궁금증, 인간이 왜 태어났는지, 어떻게 사는 것이 맞는 것인지 죽으면 어떻게 되는지를 연구하고 설명하는 철학, 종교, 일부 과학의 시작과 마지막에는 항상 신이 버티고 있다.

자카리아 시친은 그의 생전 인터뷰에서,
"당신은 신을 믿습니까?"라는 질문에 "신을 어떻게 정의하느냐? 신을 먼저 정의해라. 그럼 그 답을 하겠다."라는 현답을 했다.

God is One. All is God.(신은 하나이고 모든 것은 신이다.)

노자는 도덕경에 The God를 도(道), Tao라고 표현했다.

도가도道可道면 비상도非常道요.
명가명名可名이면, 비상명非常名이니라.
무명無名은 천지지시天地之始,
유명有名은 만물지모萬物之母니라.

영어로, The Tao that can be told of is not the eternal Tao;
　　　 The name that can be named is not the eternal name.
　　　 The Nameless is the origin of Heaven and Earth.
　　　 The Named is the mother of all things.

말할 수 있는 도는 언제나 변하지 않는 도가 아니오, 부를 수 있는 이름은 언제나 변하지 않는 이름이 아니다.
이름이 없을 때에는 우주의 근원이요. 이름이 있을 때에는 만물의 어머니다.

힌두교에서 The God은 자신(The Self), 숨(Breath)이라는 의미의 아트만(Atman)이다. 우주 그 자체, 존재하는 모든 것의 영원 무결하고 온전한 본질이며 살아 있음 자체이다. 많은 철학자들은 신을 모나드라고 한다. 시작점, 원점을 의미하고 이 모나드에서 복잡한 것들이 창조되지만 복잡하고 다양하게 발전된 형태와 물질들은 결국 다시 원점으로 돌아간다. Mono에서 파생된 Monad는 그 어원대로 '홀로(Alone), 하나'라는 의미를 담고 있으며 과학계에서는 특이점[8]이 모나드와 유사한 개념으로 사용된다.

모나드는 아트만과 더불어 뉴에이지 팔로워들이 신(The God), 태초의 그 시작, 우주, 근원의식, 성령(The Great Spirit)을 이해하는 대표적 단어이다.

Q: *창조의 시초, 최초의 그것은 무엇입니까?*
Ra: *태초의 그것, 창조주는 무한함(Infinity)입니다. 무한성이 창조입니다.*
Q: *창조를 경험하기 위해서 이 무한성에서 무엇인가 반드시 시작되어야 할 것입니다. 그다음 단계 또는 다음 진화는 무엇입니까?*
Ra: *무한성(Infinity)이 스스로를 인지하고 알아차리는 자각입니다. 이것이 다음 단계입니다.*[9]

---

8 Singularity: 인공 지능이 인간의 능력을 뛰어넘음이라는 의미는 후에 곁가지로 파생된 것이다.
9 The Law of One, session 13.5~6

Ra그룹은 태초의 창조주를 3차원 세계의 인간 언어로 *무한성(Infinity)* 이라 하였다. 무한성은 무한히 많음이 아니라 한계가 없음이며 모든 가능성이 잠재함을 의미한다.

붓다는 아마 공(空)으로 이 무한성을 이해했기 때문에 욕망은 불필요한 것이었으리라. 모든 것이 가능한 의식과 하나 되어 그대로 받아들이기만 하면 나는 모든 것 자체가 된다. 소유하는 것은 나와 소유물을 분리하게 되어 언제든 잃을 수 있지만 내가 모든 가능성과 하나가 되면 나는 세상이 되고 세상은 내가 된다. 그러므로 다른 사람들의 경험을 부러워하거나 안타까워할 필요가 없는 것이다.

신은 최초이므로 그 무엇과도 비교할 수 없고, 처음이니 누가 신에게 *"너는 무한 가능성이다."* 라고 얘기해 줄 수 있는 것도 아니니 스스로를 알아차릴 수밖에 없는데 알아차림은 다른 말로 하면 의식하는 것이다. 이 최초의 의식[10]은 홀로 있으므로 자신을 알아보 는데 제한됨이 있을 수 없다. 상상력은 무한한 가능성을 지닌 일종의 생각이고 생각, 아이디어, 상상은 물리적 활동을 가능하게 하는 사전 작용이 된다.

예를 들어 커피를 마시거나, 친구에게 전화하는 일, 아침에 일어나 샤워하고, 회사에서 기획안을 만드는 일처럼 인간의 모든 활동은 생각을 먼저 했기 때문에 그 뒤에 따라온 결과들로 매일의 인생 경험은 생각이 일어나지 않고는 실행될 수 없다.

창조주가 자신의 무한한 가능성을 알아봄은 인간의 관점에서는 천지 창조가 되지만 신의 관점에서는 의식 확장(눈을 뜨고 주변을 돌아봄) 또는 *'이럼 어떨까?'* 하는 상상력 같은 것이다.

---

10 인간의 의식과 구분하기 위해 필자는 절대의식이라고 한다.

태초의 창조주는 모든 것을 이룰 수 있고 또 이루고 있는 무한의 가능성이다.

그러나 그 무한성을 의식하더라도 직접 경험하지 않고는 그 가능성이 정말 무한한지 아닌지 증명할 수 없는 역설이 있다. 이런 이유로 물리적 경험 정보를 모아 신에게 전송하는 일이 영혼의 역할이라 믿기도 하지만 인간의 시간적 제약을 창조주의 속성으로 오해한 발상이다.

인간을 포함한 전 우주의 독립체(의식 진화의 주체: 영혼)들이 물리적으로 세상을 경험하기 때문에 창조주가 자신의 무한성을 알게 되는 것이 아니라 영혼이라는 독립된 의식이 그 무한성의 일면을 보고(의식하고) 확인하는 것이다.

무한 가능성은 모든 것(모든 의식)이므로 모든 공간과 시간에서 일어나는 일, 그 안에서 파생되는 생각, 느낌 그 모든 것 자체이고 모든 것을 이미 알고 있는 절대의식이다.

허리케인의 움직임은 눈을 중심으로 회오리를 일으키지만 그 눈 자체는 비어 있다. 중심이 되는 절대의식(상위자아)도 이와 유사하다. 인간적인 특성이나 개입 없는 空의 상태이지만 영혼은 그 중심으로부터 지속적으로 에너지를 충전받으며 움직이는 바람과 같다.

그리스도 의식 Christ Consciousness

도덕적 딜레마에 빠진 아르주나에게 해야 할 일을 하라고 조언하는 Krishna(크리슈나)와 Christ(크라이스트)는 알고(Knowing), 알아차린다(Aware)는 뜻의 라틴어 Conscius에서 파생된 단어이다. 알고 또 알아차리는 Christ(그리스도)는 바로 의식이다.

이스라엘 민족을 해방할 메시아를 기다리던 유대인에게 그리스도의 메시지를 효과적으로 전하기 위해 제자들은 예수의 행적과 탄생을 예언에 맞추어 신화에 가까운 이야기로 만들어야 했을 것이다. 그렇게 그리스도를 유대인의 왕(메시아)이 되어 기름 부음을 받았다고 해석하기도 하지만 그 당시 로마 황제가 굳건히 살아 있었기 때문에 여기서 왕이란, 특별한 지식이 있었다는 의미로 해석되어야 한다.

다수의 일반인에 비해 세상살이가 쉬운 금수저는 노력하지 않고 얻어진 불공평한 행운으로 보인다. 부모로부터 그리고 그 부모의 부모로부터 전해져 내려온 이 행운을 거슬러 올라가면, 그 최초의 누군가는 귀족이나 왕족이었을 것이다. 그들이 다수의 백성들보다 상위에서 군림할 수 있었던 이유는 육체적으로 강해서가 아니라 대중이 모르는 특별한 지식을 알고 있었기 때문이다. 정치인들은 다수가 지식층이고 회사의 임원은 일반 사원보다 더 많은 정보(지식)를 알고 중요한 결정을 하는 것처럼, 지식은 인간을 계급으로 분리하는 기준이 되어 왔다.

예수라는 인간이 알고 있었던 그 지식은 자신의 진짜 본질이 그리스도(의식)임을 아는 것이다. 영성에서는 그리스도(참나)를 기억한다고 하고, 불교에서는 깨달음을 얻었다고 표현한다.

나(참나, 의식)는 너희를 고아로 버려두지 않을 것이다. 나는 너에게 갈 것이고 그날에 내가(예수라는 인간이 아니다) 나의 아버지(상위자아 의식)안에 있고 네가(우리의 의식) 내(그리스도 의식) 안에 있고 네 안에 내가 있다는 것을 알게 될 것이다.[11]

---

[11] *I will not leave you as orphans. I will come to you. At that day ye shall know that I am in my Father, and ye in me, and I in you* (John 14:18,20) 나, 너, 아버지는 육체가 아니라 의식이다.

예수라는 인간이 돌아온다는 말이 아니다. 그리스도 의식(상위자아 의식: 참나)이 우리 안에서 깨어나고 그래서 참나(그리스도)를 기억하게 될 거라는 뜻이다.

아카식 레코드 The Akashic Records

아카식 레코드의 Akasha는 아카식의 명사형으로 에테르, 에너지, 플라즈마라는 뜻의 산스크리트어이다. 영지주의(Gnosis) 밀교에서는 이를 아카샤 편년사(Akasha Chronicle)라고 한다.

아카식 레코드는 우주의 슈퍼 컴퓨터 시스템 또는 방대한 정보를 보관하는 메인 도서관에 비유할 수 있지만 공간적 장소는 아니다. 이 총체적 에너지 기록 보관소에는 모든 영혼의 창조부터 전체의식의 경험 기록과 개체 영혼의 행동, 말, 느낌, 감정, 생각, 마음가짐, 의도 등이 동전의 양면처럼 함께 저장된다.

에드거 케이시는 아카식 레코드가 *신의 기억록(The Book of God's Remembrances)*이냐는 질문에 이것은 성경에 나오는 *생명 책(The book of Life)*이고 개체 영혼의 기록이라 답했다.

동서양의 종교와 철학을 통합해 뉴에이지 영성의 기반이 된 신지학협회(Theosophical Society)를 설립한 헬레나 블라바츠키(H.P.B. Helena Petrovna Blavatsky: 1831-1891)와 루돌프 스테이너(Rudolf Steiner: 1861-1925)는 아카식 레코드에 접속 가능했던 영매[12]이다.

---

12 영어로 Psychic(발음: 싸이키)라고 불린다. Psychic은 그리스어로 영혼이란 뜻이며 다리(bridge)

최근 여러 영성 팔로워들이 아카식 레코드에 접속한다고 주장하지만 에고가 깨어 있는 한 거의 불가능한 일이다.

에드거 케이시(Edgar Cayce: 1877-1945)는 근현대의 클리어 보이언트[13]로 어릴 때부터 STO극성의 고차원 존재들(천사들)과 대화했고 성인이 되어 43년 동안 가수 상태(Trance)에서 아카식 레코드에 접속해 많은 사람들의 질문에 답을 전했다.

에테르체 도서관

아카식 레코드에 접속 가능한 영적으로 진보된 독립체는 전생부터 오랫동안 준비해 온 사람들이다. 따라서 평범한 사람들은 단숨에 그 수준의 의식 단계에 오르기 쉽지 않다.

영안(Spiritual Eye: 또는 제3의 눈)은 깨어남과 동시에 떠지는 것이 아니라 매일 꾸준히 명상, 잠재의식의 힐링 등 여러 수련을 해야 활성화가 유지된다.

지금 당장 필요한 배움은 뿌리 차크라를 중심으로 퍼지는 에테르체에 접속해도 얻을 수 있는 정보들이다. 큰 도서관에 가서 많은 책을 뒤지는 것보다 옵션은 적더라도 동네 도서관에서 빠르게 필요한 책을 고르는 게 쉬운 것처럼 우선은 명상 중 자연스럽게 접속되는 에테르체 작은 도서관에서 현재 처한 상황을 극복할 수 있는 지혜를 다운로드 받을 수 있다.

와 정신이라는 의미도 있고, 에로스와 사랑에 빠진 프시케(psyche: 이들의 신화는 인간과 영혼의 만남을 빗대었다)이기도 하다. 다차원 세계에 접속 가능하고 고차원 의식과 연결되는 사람을 일컫는 용어이다.

13 Clair-voyant: 물리적 시각으로 보이지 않는 것을 보는 능력. 원거리 뷰잉이 가능하고 전생, 영, 귀신 등을 볼 수 있음.

답답하고 일이 잘 풀리지 않을 때, 도움이나 위로가 필요할 때마다 천천히 그리고 깊게 코로 숨을 쉬면 의식은 에테르체에 접속된다. 또한 기쁘고 행복할 때도 숨을 알아차리면 그 에너지가 자동 업로드 되어 나중에 필요할 때 다운받을 수도 있다.

명상을 꾸준히 하다 보면 머리를 쥐어짜지 않아도 당면한 문제에 빠르게 대처할 수 있는 재치, 안목, 통찰력이 깊어지는 변화를 경험하게 된다.

채널링 Channeling이란?

라디오 방송국의 프로그램을 청취하기 위해 해당 주파수에 맞춰야 하는 것처럼 채널링은 자신이 라디오가 되어 영적 차원의 메시지를 전달받는 것으로 3차원 물리세계와 상위 고차원 사이의 교신이며 소통이다. 기발한 아이디어(또는 유레카)는 가장 일반적인 채널링 형태이다.

우리는 누구나 다른 영혼들, 고차원 의식(성령, 상위자아, 수호천사…)과 느낌(생각)의 형태로 텔레파시를 주고받지만 감각 기관에 산재한 에고 때문에 이를 명확히 인지하는 것은 쉽지 않다.

구약 성서의 모세가 고차원 존재에게 메시지를 받아 이집트에서 이스라엘 민족을 광야로 이끈 것도 채널링이다.

The Law of One[14]의 Ra그룹에 의하면 모세가 받은 십계명은 STS부정극성[15] 오라이온(Orion Empire)에서 보낸 것으로 그들의 목적은 신들

---

14 6 밀도계 진화 과정에 있는 650만의 독립체가 이룬 SMC의 에너지를 가수 상태에서 칼라(C.L.R)를 통해 전달한 채널링 세션 모음. Ra그룹이 전하는 메시지의 포인트는 책의 제목처럼 The Law of One(모든 것은 하나라는 절대 법)이다.

15 영적 극성(Spiritual Polarity)은 차원 상승에 중요한 개념으로 책 중간에서 다루게 된다.

(Gods)과 직접 통하는 특별한 엘리트 그룹을 만들어 다수의 인간을 노예화하는 것이었다.

STO긍정극성(Positive Polarity)이었던 모세가 이끌던 이스라엘 민족은 인간처럼 생긴 3차원 형태의 신을 원했고 그 압박으로 모세는 긍정과 부정극성에 모두 노출되었는데 부정극성(Negative Polarity)의 메시지를 선한 신으로 오해해 수용하게 되었다. 사후 이 사실을 알게 된 모세는 큰 충격으로 특별 치유를 받아야만 했다.(The Law of One: session 16)

십계명에는 *살인하지 말라.* 와 같이 마땅히 지켜야 할 도덕 사이에 *나 만을 신으로 섬기라.* 라는 내용이 교묘하게 감춰져 3차원 의식 진화 과정에서 매우 중요한 자유 의지를 왜곡한다.

또한, 신이 금지하지 않았다면 사람을 죽여도 되는 걸까? 신이 죽이라고 하면 죽여야 하는 건가?

정비상의 문제로 교통사고가 나서 의도하지 않았지만 버스의 승객이 죽었다고 치자. 그런데 운전자 본인도 용서를 구하지 못하고 현장에서 죽었다면 그 운전자는 살인자이며 죗값을 치러야 하는 것인가?

이처럼 여러 예외와 경우의 수에 대한 의문점을 남기는 십계명은 현재 우리의 의식 레벨에 맞지 않은 부분이 많다. 이제 업그레이드된 영적 가르침을 수용할 준비가 되었기 때문에 이 같은 모순을 알아차리는 사람들이 늘어나고 있다.

Ra그룹에 의하면 '*~을 하지 말라* 또는 *~을 하라*'라는 강요와 명령은 *하나의 법칙*[16]을 왜곡한 것이다. 이 법 아래 그 어떤 일도 실수가 될 수 없으며 일어나는 사건은 실수나 잘못이 아니고 의식을 진화하는 배움과 가르침의 기회이고 단계이다. 사회에서 규정한 범죄 또는 착한 행동일

---

16 The Law of One: 모든 것은 하나이고, 전체는 하나이고, 우리 모두는 하나에 속한 하나이다.

지라도 관점에 따라 이견을 보이므로 절대적 악과 선은 존재할 수 없다. 행위의 주체만이 그 행위의 옳고 그름을 판단할 수 있고 그에 뒤따르는 교훈을 배우거나 가르칠 수 있는 것도 자신이다. 이런 기회는 독립체[17]가 원하는 만큼 환생을 통해 주어지게 된다.(The Law of One: session 16)

과거 채널링은 공중 부양, 염력 등 인간의 힘으로 할 수 없는 초능력을 보여 주며 영혼의 존재를 대중에게 상기시켜 주었지만 현재는 지구 의식의 차원 상승 과도기이므로 준비된 소수에게 고차원의 메시지를 전해 주는 방식으로 채널링이 치중되고 있다. 고3이 되면 공부 잘하는 아이들에게 관심이 더 집중될 수밖에 없음과 유사한 상황이다.

또한 지금 누군가 공중 부양을 한다면 트릭이라 치부할 것이므로 이런 초능력을 가진 사람은 좋겠지만 대중의 영적 성장에 도움이 되지 않기 때문에 육체적 한계를 뛰어넘는 것을 선보이는 채널(영매)은 사라지고 있다.

생활 속의 채널링

영적으로 대단히 진보되거나 전생이나 미래를 보는 초능력이 없어도 상위자아(또는 여러 영의 가이드)와 연결되겠다는 강한 의지와 인내심만 있으면 누구나 채널링을 배울 수 있다.

며칠 동안 고민하다 완전히 내려놓는 순간 해답을 찾은 경험이 있는가? 그 순간만은 에고(내가 해결할 수 있을 것이라는 오만)를 내려놓은 것이고, 이때가 되어서야 상위자아의 메시지는 통과(주파수 채널 맞춤)할 수 있던 것이다.

---

17 의식 진화 과정의 주체이며 지구에서 인간은 3 밀도계 의식 진화 독립체이다.

《기적수업》은 예수 그리스도가 헬렌 슈크만(Helen Schucman) 박사를 채널로 메시지를 전한 채널링 책이고, 구약 성경은 여호와라고 불리는 고차원 존재들과의 채널링 메시지 내용이 많이 포함되어 있으며 계룡산의 처녀 무당도 그녀가 모시는 장군신과 채널링을 하는 것이다.

말(Word)은 누가 어떻게 전달받고 해석하는가에 따라 크게 달라질 수 있으므로 이 책을 포함하여 아무리 놀라운 내용의 영적 가르침을 배우게 되더라도 무조건 믿기보다 자신의 의식에 공명하는 가르침만을 받아들여야 한다. 다수가 진리라며 목소리를 높이더라도 죄책감, 특별함, 우월감이 감지된다면 과감히 버릴 수 있어야 한다.

의식 진화 독립체[18]는 모두 절대의식을 주체적으로 표현하고 그 의식을 자유 의지대로 해석하고 이해할 권리를 가진 평등한 영혼이다.

우리는 누구나 태어난 이유, 영의 세계, 태초의 창조 원리, 참나와 궁극의 진실에 대해 가르칠 의무와 배울 권리가 있으며 의식 성장은 우리의 책임이다. 이를 영적 자주권(Spiritual Sovereignty)이라 한다.

영의 가이드 Spiritual Guides

인간자아의 의식 진화(차원 상승)를 돕는 고차원 의식들이다. 대표적으로 개인의 영혼, 수호천사, 대천사와 지구에서 차원 상승한 상승 마스터(예수 그리스도, 부처, 중국의 성모 퀸 잉, 세라피스 베이, 마법사 멀린, 성 조르마노 등)가 있다. 성령(태초 근원의식의 마음)은 우리 모두의 힐러이고 어머니이고 스승이며 최상위 차원의 가이드이다.

지구에서 환생 경험이 거의 없고 우주의 다른 별이 고향인 스타시드는 외계 종족(Extra Terrestrial)이 스타 패밀리이고 이들이 영의 가이드가 될 수 있다.

---

[18] 인간은 3 밀도계 레벨에서 의식을 진화하는 독립체이다.

스타시드에는 츤데레 느낌의 시크하고 차갑고 의심 많고 따지기 잘하는 성격이 특징인 시리우스의 시리안(Sirian), 부드럽고 섬세하고 예술적 감각이 뛰어난 플레이디안(Pleiadian), 33번 숫자와 연관이 깊고 지적 탐구심이 강한 옥타리안[19](Arcturian), 특이하고 경악스러우며 배짱 두둑한 안드로메디안(Andromedan), 《나니아 연대기》에 등장하는 사자 모습의 라이안(Lyran)과 베가(Vegan), 이집트와 강하게 공명하며 STO와 STS전쟁을 다룬 〈스타워즈〉 시리즈의 배경이 된 오라이온[20](Orion), 고양이처럼 생긴 펠리안(Feline), 새의 모습을 한 애이비안(Avian), STS극성으로 알려진 파충류 모습의 랩틸리안(Reptilian)[21] 등이 있다.

채널링의 실용성

영적, 사회적, 인간적으로 성장하는 데 채널링을 이용할 수 있다. 고차원 의식과 채널링 세션은 산꼭대기에 올라 넓게 펼쳐진 세상을 둘러보듯 우리 삶을 다른 시각에서 볼 수 있게 하고 스스로 답을 알아 가도록 이끌어 준다. 채널링을 통해 세상을 바라보는 지각을 바꿀 수 있지만, 이것이 이 세상의 고통을 멈추게 해 준다는 뜻은 아니다. 당신은 고통을 또는 큰 노력 없이 성취하는 법을 선택할 수도 있다. 모든 것이 단숨에 당신의 손으로 들어온다는 의미는 아니지만 다각도의 접근법을 알게 되어 성공 가능성을 높일 수 있는 것은 사실이다.

또한 '*나는 왜 여기에 있지?*' '*삶의 의미는 무엇이지?*'같은 인생의 궁극

---

19 예수 그리스도가 옥타리안 스타시드라는 채널링 메시지가 다수 존재한다.

20 레오나르도 다빈치의 살바토르 문디(Salvator Mundi) 작품에서 예수가 들고 있는 Cintamani stone(힌두교와 불교의 신령한 보물 구슬)에 3개의 흰 점을 오리온자리로 해석하여 예수를 오라이온 스타시드로 보기도 한다. 고대 이집트인들은 모든 신들이 오리온 성좌에서 내려왔다고 믿었다.

21 수메르의 아누나키와 이기기들. STO와 STS 극성이 섞여 있다.

적 의문에 대한 답을 찾을 수 있도록 돕지만, *A는 B이다.* 같은 일방적인 답변을 주지는 않는다.[22]

채널링을 통해 묵혀졌던 지난 일들이 다시 떠오르기도 하는데 이를 힐링하고 정리하면, 의식 진화는 빠르게 진행된다.
하지만 이런 경험들은 좋은 기억이 아니므로 심적 고통이 따르게 된다. 청소를 하려면 먼지를 털어 내야 하는 것처럼 날리는 먼지(고통스러운 기억/트라우마)로 지금 당장은 인생이 답답하고 지저분하게 보일지라도 힐링이 마무리되면 삶의 긍정적 변화를 경험하게 될 것이다.
또한 채널링을 통해 나 자신을 사랑하는 법을 배우게 되는데, 먼저 다른 사람들의 삶을 이해하게 되어 *왜 저렇게 살지? 왜 저런 행동을 하지?* 하는 비평이 사라지고 편견에서 자유로워진다. 이렇게 변화된 자신을 발견하게 되면 자신의 어두운 그림자를 덮어놓기보다는 꺼내어 힐링할 용기가 생긴다. 이렇게 조금씩 긍정적 에너지가 솔솔 들어와 과거의 불편했던 사건들도 하나의 경험으로 이해하고 내려놓으면서 스스로를 정화할 수 있게 된다.
다른 사람들을 그 모습대로 사랑하고 수용함은 상대방을 내 입맛에 맞게 바꾸려 하지 않는 것이다. 예를 들어 자녀가 뚱뚱해서 애인도 없고 건강도 나빠지는 것처럼 느껴지더라도 이를 비난하면서 억지로 고치려 하지 않는 것이다. 잔소리[23]하고 싶은 마음을 억누르는 방법을 배우는 것이 아니라 그 경험은 그들에게 필요하기 때문에 주어진 것임을 알게 되어 자연스럽게 각자의 삶을 존중[24]할 수 있게 된다.

---

22   Negative STS극성의 고차원 존재들의 답변은 명령이 많고, 공포와 죄책감이 느껴진다.
23   가족이나 친구에게 조언을 하고 싶을 때마다 숨이 들어오고 나가는 것을 알아차리라고 얘기해 주고 함께 숨을 쉬자. 상위자아(영혼)가 상대의 의식에서 깨어나게 될 것이다.
24   잘못된 길로 가는 것이 뻔히 보이는데 방치하는 것을 존중이라 착각하지 말아야 한다. 착한 역

채널링은 영혼이 이번 생에 이루려는 계획을 선명하고 정확하게 볼 수 있도록 도와줄 수 있으며 채널링을 작곡, 작사, 집필, 조각 같은 창의적인 예술 작업과 힐링에 이용할 수도 있다.

그러나 사이키델릭[25]을 복용한 후의 채널링은 젖은 장작을 때는 것 같은 퀴퀴함이 있으니 의식적으로 깨어 고차원의 존재와 대화하는 것이 바람직하다.[26]

영의 가이드는 가만히 앉아 아무것도 하지 않는 것보다 자발적으로 움직여 무엇이라도 시도하는 것을 중요시하지만 그렇다고 당신이 실수 없이 모든 것을 완벽하게 해 나가길 기대하지 않는다.

완벽의 기준은 자신이 세운 틀이고 그 안에 스스로를 가두고 있는 것도 자기 자신이다.

고차원의 가이드는 그들이 제공하는 정보의 가치를 능력 안에서 최대한 이용하려 노력하고 의식 성장에 관심이 많으며 인내할 줄 아는 의식 독립체를 채널로 찾는다.

STO긍정극성의 고차원 가이드는 약속을 지키고 최선을 다해 당신의 성장을 도울 것이다.

고차원 영적 존재들도 당신과 하고 싶은 일이 많다. 예를 들어 당신 손을 이용하거나 목소리를 통해 창의적인 작업을 함께하길 원하고 에너지 센터(차크라)와 전생을 얘기하고 싶어 하는 가이드도 있다. 영혼의 목적과 우주의 진리에 대한 대화를 원하거나 철학, 과학, 문학, 역사, 음악

할을 하려고 싶은 소리를 하지 않는 이기심을 본인 스스로는 알 것이다. 참견(조종)과 존중의 균형을 맞추는 것은 정말 어려운 일이다.

25 Psychedelic: 대마, LSD, 아야후아스카 등의 향정신성 약물.

26 효과가 사라진 후 약발이라는 에고의 편견에서 자유롭지 못하며, 다시 약에 의지해야 한다는 징크스를 만들게 된다.

등등… 여러 고차원 정보를 제공하고 싶은 영의 가이드들도 자신의 관심 분야와 도움의 영역이 매치되는 채널과 접속하려 노력한다.

고차원 가이드의 조언과 지혜를 수용하게 되면 불안감, 슬픔, 걱정 두려움이 조금씩 사라지면서 감정적으로 안정됨을 느낀다.

마지막으로 긍정극성의 고차원(Positive STO) 가이드는 채널에게 변화를 요구하거나 컨트롤하려 하지 않으며 그들의 도움으로 인간이 훌륭한 일들을 해냈다는 것을 생색내는 에고가 없다. 따라서 이런저런 영적 존재의 이름을 대면서 그들의 채널임을 강조하는 사람들의 메시지는 STO극성이 아니거나 그냥 인간의 생각일 수도 있다.

채널링을 하며 형상이나 색을 보는 경우

자신의 생각이 형상을 만들어 고차원 에너지체를 이해하는 경우가 있는데 예를 들어 천사들은 에너지체로 날개가 있거나 흰 옷을 입고 있지 않지만 오래전부터 내려온 고정관념이 집단의식에 새겨져 그 영향으로 그렇게 보일 수 있다.

또한 비교적 낮은(낮다고 해도 인간 의식보다 몇천 년 이상 앞서 있지만) 4 밀도계 의식은 화학적, 물리적 형태가 남아 있다.

상위자아(Higher-Self)는 말 그대로 고차원의 나 자신이므로 그 모습을 상상하는 것처럼 볼 수 있는데 외계인, 돌고래, 나무 같은 형태에 입혀진 빛으로 보이기도 한다. 상위자아는 한 차원에 존재하는 한 명이 아니고 의식 레벨이므로 여러 모습이나 형태일 수 있다. 또한 예수는 한 인간이지만 그리스도는 인류의 상위자아 의식을 대표하고 부처, 공자, 크리슈나, 성모 마리아, 여러 보살이나 나한들, 가톨릭의 여러 성인이나 상승 마스터, 이집트와 바빌로니아의 여러 신들도 우리의 상위자아 의식이 될 수 있다.

영의 가이드는 어떻게 정보를 전달할까?

채널링 메시지는 여러 형태로 전해지는데 그림이나 영상을 보는 클리어 보이언트, 그냥 안다는 클리어 센티언트, 들린다는 클리어 오디언트가 있다.

텔레파시라고 할 수 있는 '안다 know'로 메시지를 전달받는 채널은 특정 이름, 날짜 같은 디테일보다는 큰 그림을 먼저 알게 되고 후에 자세한 내용을 받기도 한다.

고차원 가이드는 비유나 이야기로 메시지를 전달하기도 하고 막힌 에너지를 직접 풀어 주는 경우도 있다. 색, 모양, 형태 등으로 메시지를 전달하기도 하는데 개인마다 성격이 다른 것처럼 가이드도 그들 고유의 방식과 취향이 있다.

모든 생각, 행동, 감정은 네트워크처럼 연결되어 있으므로 우리는 에너지 형태로 서로에게 영향을 주고받는다. 따라서 한 개인이 지혜의 빛 에너지를 알게 되고 그것을 행동으로 옮기면 온 인류에 그 변화가 전해진다.

창세기[27] 1장 1절

태초의 그 시작, 창조주는 모든 의식(생명)의 근원이다. 그(or 그녀 or 그것)는 태어나지 않고(태어났다면 그 전에 무엇인가 또 있어야 하니까) 태어나

---

27 창세기(Genesis)는 Generation of Isis(이집트의 성모로 아누나키의 닌후르사가Ninhursaga와 같은 인물이다)의 줄임말이다. 아이시스 자손들의 연대기라는 의미이다.

지 않기 때문에 죽거나 사라지지 않는다. 기독교가 빠르게 전파될 수 있었던 이유 중 하나는 창세기에 사람들이 궁금해하는 창조 과정이 인간적 관점에서 단순하게 묘사되어 있기 때문일 것이다.

구약의 창세기, 출애굽기, 레위기, 민수기, 신명기를 모세 5경이라 하는데 약 3600년 전 모세가 채널링한 유대교 경전 토라(Torah: 빛으로부터 온 가르침)에서 차용한 것이다.

한국어 번역판 구약 성경 창세기 1장 1절은 '*태초에 하나님이 천지를 창조하셨다.*'이다.

영문으로 *In the beginning, God created*, 또는 *God began to create the Heaven and Earth.*(Genesis 1:1)

해석하면 '*태초에 신이 하늘과 땅을 창조하였다*' 또는 '*태초에 신이 천국과 흙을 창조하기 시작했다*'가 된다.

창세기의 원문 토라는 영문으로 '*In the beginning, the Elohim created Heaven and Earth*'이다.

번역하면 '*태초에 엘로힘이 천국(하늘)과 흙(땅)을 창조했다*'이다.

Earth는 지구 행성의 이름이지만 땅과 흙을 의미하다가 지구로 그 의미가 확장된 단어이므로 하늘과 땅이 아니라 천국(하늘)과 흙을 창조했다고 해석할 수도 있다.

천국은 비 물리적 측면의 창조(예를 들어 생각이나 아이디어, 영감 등)를 의미하고 흙은 이런 생각을 물리적 형태로 발현시켰다고 볼 수 있다. 지구 또는 흙 원소를 창조했다고 하는 신으로 번역된 엘로힘 (אֱלֹהִים, Elohim)의 뜻을 살펴보자. El(אֵל 엘)은 신성(Deity)을 뜻하는 단어로 '신의 전지전능함'이라는 의미이다. 인간으로 살았던 메타트론(Metatron: 에녹)과 샌달폰(Sandalphon)을 제외한 천사장(Archangels)과 여러 천사들의 이름에 포함되어 있는데 예를 들어 대천사 라파엘(Archangel Raphael)은 '*신이 치유한다.*'라는 뜻이다.

Hey(헤이:ה)는 여성성의 단수형으로 여신(Female Deity, a goddess)을 의미하고 Im(ים' 임)은 ~것/사람 뒤에 붙는 복수형 남성성 조사(한국어에는 없지만 예를 들어 태양은 남성성, 달은 여성성)이다.

또한, 엘로힘은 유대교에서 사용하는 신의 이름 YHVH에서 파생된 7개 신의 이름(YHVH: 요드헤이바우헤이, El: 엘, Eloah: 엘로아, Elohim: 엘로힘, Shaddai: 샤다이, Ehyeh: 이이헤, Tzevaot: 차바오우) 중 하나이다.

Elohim(엘로힘, אֱלֹהִים)은 남성성의 신들(Gods)과 여성성의 신 또는 양성(Double Gender: 양/음에너지)의 신들이라는 복수형이다. 따라서 구약성경의 창세기 1장 1절은,

*여성인지 남성인지 구분할 수 없는 많은 신들(Deity/Gods) 또는 여러 남성성(양에너지)의 신들과 여성성(음에너지)의 신이 물리적 흙 원소(땅, 지구, 물질 등)와 비 물리적인 생각(에너지)을 창조했거나 이 둘이 조합되어 여러 창조가 이루어졌다.*가 원문에 근접한 해석이다.

민속 신앙, 샤머니즘이 추구하는 자연의 섭리를 따르는 자유로움을 억압하고 유일신 아래 통합하면 매우 효율적으로 인간을 지배할 수 있다.[28] 나이든 남자의 모습으로 신을 묘사하면 왕과 제사장(교황, 신부, 사제, 목사)의 이미지와 흡사하여 그들의 권력을 유지하는 서포트 시스템이 된다. 지식이 부족해 힘이 없었던 과거의 민중은 그대로 이를 받아들일 수밖에 없었을 것이다. 하지만 이제 더 이상 지식은 일부에게만 주어진 특권이 아니다. 현재의 우리는 스스로 확인하지 않고 유명한 사람들이 그렇게 얘기했기 때문에 그대로 믿어 버리는 게으른 핑계를 댈 수 없다.

---

28 신의 뜻이라고 하면 무조건 모두 그 말을 믿고 따라야 하기 때문이다.

의식은 진화가 그 본성이므로 겁을 주거나 과대 포장해서는 진리를 전달할 수 없는데도 성경의 번역 오류를 받아들이지 않는 것은 권력을 포기할 수 없는 에고 때문일 것이다.

여호와

여호와는 יהוה(YHVH 신명사문자)의 발음 Yahweh(야훼)를 우리말로 바꾼 것이다. 이스라엘이 믿는 유대교에 바탕을 둔 기독교 계통 종교에서 신을 부르는 이름이며 예수는 이 여호와의 아들로 해석한다. 여호와는 창세기 1장 창조의 시작에는 나오지 않다가 창세기 2장 4절에 처음 등장하는데 야훼가 남성성 단수 조사이므로 이를 주(Lord)라고 해석하기도 한다.

히브리어 원문 구약 성경에 יהוה(야훼)는 거의 매번 אֱלֹהִים(gods: 엘로힘)과 함께 나오기 때문에 '주 하나님' 또는 '여호와 하나님'이라고 번역된다. 그러나 모세가 출애굽기 3장 13~14절에 이스라엘 백성이 너를 누가 보냈느냐고 물으면 뭐라고 답해야 하는지를 묻자, 신은 처음으로 אֶהְיֶה(이이헤: Ehyeh)라고 자기 소개를 한다. 이이헤는 יהוה에서 י(요드: 손, 초석이라는 뜻, 남성성의 불 원소)대신 א(올리프: 황소라는 뜻, 남성성의 공기 원소)가 들어간 단어이며 ו가 빠졌고, Am(~이다), become(~되다)로 해석된다. 여호와는 불, 물, 공기, 흙의 4원소를 마스터한 고차원 의식의 상징이고, 때로 Sir, Lord처럼 남성 신에게 존중의 표시로 쓰이기도 한다.

구약 성경에는 다수의 여호와들이 나온다. 그중 현재까지 인간을 좌지우지 하는 STS극성의 여호와 이름은 마둑(Marduk)이고 그는 이집트의 아문라(AmunRa)와 동일 인물로 추정된다.

여호와는 자신을 유일신이라며 다른 신들을 다 쓸어 버리겠다고 하고 질투하는 신이라면서 자신만을 섬기라고 명령하는데[29] 이누마 일리쉬 (Enuma Elish) 바벨로니아 기록을 보면 마둑도 이 말을 똑같이 했다. 하나뿐인 신이라면서 다른 신의 존재를 인정하고 또 질투한다는 것도 말이 되지 않는다.

인간을 만든 신들(Gods)은 영혼을 창조한 빛/사랑 에너지의 절대의식 (The God)이 아니다.

아담

1849년 메소포타미아 지역에서 발견된 이누마 일리쉬(Enuma Elish: 7 tablets of Creation)의 에리두 창세기(The Eridu Genesis)에 의하면 최초의 인간을 만든 것은 니비루(Nibiru)라는 행성에서 지구로 온 아누나키 신들(Gods: 인간보다 지능과 의식이 월등히 높음)이다.

아누나키(Anunnaki: 하늘에서 땅으로 내려온 자)는 금과 여러 광물을 찾다가 445,000년 전 지구에 오게 된 외계인들이다. 지구에서 금을 채굴해 니비루로 보내는 책임을 맡게 된 아누나키는 엔릴과 엔키이다.

처음에는 이기기(Igigi: 아누나키보다 등급이 낮음)라는 집단이 아누나키를 위해 금을 채굴했다. 약 200,000년이 흐른 후 이기기들이 더 이상 일을 못하겠다고 파업을 하고 반란을 일으키자 대체할 일꾼들을 구해야 했다. 엔키는 지구에 살고 있던 사람과(科)의 DNA를 조작해 도구를 사용하고 의사소통이 가능한 노예 종을 만들어 일을 시키기로 결정한다. 엔릴은 이를 반대했지만 엔키는 여러 시도 끝에 아누나키 정자와 사람과(科)의 난자를 결합한 수정란을 난후르사가(Ninhursaga)의 자궁에 이식해 하프 클론(Half-Clone)인간을 만드는 데 성공한다. 그의 이름은 아다무이다.

---

[29] 출애굽기 12:12, 20:3~6. 시편 86:8, 95:3, 96:4, 97:9 등에도 엘로힘 중에서 야훼가 가장 큰 엘(Greatel) 이라고 찬양한다.

창세기 6장 3절에 야훼는 인간의 육체가 120살까지 산다고 하였는데 뉴욕의 아인슈타인 의과대학(Albert Einstein College of Medicine)과 네덜란드의 틸버그 대학(Tilburg University)의 인간 유전자 연구 결과에 의하면, 질병이 없더라도 유전자에 넘을 수 없는 어떤 벽(Wall) 같은 것이 존재하기 때문에 인간의 최대 수명은 120살을 넘기기 어렵다고 한다.
창세기 2장 12절[30]에 '그 땅의 금이 좋다. 거기에는 베델리움(원석)과 오닉스(원석) 스톤도 있다.'라고 기록되어 있다.

이브를 만들기도 전인데 금과 광물에 관한 내용을 다루는 이유는 인간에게 자원이 중요한 것처럼 구약 성경 창세기의 신들에게도 금과 원석(광물)이 필요했기 때문이다.

로고스 Logos

창세기 1장 3절은 영어로 *Then God said, Let there be light*(Genesis 1:3)이라 되어 있지만 여기에도 원문 히브리어는 여호와 신이 아니라 엘로힘[31]이다. 해석하면 '엘로힘이 빛이 있어라 말했더니, 빛이 생겼다.'

빛이 있으라고 말을 했다는 것으로 빛보다 소리가 먼저 존재했음을 알 수 있다. 깜깜해서 볼 수 없더라도 소리를 들으면 무엇이 있음을 알 수 있는 것처럼 빛에 비해 소리[32]는 막힘없이 자신의 존재를 알릴 수 있다. 청각은 태아에게 가장 먼저 완성되고, 인간이 죽을 때 가장 나중에 닫

---

30   And the gold of that land is good: there is bdellium and the onyx stone.
31   남성성과 여성성을 가진 신적 존재를 부르는 말이다.
32   진동(주파수: 반복되는 움직임)에 의해 발생하는 소리 에너지(주파수)는 존재함을 알게 한다.

히는 감각 기관으로 심장이 멎은 후에도 死者는 들을 수 있다. 《티벳 사자의 서》는 죽음 후 49일 동안의 바르도[33](Bardo) 상태에서 이승의 소리를 들을 수 있다고 전한다.

In the beginning was the word and Word was with God and the Word was God.(John 1:1) '태초에 말(Word)이 있었고 그 말은 신과 함께했고 그 말은 신이다.' 라고 해석하지만 그리스어[34] 원문 내용은 태초에 생명($ζωῆς$)의 로고이($Λόγον$)를 우리(us/$ἡμῶν$) 손으로 만졌고, 들었고($ἀκηκόαμεν$), 눈으로 보았다($ἑωράκαμεν$)이다.

이 Word란 단어를 한국에서는 '하나님의 말씀(성경책)이 계신다'라고 존대어로 번역해 설교하는 것을 볼 수 있다.

요한복음 1장 1절의 '신의 말씀'은 소리를 의미한다. 여기서 신을 '우리'라는 복수로 표현한 것도 기억하자.

한국 신약 성경에 말씀으로 해석되는 Word는 $λόγος$/LOGO를 번역한 것이다. Logo, Logoi, Logos는 Reason(원인, 이유), Due to(~때문에), Plan(계획), Say(말하다), 대화, Word(말, 소리)… 등등 문장에 따라 여러 의미를 갖는다.

Q: 창조의 그다음 단계는 무엇입니까?

Ra: 자각함 또는 스스로를 알아차림은 무한성의 중심을 에너지화합니다. 이것을 여러 이름으로 부르겠지만 로고스 또는 사랑이라고 하는 것이 가장 잘 알려진 개념일 것입니다.

우리는 무한성의 중심인 창조주(*Creator*)를 자각하는 것 또는 의식의 원

---

33 망자의 혼이 이승으로 되돌아가거나, 환생하거나 천도될 수 있는 시기.
34 구약은 히브리어, 신약은 그리스어와 아람어(Aramaic)가 원문이다.

리라고 하지만 당신들의 3차원 언어로 이해하고 배우기에 가장 근접하게 설명하자면 지능이 있는 무한성(Intelligent Infinity)이라고 할 수 있습니다.(The Law of One: session 13.7)

요한복음 1장 1절의 '생명(ζωῆς)의 로고이(Λόγοι)'는 자신의 무한성을 알아차린 신(절대의식)이 그 의식을 에너지 형태로 확장한 것이다. 다른 말로 태초 창조주의 의식 표현과 계획이라고 할 수 있다. 창세기 1장 3절에서 '말했다'는 물결처럼 퍼지는 성질이 있는 소리 에너지(주파수[35])이므로 로고스는 이유(목적)를 가지고 신의 생명(삶, Life)을 계획하는 살아 있는 에너지이다.

빛/사랑 에너지 그리고 사랑/빛 에너지
Light/Love and Love/Light

사랑/빛 그리고 빛/사랑은 가르치면서 배우고, 배우면서 가르치는 것과 같은 이치의 관계입니다.
사랑은 빛의 힘으로서 빛이 무엇이든 할 수 있게 도와주는 에너지의 원천이므로 빛은 사랑이 가득 찰 때 그 창조력이 발현됩니다.(The Law of One: session 15, 1981년 1월 30일)

사랑 에너지는 모든 것을 가능하게 하는 힘의 기본이고 빛 에너지는 사랑을 그 목적에 맞게 발현시키는 질서와 구조이다. 빛을 이용해 사랑 에너지를 재배열하거나 조합하면서 의식은 무한한 가능성을 표현하고 증명한다.
사랑/빛 에너지, 빛/사랑 에너지는 분리될 수 없는 하나이지만 의식의

---

[35] 진동이 일정 시간 동안 주기적으로 일어나면 주파수를 형성하고 진동은 에너지를 만들기 때문에 에너지/주파수/진동수는 모두 치환 가능한 단어이다.

진화 과정에서 주어지는 자유 의지에 의해 하나의 에너지가 앞서 작용할 수 있다. 예를 들면 프라이팬을 데우는 일을 먼저하고 계란을 넣어 계란 프라이를 만들 수도 있고, 야채를 다듬는 일을 먼저 하고 그릇에 담아 샐러드를 만드는 일을 할 수 있는 것처럼 그 목적에 따라 재료가 처음 준비될 수도 있고 재료를 표현하고 담을 틀이 먼저 필요한 경우도 있다. (재료는 사랑 에너지이고 틀, 도구, 구조는 빛 에너지이다.)

빛/사랑 에너지 Light/Love Energy

양자 역학에서는 물질(집, 컵, 지구, 사람, 고양이, 나무 etc.)이 형성되는 원리를 빛의 입자들이 어떻게 그리고 얼마만큼 뭉쳐지고 흐트러지는 정도로 설명한다.[36] 2019년 처음으로 빛의 입자가 Tangle(얽힘)되는 것을 사진으로 찍는 데 성공하였을 때 전 세계 많은 물리학자들은 그 사진을 보고 몹시 흥분했다.[37]

Questioner: 가장 단순한 형태의 생명체는 무엇입니까? 단세포 같은 것이 아닐까 예상하는데... 그리고 에너지 센터는 어떻게 작용하나요?
Ra: 가장 단순한 물질(존재함)의 발현은 당신들이 광자라고 부르는 빛입니다. 빛은 에너지 센터(차크라)와 모든 에너지장의 기본 토대가 됩니다.(The Law of One session 41: 1981년 3월 20일)

빛은 모든 물질의 기본이고 에너지 센터의 가장 중심부 역시 빛이다. 빛/사랑 에너지는 절대의식이 그 의식을 확장하면서 만들어지는 생명이므로 분산되더라도 그 기능을 잃지 않는다.
Ra그룹은 무한성의 절대의식이 물리적으로 발현된 우주를 7 밀도계로

---

[36] 양자 뒤얽힘(Quantum Entanglement/Light Entanglement)
[37] The research was published in Science Advances.

형성된 옥타브에 비교 설명하였다. 하나의 옥타브(우주)는 로고스가 되고 이 로고스는 자유 의지[38]대로 무한한 빛/사랑 에너지를 랜덤으로 발산한다.

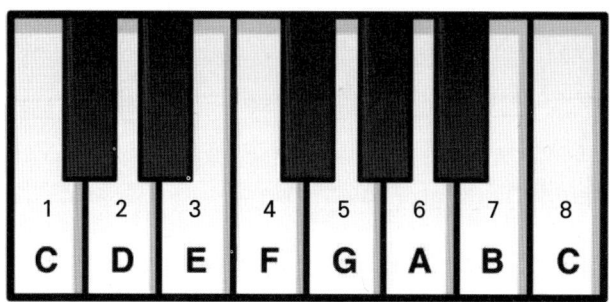

옥타브의 숫자는 의식의 밀도계(차원)를 나타내고 피아노 건반에서 미, 파와 시, 도가 반음 관계인 것처럼 3과 4 그리고 7과 8 밀도계로 넘어가는 과도기는 다른 의식 레벨에 비해 짧고 격변적이다.

우주 Universe: 로고스

무한의 가능성은 형태에 구애받지 않으며 그 범위도 제한되지 않는다. 그러나 절대의식은 우주라는 어떤 틀을 임의로 만들어 스스로를 알아차리고 경험하는 방법을 사용할 수 있는데 이 틀은 순전히 무한함을 가늠하는 것이 불가능한 영혼들을 위한 일종의 배려이다. 그렇다고 우주를 3차원 세계의 건물처럼 물리적 형태의 벽이나 끝이 있는 공간으로 오해하지 말아야 한다.

우주는 빛 에너지로 확장하고 사랑 에너지로 수축하면서 펌프질하는 살아 있는 창조주의 심장과 같다. 일정한 리듬으로 심장이 혈액을 내

---

[38] 태초의 창조주의 무한 가능성은 발현되어야 증명된다는 것과 이런 과정은 명령이 아닌 자유 의지와 랜덤으로 이루어진다는 사실은 매우 중요하다.

보는 것처럼 빛/사랑 에너지가 발산되면서 우주는 방대히 커지고 심장이 혈액을 담아 수축하는 것처럼 사랑/빛 에너지가 우주의 중심으로 끌어당겨지고 순간 멈춘 것처럼 느껴지는데 두 작용은 연속적이며 동시적이다.

중력의 법칙을 발견한 뉴턴은 끌어당기는 힘(중력)이 있기 때문에 태양계 행성들은 태양을 공전하고 지구와 달의 관계도 중력으로 설명하면서 과학계에 센세이션을 일으켰지만 이 중력이 어떻게, 왜 형성되는지는 알지 못한다고 솔직히 말했다.

현대의 과학자들은 우주의 공간과 시간을 바탕으로 여러 차원이 존재하기 때문에 중력이 형성된다는 이론을 암흑 에너지(Dark Energy), 암흑 물질(Dark Matter) 등으로 설명하려 노력하고 있다. 왜 그런 일이 일어나는지를 밝히는 것은 종교와 영성의 몫인 듯하다.

절대의식은 빛/사랑 에너지 확산으로 로고스(우주)라는 물리적 기틀을 만들고 로고스는 자유 의지로 융합된 빛/사랑 에너지를 분산시켜 다시 여러 하위 로고스(Sub-Logos)를 만드는데 이를 다중 우주(Multi-verse)로 이해할 수 있다.

랜덤으로 발산된 빛/사랑 에너지가 자유 의지로 뭉쳐져 스타 더스트의 형태로 융합되어 끌어당겨지면서 은하계가 형성된다. 이는 우주라는 상위 로고스에 소속된 하나의 하위 로고스이다. 이런 과정이 반복되면서 은하계에도 지구가 속한 태양계처럼 여러 하위 로고스(Sub-Logos)가 생겨나게 된다. 그리고 태양계에 속한 지구와 같은 행성들은 태양의 하위 로고스인 것이다. 이런 식으로 인간도 지구 행성에 소속된 지구의 하위 로고스가 된다.

살아 있는 에너지 발현체 우주(로고스)는 영적, 정신(사고)적, 감정적, 물리적인 4개의 세계를 만들고 영혼들은 그 안에서 태초의 무한 가능성을 경험하고 증명하는 사이클을 무한 반복한다.

이 사이클은

첫 번째, 자각의 사이클(awareness)

두 번째, 성장의 사이클(growth)

세 번째, 자신을 인지하는 자아 성찰의 사이클(self-awareness)

네 번째, 사랑/이해의 사이클(love and understanding)

다섯 번째, 빛/현명(賢明: 지혜)의 사이클(light and wisdom)

여섯 번째, 빛/사랑 그리고 사랑/빛이 둘이 통합되는 균형과 조화의 사이클(light/love, love/light: unity)

일곱 번째, 다음 옥타브로 가는 통로(The gateway)이다.

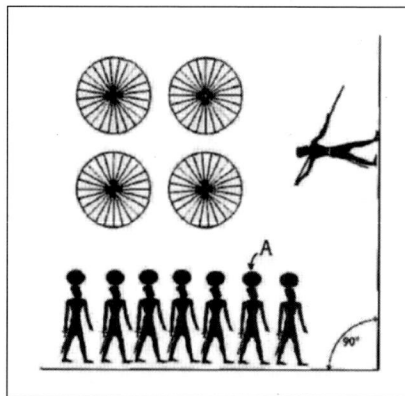

6000~11000년 전 이집트 유적지에서 발견된 이 벽화는 무한히 반복되는 로고스의 7 사이클을 보여 준다.

사이클의 한 단계가 올라가는 차원 상승은 음계가 다음 음계로 넘어가는 것과 같은 90°를 이룬다.

이 사이클은 창조주의 무한 가능성을 경험하는 *참나* 의 여행 일정이다. 사이클의 단계가 높아질수록 더 큰 빛을 포함하게 되고 그럴수록 더 많은 정보를 처리할 수 있게 된다.

블랙홀

우리의 참본성은 끝없이 살고 또 살아가는 빛이다. 이 빛은 그 근원과 본질적으로 하나 될 때까지 지속된다.(Edgar Cayce: Reading 136-84)

여덟 번째 사이클은 정확히 헤아릴 수 없는 새로운 옥타브 사이클이다. 진화하는 독립체가 7 사이클을 끝내면 블랙홀로 들어가게 되는데 이곳에서 지금까지 진화시킨 빛/사랑 에너지는 분산되어 재정비된다.
Ra그룹은 8번째 사이클인 블랙홀은 대천사일지라도 명백히 이해할 수 없다고 하였다.(The Law of One: session 16.21)

모든 생명의 근원은 물이며, 바다는 지구의 자궁이다.
지구 행성은 지구에 살고 있는 모든 생명의 어머니이다.
수메르 쐐기문자 점토판 에누마 엘리시

많은 종교에서 신을 아버지 또는 어머니라고 부르는 것처럼 우주(로고스)와 로고스에 속한 하위 로고스의 관계는 부모와 자녀의 관계로 이해할 수 있다.
상위 로고스는 부모로서 하위 로고스의 진화를 도와주지만 소유나 복종 관계가 아니고 그들의 의식 표현 방식을 존중한다. 참된 부모는 조언을 할 뿐 자녀의 선택을 강요할 수 없고 다만 행복하기를 바라는 것에 비유할 수 있다.

상위자아 Higher-Self

상위자아는 본질, 숨, 영혼, *신이 내 안에 있음*을 의미하는 아트만(Ātman, आत्मन्)을 번역한 *참나(The True Self)*의 다른 이름이다.
창조주의 무한 가능성을 증명하고 있는 모든 독립체의 근원은 하나이므로 넓게 보면 지구, 태양, 은하계의 별들 그리고 돌멩이, 나무, 참새도 모두 의식으로서 나(Self)라고 할 수 있다.

손은 움직이며 일을 하더라도 마음은 멈춤이 가능하다.
절대 움직이지 않는 그것이 진정한 당신이다.[39]

현재 인간의 3 밀도계 의식을 기준으로 다른 밀도계의 의식 독립체들은 상위의식(상위자아)이거나 하위의식(하위자아)이 될 수 있다. 예를 들어 천사들이나 보살 수행의 단계(경지)를 설명한 화엄경 십지품(十地品)의 보살도는 인간의 상위자아가 될 수 있고 동물의 생존 본능에서 만들어진 에고는 하위자아라고 할 수 있다.
잠자는 동안 세상과 분리된 에고는 사라지고 잠은 에고의 은유적 죽음이므로 깨어난 다음 날 어제보다 나은 상위의식으로 진화한다는 전제 아래 '어제의 나'는 하위자아가 될 수 있다.
매일 밤마다 에고를 죽이고 영혼은 깨어남(부활)을 맞이한다. 낮 동안 에고는 영혼을 죽이려는 전쟁을 다시 시작하겠지만….

---

[39] Your hands may do the work, but your mind can remain still. You are that which never moves.
베단타 세이지 Sri Ramana Maharshi

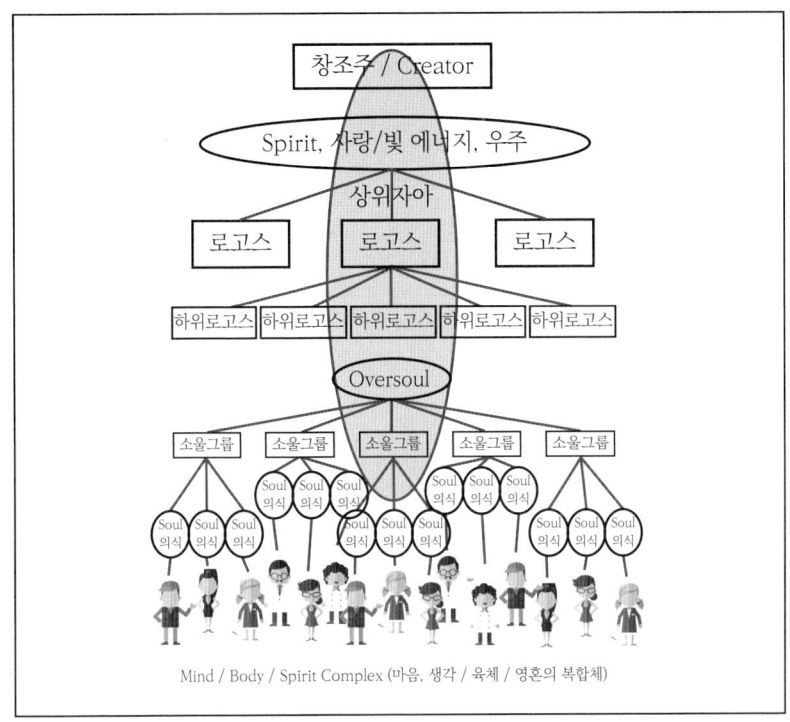

Mind / Body / Spirit Complex (마음, 생각 / 육체 / 영혼의 복합체)

넓게 보면 우리는 모두 하나이지만 상위자아는 영혼 차원 이상의 모든 의식을 포함하므로 이런 의미에서 절대의식(근원소스, 창조주)은 최상위 자아(The Highest Self)가 된다.

현재 영성계에서 사용하는 상위자아라는 용어는 인간자아의 차원 상승을 돕는 6 밀도계 중후반기 진화 과정에 있는 오버소울(Oversoul)을 의미한다.

긍정극성(Positive STO) 또는 부정극성(Negative STS) 중 하나를 선택해야 하는 운명의 기로에 선 인간(3 밀도계의 의식 진화 독립체)은 극성에 상관없이 누구나 긍정극성(STO)의 오버소울 상위자아가 있다. 오버소울은 인간이 환생하기 전 배워야 할 교훈이나 힐링할 수 있는 기회를 계획하

여 프로그램으로 만들기도 하고, 여러 차원을 경험하는 영혼의 일정을 관리하고 안내하는 역할을 한다.[40]

꿈에서 깨어나면 꿈속의 나는 더 이상 내가 아닌 것처럼, 상위자아에게 3 밀도계에 살고 있는 인간자아(현재 글을 읽는 나)는 꿈속의 나와 같다. 창세기에 신이라 불리는 고차원 의식들은 아담을 잠들게 하고 그 갈비뼈를 빼서 히와(이브)를 만들었다. 그런데 성경 어디에도 아담이 깨어났다는 내용은 없다. 영혼은 여전히 인간 세계의 꿈(매트릭스라고도 한다)에 갇혀 있는 것이다.

꿈속에서 내가 꿈꾸고 있음을 알게 되면 어떨까? 너무 황당해서 웃음이 나오지 않을까? 그리고 꿈의 경험들은 더 이상 두렵고 무서운 일이 아니라 재미난 게임이 될 수도 있을 것이다. 이것이 상위자아 의식과 하나 되어 세상을 사는 방법이다.

상위자아와 소통

누가 누구와 소통을 한단 말인가...
거울을 보며 혼잣말을 하다 가는 게 인생이다.

계획한 일이 이루어지지 않으면 인생이 망했다고 믿는 건 인간자아(꿈꾸는 자)의 에고이다. 상위자아의 관점에서는 지하철을 타든, 택시를 타고 조금 일찍 목적지에 도착하나 모두 꿈이기는 매한가지이다. 다만, 가는 도중 경험하는 일들은 인간자아 의식이 진화할 수 있는 기회가 될 수 있다. 예를 들어 길에서 싸움이 났는데 나는 휴대폰을 보고 있느라 알아차리지 못했지만 옆에 있던 친구는 그 싸움에 관심을 기울여 그 내막

---

[40] 그러나 깨어나지 않으면 이 일정을 수행하지 못한다. 영혼이 깨어나지 않은 인간자아 의식은 에고에게 휘둘려 카르마를 갚고 만드는 인생을 반복할 수밖에 없다.

을 조금 알게 되었다면 그 싸움은 나의 의식에는 없는 사건이지만 친구에게는 어떤 영향을 미쳤을지도 모를 일이다. 우리의 생각도 마찬가지인데 생각은 끊임없이 일어나고 사라지지만 내가 의식하고 알아볼 때 그 생각은 살아나게 된다. 자신의 행동, 생각, 감정에 빠지지 않고 의식을 분리해 그것들을 관찰자처럼 바라보는 지각 상태가 상위자아이다.

멈추어라, 그리고 내가 신이라는 것을 알라.[41]

누군가 다윗왕에게 나타나 그가 잘 모르고 있을 것 같아서
"내가 신이야!" 라고 알려 준 게 아니다.
외부 자극을 차단하고 신체를 움직이지 않아 감각 기관의 활동이 최소화될 때 의식은 空에 있을 수 있다. 다윗왕은 명상 중 내면에서 움직이지 않는 *참나*가 자신을 알아보라는 소리 없는 외침을 느낀 것이다.

나를 보낸 이는 나와 함께하고 나는 언제나 그를 기쁘게 하는 일을 합니다.[42] 진정으로 당신네들에게 알려 주겠소, 나(인간자아) 혼자서는 아무것도 할 수 없습니다. 나는 상위자아가 나를 통해 이루고자 하는 것만 할 수 있습니다.[43]

예수 그리스도는 상위자아를 아버지(Father)라고 불렀는데 이는 그 시대의 가족 관계 관념을 이용해 로고스를 설명하려는 시도이지 상위자아가 남자이기 때문이 아니다. 상위자아를 숭배해야 할 신으로 이해한다면 옥황상제 같은 신의 명령을 따르기 위해 인간은 참아야 할 때도 있

---

41 *Be Still and Know that I am God*(구약 성경 시편 46:10)
42 *And the one who sent me is with me for I always do what pleases Him*(John 8:29)
43 *Truly, I tell you, I can do nothing of myself, but I only what I see my Father doing*(John 5:19)

고, 원하지 않는 희생을 감수해야 할 수도 있을 테지만 상위자아와 하나 된 상태라면 문자 그대로 상위자아는 높은 의식의 '나'이다. 상위 차원의 '나'는 벌어지는 사건 사고로 가득 찬 인생에 던져져 당하고만 있는 처량한 신세의 인간이 아니다.

*참나*는 죽도록 열심히 일해서 서울에 30평대 아파트를 사는 과업을 인생 목표로 삼기에 너무 神적이다.

주파수와 밀도 Frequency and Density

모든 것은 에너지이다. 그게 전부다. 당신이 원하는 세상의 주파수에 맞추면 그게 현실이 될 수밖에 없다.
이것 말고 다른 방법은 없다. 이것은 철학이 아니고 물리학이다.

(A. Einstein: 알버트 아인슈타인)

주파수는 파동의 사이클로 특정 시간 동안 지속되는 움직임을 측정한 진동(진동 속도)이다. 진동은 주파수 내에서 에너지가 수축할 때 일어나는 작용이므로 주파수와 진동은 치환 가능한 용어인데 심박수를 예로 들면 심장 박동은 분당 평균 60-100비트의 주파수이다. 에너지(주파수) 패턴은 감정이나 생각에 따라 변화될 수 있고 신체[44]에 큰 영향을 주기도 한다. 감정의 에너지는 육체에 발현되는데 두려움은 몸을 경직시켜 긴장하게 하고, 분노는 몸을 바들바들 떨게 하면서 상체로 혈액을 집

---

44 영혼이 외부 세계를 경험하고, 의식이 투사되는 매우 중요한 도구이다. 휴대폰이 없으면 인터넷에 접속이 안 되어 그 안에서 벌어지는 일들을 아무것도 할 수 없는 것과 같다.

중시켜 열이 오르게 하고, 슬픔은 몸을 무겁게 만들어 축 처지게 한다. 에고 베이스의 걱정, 불안, 우울감 같은 다운된 기분은 낮은 주파수 영역대의 감정이다. 반대로 사랑, 평화, 기쁨 같은 긍정적 감정이 활성화되면 높은 주파수의 에너지 영역에 진입하게 된다. 감정과 생각은 한 개인의 에너지를 창출하는 원인이 되고 의식 진화에 큰 영향을 준다. 높은 주파수의 감정과 생각을 통해 의식은 고차원 상태에 머물 수 있게 되고, 독립체(인간)의 육체도 점점 가벼워져 결국 빛의 몸으로 전환되는데 이를 의식의 차원 상승이라 한다.

그러나 억지로 밝고 긍정적인 생각을 한다고 주파수가 상승하는 것은 아니다. 잠재의식을 적극적으로 힐링하면 새롭게 변화된 생각과 감정이 수혈되는 것을 느끼게 되고, 의식은 자연스럽게 진화해 고차원 에너지 영역대로 진입하게 된다.

영적 차원과 밀도

무시할 수 없이 많은 증거들로 UFO의 존재를 부정할 수 없는 현재의 우리는 UFO가 다른 차원에서 왔다는 얘기를 듣기도 한다.

차원의 단계는 주파수의 속도와 파장 그리고 진동수의 길이와 크기의 다름으로 구분된다. 주파수를 맞추면 해당 라디오 방송을 들을 수 있는 것처럼 개인의 생각과 감정 그리고 영적 에너지로 형성된 *고유 에너지장* 다른 말로 *의식의 주파수*를 바꾸는 것이 가능하다면 이곳에서 사라져 새로이 바뀐 주파수의 행성 예를 들어 7차원의 수성으로 갈 수도 있을 것이다.

영적 측면에서 밀도는 각 차원이 담을 수 있는 빛의 양을 의미한다.[45]

---

[45] 차원은 의식의 진화 단계, 밀도는 빛의 얽히고설킴의 정도(빛의 진동수)이다.

컴퓨터 CPU가 데이터를 처리하는 최소 단위를 bit로 나타내는 것처럼 하나의 빛송이에 일정한 정보를 담을 수 있다. 따라서 빛이 많아질수록 그만큼 풍부한 정보를 처리하고 저장할 수 있게 되고, 정보가 증가할수록 의식은 더욱 자유롭고 다양하게 표현된다.

의식의 진화는 더 많은 가능성을 열어 줄 뿐만 아니라 불가능은 적어지는 것이라 말할 수 있다. 예를 들어 인간이 동물에 비해 고차원적인 일들(복잡한 수술을 하거나 기계를 만들고 작동시키는 일)을 할 수 있는 이유는 그만큼 정보를 처리할 수 있는 능력이 높기 때문이고, 다른 말로 하면 빛을 더 많이 보유한 것이고 이에 따라 의식이 진화되었기 때문이다. 그러므로 2 밀도계의 고양이 의식이 인간 육체에 들어온다고 하여도 평범한 지능의 인간만큼 정보를 처리하는 것조차 불가능할 것이다.

밀도계에 따라 스스로를 자각하는 능력에도 차이가 나는데 이는 밀도 단계(빛의 응축 정도에 따른 정보 처리 능력)가 낮을수록 그 진동수(주파수)는 느리고 의식 레벨은 낮기 때문이다. 예를 들어 같은 2 밀도계라 할지라도 개미는 의식이 깨어 있지 않아 자아 정체성이 없지만 애완동물은 사람들과 동거하며 이름을 갖게 되면서 자신의 존재를 조금씩 자각하기 시작한다.

3 밀도계 의식의 인간은 누구나 과학적으로 증명하거나 설명할 수 없어도 자신이 존재함을 알고 있다. 하지만 동일한 3 밀도계의 인간일지라도 낮은 레벨의 의식은 정확한 자아 정체성(참나, 상위자아)을 알아보기 전이므로 육체, 생각, 마음, 소유물과 자신을 동일시하여 정체성을 확인하게 되는데 이를 '에고'라 한다.

주변 사람들의 슬픔, 분노, 행복, 기쁨을 간접적으로 느낄 수 있는 것은 감정과 생각도 에너지의 한 형태로 고유의 주파수가 있으며 이는 개인의 몸 안에 한정되지 않고 외부로 방출되기 때문이다.

에너지는 물리적 형태에만 존재하는 것이 아니라 눈에 보이지 않는 라디오 주파수, 휴대폰 시그널, 와이파이 등의 에너지도 대기 중에 흐른다. 지구 행성에도 슈만 공명 지수라고 부르는 고유의 주파수가 있는데 지구의 전자기장 스펙트럼은 7.83Hz[46]범위이고 파장은 7.23Cm 정도이다. 러시아의 한 연구소에서는 지구의 주파수를 지속적으로 측정(sosrff.tsu.ru)하여 일반인에게 공개하고 있다. 자료를 보면 2001년 9.11 사건이 발생하고 1시간 후부터 그리고 2004년 동남아에 쓰나미가 일어났을 때와 같이 대규모 인명 피해가 나면 한동안 그 주파수는 큰 파동을 보이며 급격히 솟구치기도 하였다. 충격적인 사건을 직간접적으로 경험하며 슬픔의 공감대가 형성되면서 지구 주파수에 영향을 주기 때문인데 우리 의식이 하나로 연결됨을 보여 주는 증거가 된다.

그렇다면 나의 주파수는 어디에 속해 있는 것일까?

영어로 주파수는 *Frequency*이고 이 단어는 Frequent(주기적으로 자주 일어나는)에서 파생되었음을 근거로 마이클 브라운은 이런 말을 했다.

당신이 빈번히 생각하는 그것이 당신의 주파수이다.[47]

우리는 명상을 하면서 5 밀도계 빛의 에너지를 경험하기도 하고 기쁜 마음으로 봉사 활동을 하며 사랑의 4 밀도계 에너지를 실천하기도 한다. 그러나 3 밀도계 물질세계에 살면서 4 밀도계 이상의 고차원 주파수에 머물려면 그 에너지장에 맞는 지속적인 수행이 필요이다.

영적 의식 차원은 의식이 머무는 내면에서 이 세상(우주, 외부)을 바라보는 관점이다. 우리는 각자의 의식 차원 레벨에서 우주를 인지하므로 의

---

[46] 2023년 튀르키예에서 진도 7.5의 지진이 발생하기 1시간 전 25Hz까지 치솟기도 하였다.

[47] *What you frequently think is your frequency.* Michael Brown

식의 진화 정도를 나타내는 밀도계와 차원은 어느 정도 치환 가능한 개념이다.

아래는 의식의 밀도계에 따른 영성 이론을 정리한 표이다.

밀도	차원	영성계	카발라	차크라
밀도계 측정 불가	11D	로고스		
7D	10D		케터 1	크라운 차크라 7
	9D			
6D	8D	모나드 아트만/ 붓다/ 오버소울/상위자아	호크마 2	제3의 눈, 송과선 차크라 6
			비나 3	
5D	7D	빛 에너지 그리스도 의식	다아트 0	목 차크라 5
	6D			
	5D	사랑 에너지	게브라 5	심장 차크라 4
4D			헤세드 4	
			티파렛 6	
3D	4D	상위 멘탈체/ 인과체	티파렛 6, 넷차 7	태양 총 차크라 3
	3D	하위 멘탈체/ 에고		
2D	2D	감정체	호드 8	천골 차크라 2
1D	1D	에테르체 물리적 육체	예소드 9	뿌리 차크라 1
			말쿠트 10	

공간적 시간 Space/Time

입체적인 3차원 물질세계에서 시간을 4차원으로 분리한 것은 물리적 측면의 이해이다. 보편 인자로 예외 없이 누구에게나 똑같이 적용되는 듯 보이지만 재미난 일을 할 때는 시간이 빨리 가고 어린이와 노인이 느끼는 시간은 다른 것처럼 사용하는 주체에 따라 시간은 상대적이다. 공간적 시간(Space/time)이란 컵을 들어 물을 마시는 행동은 3초라는 시간 동안 이루어지고 A라는 한 지점에서 B장소로 이동하는 데 일정 시간이 걸리는 것처럼 물리적 움직임과 태양에 종속된 지구에 적용되는 시공간 이해이다.

4차원

의식의 밀도계에서 3차원과 4차원은 공존한다.
형이상 측면의 4차원은 여러 층으로 구성된 아스트랄계이다. 꿈의 세계가 여기에 속하고, 어떤 이유로든 죽음을 받아들이지 않는 저차원의 혼령들도 아스트랄계 한 층에 머물고 있다. 인간은 수면 중 공간적 시간이 적용되지 않는 4차원 아스트랄계 차원에 80% 가량 머물고 낮 동안 의식은 3차원 물리세계에 80% 머물게 된다. 낮에 잠깐 백일몽에 빠지는 일은 잠에 들지 않고 4차원 아스트랄계에 의식을 두는 일이라 할 수 있다.
3 밀도계로 진입을 앞둔 2 밀도계 하반기에서 의식을 진화하는 반려동물들도 수면 중 꿈을 꾸면서 아스트랄계 4차원을 간접 경험하게 된다.

시간적 공간 Time/Space

피라미드의 바닥을 보면 사각형이 보이고 옆면은 삼각형의 단면만 볼 수 있는 의식을 인간의 3차원 의식이라고 한다면 피라미드 전체를 조망하고 구조물 내부까지 꿰뚫어 초월할 수 있는 지각 능력은 5차원 의식의 상위자아 관점이다.

영화 〈인셉션〉에서 꿈 설계자가 도시를 수직으로 끌어 올린 것처럼 지상에 펼쳐진 지구 전체를 3차원 공간으로 동그랗게 말아 올리고 자신을 360°를 동시에 인지하는 비전을 가진 지구만큼 큰 거인으로 만들어 보자.

이 거인이 지구를 보는 관점이 시간적 공간(Time/Space)이다. 지각하는 내가 중심이 되어 시간과 공간은 일치되고 외부 환경은 동시에 경험된다. 시간은 과거에서 미래로 흘러가지 않고 모든 가능성은 양자 역학에서 말하는 파동과 입자로 현재에 존재하는데 의식에 따라 그 가능성은 언제든지 바뀔 수 있다.

시간적 공간은 5차원(4 밀도계)의 상위자아가 우주를 지각하는 관점으로 3차원의 인간 의식으로는 이해하기 어려운 개념이다. 하지만 인간자아의 3차원 공간적 시간 의식으로도 지금 당장 내 눈으로 보는 것이 아니라 100% 확신할 수 없지만, 지구 반대편 도시에서 또는 옆 동네 사람들이 그들의 삶을 살아가고 있음을 추측할 수 있다.

5차원의 의식은 분리되어 짐작만 할 수 있는 다른 의식(사람)의 시공간을 자유로이 접속해 그들의 경험, 생각, 감정의 에너지를 알 수 있다. 모든 의식이 서로 연결되어 있기 때문에 가능한데 The Law of One에서

이 같은 메모리 공유 의식을 Social Memory Complex(SMC: 서로 연결된 메모리 통합체)라 하였다.

공시성 Synchronicity

공시성은 당신(인간자아)과 영혼 그리고 당신 본질(Core)의식이 서로 연결돼 접속된 상태입니다. Deepak Chopra

공시성은 무한 가능성이 흘러가는 것이나 이미 정해진 숙명이 아니라 선택과 결정에 의해 매순간 새롭게 펼쳐지는 가능성의 연속임을 밝혀 주는 현상이다.

영원함은 끝없이 흐르는 시간이 아니라 지금 이 순간만이 무한히 존재하는 것이다. 그리고 우리는 의식이 살아 있을 때에만 이 무한한 가능성의 순간을 알아볼 수 있다.

공간과 시간이 분리되지 않으므로 지구의 시공간은 3차원으로 존재한다. 그러므로 내 육체가 차지하는 공간에 완벽히 겹쳐 있지 않고는 그 누구도 나와 동일한 시간을 공유할 수 없다. 내가 지금 존재하는 이 공간이 아니고는 그 시간을 갖지 못하므로 경험하는 주체의 시간은 언제나 지금 이 순간일 수밖에 없다. 시간과 공간은 각각의 의식 독립체에게 분배된 우주의 할당량이므로 지극히 사적이고 고유하다.

싱크로너시티(Synchronicity)는 동시성 또는 동시 발생으로 번역되지만 두 개 이상의 행위가 같은 시간에 일어난다는 동시*성*보다는 상위자아와 나의 의식이 공유되어 이를 알아본 것이 핵심이므로 공시성(共時性 또는 共時聖)을 Synchronicity를 대체하는 한국어로 사용한다.

우연(CO-incidence)이란 여러 사건(Incidents)이 서로 연관되어(CO는 '연결된'이라는 의미의 접두사) 동시에 발생하는 것이고 공시성(Synchronicity)은 시간을 의미하는 Chronos(동기화)가 포함되므로 *시간의 동기화* 내지는 *우연의 일치*로 이해할 수 있다. 공시성은 서로 연관성 있는 여러 일들이 비슷한 시기에 장소의 구애를 받지 않고 다채로운 상황 속에서 지속적으로 발생한다. 우연의 일치라고 하기에는 타이밍이 지나치게 절묘하고 본인만 알아차릴 수 있는 교묘히 연관된 일들이 연속적으로 나타난다. 상위자아가 인간자아의 관심을 끌어 힐링할 기회나 교훈을 주려고 또는 메시지를 보내 특별한 목적을 달성하려고 할 때 그리고 영혼의 깨어남을 응원하기 위해 공시성을 사용하기도 한다.

여러 종교 단체에서 공시성을 신비로운 현상으로 해석하고 신으로부터 온 알 수 없는 선물이라 말하기도 한다.

상위자아가 우리의 삶에서 힌트를 얻어 현실 세계에 펼쳐 놓은 것이지만 인간자아는 이런 일들이 언제 일어날지 예측할 수 없다.

칼 융(Carl Jung)은 의식 진화와 정신 분석학적 측면에서 이 같은 현상을 연구하며 공시성(Synchronicity)이란 용어를 사용했다. 그는 점심에 생선을 먹고 오후에 환자를 진료하는데 환자가 물고기 그림을 보여 주고 다시 저녁에 시냇물에 살기엔 제법 큰 물고기가 머리를 내밀며 무언가를 말하려 하는 듯한 행동을 동네 냇가에서 보게 되고 그날 저녁 친구에게 물고기에 관한 꿈 얘기를 들었던 공시성 경험을 소개한 적이 있다. 그가 치료하던 환자들에게도 이런 현상이 일어난다는 것을 발견하고 이것이 인간의 의지가 아닌 보이지 않는 우주의 힘에 의한 것임을 연구하기도 했다.

A를 생각하고 있는데 A에게 전화가 오거나 초코 아이스크림을 먹고 싶었는데 아빠가 초코 아이스크림을 사 가지고 오는 일, 핸드폰을 보고 있는데 지나가던 사람이 내가 읽고 있는 그 단어/문장을 똑같이 말하는 것을 듣기도 한다. 특정 장소나 사람에 대한 지속적인 비슷한 경험은 그곳에 가거나 만나 보라는 신호로 해석될 수 있으며 엔젤 넘버로 불리는 반복 숫자, 같은 숫자, 같은 색을 계속 보게 되거나 비슷한 꿈을 꾸는 일이 흔한 공시성 현상이다.

공시성은 상위자아의 소통 방식 중 하나이므로 자신이 이해하는 숫자의 의미가 있다면 상위자아는 그것을 이용할 수도 있다. 예를 들어 1을 YES 사인으로 0을 No 사인으로 정할 수 있고 타로 카드의 의미를 알고 있다면 이를 이용해 의사소통을 할 수도 있다. 상위자아와 소통하려는 의지를 가지고 이런 현상을 이해하려고 하면 우연의 일치가 단순한 신기함이 아니라 상위 차원에서 내려온 가이드가 될 수 있지만 공시성에 집착하거나 불길한 카드가 불만족스러워 다른 타로 카드를 꺼낸다면 그것은 에고가 개입된 것이므로 당분간 공시성을 무시하는 것이 좋다.

오컬트 Occult

오컬트는 *감춰진, 숨겨진, 비밀로 지켜진, 봉인된*이라는 뜻의 라틴어 *Occultare*가 어원이다. 이집트 지혜의 신 토트(Thoth)의 그리스 환생인 헤르메스(Hermes)가 남긴 것으로 알려진 Hermetic 가르침도 오컬트와 같은 뜻이다.

대중에게는 공개되지 않은 서양 형이상학 연금술, 헤르메틱학 그리고 유대 신비주의(밀교) 카발라(Kabbalah 또는 Qabalah)도 오컬트 지식에 포함된다. 이 비밀스러운 지식은 그리스, 이집트에서 시작해 로마와 유럽의 상위층 소수에게만 전수되었으며 접근하는 일반인은 사형에 처해지던 때도 있었다. 우주의 운영 원리, 인간이 태어난 이유, 창조의 진실이 담겨 있어 *더 높은 영적 지식*이란 뜻의 에소테릭 지식(Esoteric Knowledge)으로 불렸으며, 지배 계층은 이 지식을 이용하여 그들의 권력을 신성 불가침화하고 대중을 착취하는 데 사용하기도 했다.

에소테릭 지식이 신비한 미스터리, 마법, UFO, 사탄, 귀신, 마술, 제례의식, 음모이론(Conspiracy Theory)과 다크 오컬트(Dark Occult: Cult)로 모함되는 것은 대중이 진실을 알게 되는 것을 방해하는 연막일 것이다. 저주의 흑마법(Black Magic)이 없는 것은 아니지만 긍정적인 생각과 사랑의 힘을 믿는 백마법(White Magic)도 존재한다.

오컬트 지식은 사용하는 사람과 그 목적에 따라 유용할 수도 있고 그 반대 효과를 낼 수도 있는 것이다.

연금술 Alchemy

Al은 The(바로 그것)를 의미하는 아랍어 접두사이고 Chemy는 고대 이집트를 부르던 Khemia(Khem)에서 파생되었다. 이집트 지혜의 신 토트(Thoth)는 연금술의 아버지로 에메랄드 태블릿 서문에 연금술의 의미를 남겼다.

That which is Below corresponds to that which is above. And That which is above corresponds to that which is below.

해석하면, *위에서 하는 일에 아래는 응답하고 아래에서 하는 일에 위는 응답한다.*

위와 아래는 각각 영계(Spiritual Plane)와 지상계를 의미한다. 이 두 세계는 밀접한 관계 속에서 서로를 비추어 투영하고, 소통한다는 것이 핵심이다. 연금술은 영혼과 의식(마음)이 물질과 어떻게 상호 작용하는지 이해하는 철학으로 연금술의 세 가지 원리(유황, 수은, 소금)는 각각 영혼, 마음(의식, 영), 육체를 상징한다.

태양계 첫 번째 행성인 수성(Mercury)은 연금술에서 수은(Mercury)의 대우주적 반영으로 생각, 사고력, 아이디어의 빛 에너지 의식 원형이다.

그리스도는 세상에 반드시 필요한 사람(의인)을 *빛과 소금*에 비유[48]하였는데 소금은 육체에 해당하는 인간자아를 상징한다.

마음(의식, 영)을 나타내는 수은과 인간 육체가 밑 꼭짓점이 되어 꼭대기 영혼을 받치고 있는 연금술의 삼각형은 그리스도가 말한 온전히 깨어난 의인을 나타낸다.

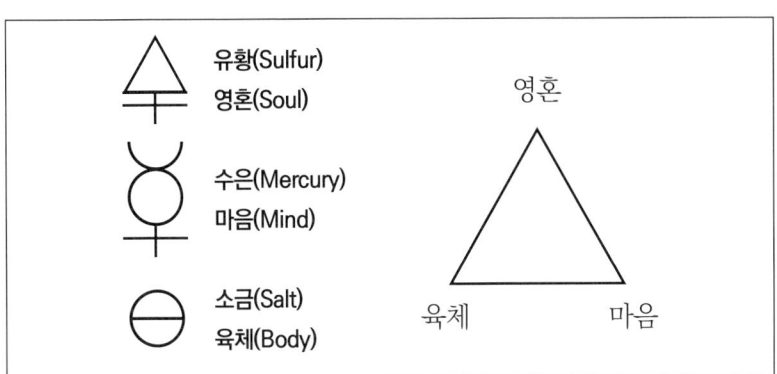

---

48 마태복음 5:13~16

자연의 7법칙 The 7 Hermetic Principles[49]

여러 목격자가 있기 때문에 비밀로 남겨질 수 없게 된 1947년 미국 뉴멕시코주 로스웰에 추락한 UFO 사건 당시, 살아남은 단 한 명의 외계인을 텔레파시로 인터뷰하게 된 간호 군인은 죽기 전 그 기록을 한 소설 작가에게 보냈다. 이렇게 밝혀진 그 외계인의 증언에 의하면 지구는 감옥이라고 한다.[50]

에드거 캐이시는 태양계를 대학에 비유하고 지구는 배운 것을 테스트하는 곳이라는 리딩(E.C 311-2)을 했는데 감옥과 학교는 시스템을 갖춘 조직 단체라는 공통점이 있다.

모든 것을 통합하는 법칙이 형이상 세계에도 존재하고 그것을 몰라서 지구라는 감옥에 갇혀 답답함을 느끼는 것이라면 또는 그 법칙을 테스트하기 위해 지구 시험장에 입학한 것이라면, 물질세계를 설명하는 일은 물리학자에게 맡기고 영과 정신세계에 관한 법칙을 배워 보면 어떨까?

이 진실의 7가지 원리를 알고 이해하는 것은 마스터의 마법키를 소유한 것이다. 이를 이용하면 신전의 문을 활짝 열 수 있다.[51]

---

49 카발리온(The Kybalion)의 헤르메틱의 7원리는 우주의 법칙(Universal Laws), 자연의 7법칙(7 Natural Laws)이라고 불리기도 한다.

50 고차원 존재와의 텔레파시 교신은 채널링의 한 종류로 그들은 3차원 언어를 사용하지 않기 때문에 채널이던 간호 군인의 지적 수준대로 메시지를 이해하게 된다. 따라서 감옥은 인간 사회의 교도소 개념보다는 에고의 생각, 선입견으로 자유롭지 못한 곳 또는 자신의 정체성을 몰라 정신적, 영적으로 갑갑한 상태에 있는 곳이라 해석할 수 있다. 개미 왕국에 처벌 시스템이 있다면, 그것이 인간의 교도소 같을 수 없음을 추측할 수 있듯이 외계 종족이 인간의 감옥과 같은 시스템을 운영한다고 장담할 수 없다.

51 카발리온(The Kybalion)의 서문: 신전은(단어 선택에 따라) 졸업, 감옥 탈출, 차원 상승, 구원, 깨달음을 상징하고 그 신전문의 문고리를 잡고 돌려야만 열리기 때문에 스스로 배우고 적용해야 한다는 의미이다.

1. 유심론
: 모든 것은 무한한 마음이다

태초(모든 물질과 에너지의 기원)는 무한한 생각이 그 시작이다. 모든 것은 생각(양에너지, 성부, 힌두의 창조신 브라마, 상위자아, HGA)에서 창조되고 마음(음에너지, 성령, 힌두의 시바신, 인간자아)에서 파괴된다.

인간이 발붙이고 사는 지구는 물론이고 시작과 끝을 알 수 없는 우주 전체는 태초의 생각에 의해 창조된 것이다. 그리고 생각할 수 있으므로 신은 '*살아 있는 지능*'이라 할 수 있다.

마찬가지로 뇌가 일을 해서 만들어진 생각으로 인해 인간은 지능을 갖게 된다. 뇌는 매초 4천억 개의 정보를 처리하지만 인간은 대략 2,000개의 정보만을 알아차리고, 이 정보는 신체 감각 기관과 주변 환경 그리고 시간으로 한정된다.

인간은 뇌의 일부만 사용한다는 과학계의 발표로 한동안 어떻게 하면 뇌 전체를 쓸 수 있는지에 관심이 집중되었지만 최근 연구에서는 두뇌를 모두 사용하는 것으로 밝혀졌다.

뇌의 일부만 사용할 거라는 가설이 생긴 이유는 뇌가 처리하는 정보 중 인간이 알아차리는 정보가 5% 이하에 불과하기 때문이다. 95%의 생각은 과거의 경험으로부터 자신도 모르게 잠재의식에 저장된 정보를 상황에 따라 자동 반사적으로 떠오른 것이다. 따라서 나이가 들수록 점점 커져 가는 과거 경험의 그림자에 짓눌려 고정관념과 선입견이 심해지는 것이다. 알아차리지 못한 생각이 지속적으로 발현되면 한 사람의 성격(인격)이 된다.

영화 〈*리미트리스(Limitless)*〉의 주인공은 알약을 먹고 감각 기관에서 흡수된 정보를 알아차리는 능력이 월등히 높아지고 주변 환경뿐 아니라 자신의 감정과 생각을 모두 알아보는 상태에 도달하게 되는데 이는 그의 의식이 극도로 깨어났기 때문이다.

의식은 뇌를 조정할 수 있고, 뇌에게 생각을 생산하도록 명령할 수 있다. 어떤 의식이 얼마만큼 깨어서 어떻게 뇌를 지배하는가에 따라 우리는 신이 될 수도 있고, 동물보다 못한 만행을 저지를 수도 있는 것이다. 뇌에서 만들어진 생각은 관심을 주고 그것을 믿을 때 살아 있게 되지만 이 생각을 끄집어내어 현실화하기 전까지는 상상, 공상, 환상, 허상의 잠재된 가능성으로 머물러 있다. 예를 들면 휴대폰은 누군가 처음 생각을 했기 때문에 프로젝트가 되어 고도의 기술 집합체 물질로 발현된 것이고 그림, 음악, 글의 창작 과정도 생각이 먼저 존재해야 작품으로 나타날 수 있게 된다. 모든 것은 생각이 시작되어야 행동으로 옮겨지고 결과물이 만들어지므로 생각은 모든 것의 뿌리가 된다. 그리고 그 생각은 의식해야만 살아 있을 수 있다.

2. 상호 교신/소통의 원리

: 영의 세계에서 이루어진 것은 물질세계에서도 이루어지고 물질세계의 일들은 영의 세계에도 그대로 나타난다. 안에서 일어난 일들은 밖에서도 상응한 결과를 보여 주고 반대의 경우도 마찬가지이다.

영의 세계와 물리세계의 조화를 의미하므로 균형의 법칙이라고도 한다.

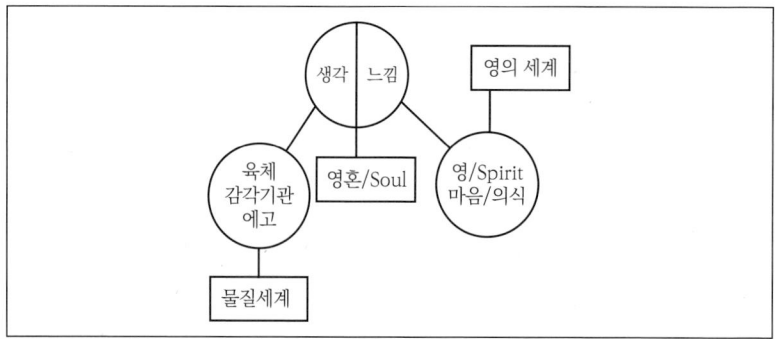

모든 것은 연결되어 있으므로 교류하고 소통하면서 영향을 주고받으며 서로를 비추는 거울 같은 역할을 한다.

근본적으로 영, 영혼, 육체 모두는 하나의 마음에서 일어나므로 셋 중 하나의 세계가 어떤 행위를 하면 다른 두 세계에서는 그에 상응하는 반응이 나타난다.

유전에 의해 병이 유발되는 것이 아니라 그러한 유전자를 가지고 있다고 믿는 자신의 생각이 해당 유전자를 활성화시켜 그 질병의 원인(에피제네틱스: Epi-genetics)이 된다는 것이 밝혀지기도 하였고, 스트레스가 해롭다는 믿음이 신체에 악영향으로 나타난다는 연구도 생각과 몸의 상관관계를 증명하고 있다.

또한 심장이 있는 가슴을 수그리고 움츠린 자세는 정신적 불안정 상태에서 발견되는 행동 유형으로 세로토닌 호르몬의 분비와 관련이 깊다. 바닷가재의 생태를 연구한 결과 싸움에서 이긴 수컷이 온몸을 펴고 가슴을 드러내 자신감을 보일 때 세로토닌 수치가 높아지는 것도 육체와 생각이 서로 소통하며 상호 작용하고 있음을 보여 준다.

3. 진동의 원리

: 가만히 있는 것은 없고, 모든 것은 움직이고 모든 것은 진동한다.

기체, 액체, 고체 형태의 물질은 물론이고 생각이나 감정처럼 눈에 보이지 않는 힘도 에너지의 한 형태이다.

악기가 연주될 때 그 소리가 진동으로 퍼지는 것도 에너지이고, 운동 경기에 흥분한 관중의 환호 소리에 소름이 끼치는 경험도 그 진동 에너지를 느낀 것이다. 우리 몸의 감각 기관은 에너지의 진동수를 감지하는 도구[52]이며 인간은 이러한 진동을 지각하고 그 진동을 나름대로 해석하

---

52 귀는 진동을 해석해 소리를 듣게 하고, 다른 피부의 감각 기관도 마찬가지의 일들을 한다.

며 살아간다. 모아진 진동은 뇌가 해석하게 되므로 감정과 생각이 자신이라 믿을 수 있지만 그것도 파헤쳐 보면 모두 진동하는 에너지이다.

우주의 비밀을 알고 싶다면 에너지, 주파수 그리고 진동수를 연구하세요.[53]

또렷하지 않은 특이한 빛 퍼짐 기법 때문에 인상주의로 분류된 반 고흐와 클로드 모네는 원자들의 끊임없는 진동수를 보는 능력이 있었던 것 같다. 많은 이들이 그들의 작품을 좋아하는 이유는 콕 집어 설명할 수 없지만 진동하는 에너지의 자연을 그 영혼이 알아보기 때문일 것이다. 아인슈타인의 상대성 이론 법칙 $E=MC^2$는 물질 M에 빛 C의 속도(빛이 어떤 물체에 닿아 그 물체를 눈으로 식별할 수 있게 됨)를 곱한 것이 에너지라고 단순화할 수 있다.

빛의 입자들이 뭉치고 얽혀 만들어진 물질(M)은 세계를 구성한다. 이를 다른 형태의 빛을 통해 눈으로 확인하게 되니 상대성 법칙으로 이 세상을 요약하면, 빛과 빛으로 이루어진 에너지가 된다.

4. 극성의 원리

: 모든 것은 이원적이다. 모든 것은 극성이 있다. 모든 것은 그것의 정반대 짝이 있고 둘은 달라 보이지만 동일한 하나이다.

극과 극은 만나고 모든 진실의 반은 진실이 아니고 모든 거짓의 반은 사실 진실이다. 모든 역설에는 역설적으로 그 논증을 오히려 뒷받침하는 원리가 포함되어 있다. 차가움과 뜨거움은 반대의 컨셉 같지만 비교 대상이 없는 절대적 뜨거움 또는 차가움은 없다. 온도를 느끼는 주체에 따라 뜨거움에도 차가움을 찾을 수 있고 반대의 경우도 마찬가지이다.

---

[53] *If you want to find the secrets of the universe, think in terms of energy, frequency, and vibration.(Nicola Tesla)*

빛과 어둠, 딱딱함과 부드러움, 큰 것과 작은 것, 시끄러움과 조용함도 명확하게 그 선을 그을 수 없으며 극단적인 좋아함과 혐오감은 같은 감정이다. 사랑과 미움도 정반대의 감정으로 보이지만 절대적 사랑이나 미움은 없기 때문에 어떤 것에 존재하는 반대의 극성은 언제든 그 형태와 속성을 정반대로 바꿀 수 있다.

5. 리듬의 원리
: 모든 것은 리듬이 있다.

리듬이란 일정한 형태로 움직이는 반복적 흐름이다. 모든 것은 끊임없이 흘러가고 돌아가면서 순환한다.

여러 개의 진자 구슬 중 가장 바깥 구슬을 때리면 가운데 구슬들은 움직이지 않으면서 에너지를 전달해 반대편 끝의 구슬만이 처음 충격에 반응하게 되는 것은 보이지 않는 에너지의 흐름(리듬)이 있기 때문이다. 모든 현상들은 정해진 사이클에 영향을 받아 순환하며 흐른다. 여름이 가면 겨울이 오고 앞으로 간 것은 그만큼 뒤로 물러서게 되고 밀물이 있으면 썰물이 있고 오르막 다음에는 내리막이 있다. 잃어버린 것들(사랑, 기쁨, 돈, 사람…)은 다시 돌아오고, 지금 가지고 있는 것들은 언젠가 모두 사라지게 된다.

셀 수 없이 많은 세포들이 죽고 새로운 세포가 생겨나는 것처럼 일어나는 일들은 막을 수 없고 때에 맞춰 일어날 일을 재촉해서 앞당길 수도 없다.

상인은 물건을 팔고 다시 새로운 물건을 들여오고, 재정 전문가들은 돈을 투자해야 새로운 돈을 창출할 수 있다. 독립체가 경험하는 일을 좋음과 나쁨이 아니라 쉬운 일과 어려운 일 또는 알아차리는 일과 알아차리지 못하는 일로 이해해 의식 진화의 기회로 삼는 것은 세상을 순리대로 살아가는 리듬의 원리를 따르는 방법이다.

6. 원인과 그 영향의 법칙

: 모든 원인에는 그 결과가 따른다. 모든 결과에는 그 원인이 있다. 모든 것은 이 법칙에 의해 생긴다. 설명이 불가한 일들을 우연이라 하는 것은 이 법칙을 알아채지 못하고 하는 말이다.

모든 것이 이미 결정되었다는 것이 아니다. 바다라는 원인이 있었기 때문에 파도라는 결과가 나타나고 그 결과(파도)는 또 다른 곳에서 바다로 밀려드는 원인이 되는데, 파도의 일렁임은 바다 전체의 움직임으로 바다와 분리되지 않듯이 우주(이 세상)도 이렇게 연결되어 서로에게 원인이 되거나 결과로 나타난다.

5번째 리듬의 원리와 콜라보가 되면 '뿌린 대로 거둠의 카르마'가 될 수 있다. 카르마는 발생 원인을 이해할 때까지 반복되다가 교훈을 깨닫고 생각을 바꾸면 그 사이클은 끝나게 된다.

끌어당김의 법칙을 연습하면서 결과물이 잘 나타나지 않는 이유도 원인은 만들지 않은 상태에서 부, 시험 합격, 승진, 명예, 건강 같은 성과와 결과만을 열심히 상상하기 때문일 수 있다.

3번째 진동의 원리를 같이 적용하여 예를 들면, 이해심 많고 다정한 연인을 만나고 싶다면 같은 주파수는 서로 끌리므로 자신이 먼저 다정한 사람이 되어야 한다. 그래야만 그 에너지가 원인이 되어 자연스럽게 비슷한 에너지장을 가진 사람을 만나게 되고 그 관계가 오래 지속될 수 있다.

2번째 원리와 함께 이해하면 영적 세계와 커넥션이 깊어질수록 물리세계에서도 그 힘의 영향력이 더 크게 나타나게 되므로 인생에 끌려다니지 않고 중심에 서서 리듬을 타며 살아가게 된다.

7. 성의 원리
: 모든 것은 남성성과 여성성을 가지고 있다.

이 성(Gender)의 원리는 상위 로고스의 영계(Spiritual Plane), 생각과 감정의 정신계(Mental Plane) 그리고 육체와 지구 행성의 물리계(Physical Plane) 전부 해당된다.

Gender는 남녀 성별이 아니라 동양의 음과 양, 힌두 쿤둘리니의 시바와 샥티(Shiva/Shakti), 서양 밀교의 남성성/여성성 에너지이고 칼 융의 4가지 인간 원형 중 애니머스와 애니마(Animus/Anima)이다.

절대의식이 확산하는 최초의 에너지 형태도 빛/사랑의 양에너지와 사랑/빛의 음에너지로 남성성과 여성성을 가지고 있다. 남자에게도 여성호르몬이 흐르고 여자도 남성 호르몬이 있는 것처럼 성(Gender)은 100% 한쪽만 있는 경우는 없다.

음/양 에너지가 성별이 아니라 하더라도 일반적으로 남자는 양에너지를, 여자는 음에너지를 더 잘 담아 표현한다.

남자는 여자친구 또는 아내와 친밀감이 높아질수록 에너지가 많이 섞이게 되는데 양에너지는 의외로 음에너지에 쉽게 잠식된다. 이때 남자들은 자신의 색깔을 잃을까 두려운 잠재의식이 발동해 갑자기 관계에서 떨어져 감정적, 신체적으로 분리되고 싶어 한다.

또한 문제가 생기면 말없이 동굴로 들어가 혼자만의 세계에 빠지는 성향도 대화를 함으로 문제를 해결하는 여성성 에너지와 큰 차이를 보인다. 이 같은 남자의 남성성 에너지 사용 방식은 이성 간 다툼의 원인으로 지목되어 질타를 받아 오고 있다. 그러나 남성성 에너지를 억압하고 수정하라는 강요는 음/양에너지의 밸런스를 깨는 일이다. 인구의 50%는 나와 다른 성별이고, 이들의 음/양에너지 사용 방식은 상대편 성별과 차이를 보인다.

두 사람의 균형 잡힌 음/양에너지 결합은 엄청난 에너지를 발휘하는 영성 마법(Spiritual Magic)이다. 이는 상대방의 에너지를 존중하고 이해함으로써 활성화된다.

1, 2, 3번 법칙은 절대 바뀌지 않는 원리이고 4~7번 법칙은 유동성을 보일 수 있다.

신성 기하학 Sacred Geometry

신성기하학은 우리 영혼의 설계도 또는 의식원형의 도면(청사진) 같은 것이다.

1. 특이점 Singularity

단일의 상태로 아무것도 없는 0(zero point, Void)에서 1이라는 어떤 물질이 되어 가는 과정과 그 시발점이다. 0이면서 동시에 1이 되고 하나이면서 0(무한)이 된다.

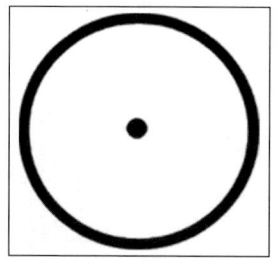

신의 본성이 표현되어 형성된 우주의 모든 것들은 하나의 힘, 하나의 파워, 하나의 영(Spirit), 하나의 에너지가 근원이다. 이것을 우주의 힘, 창조의 에너지 또는 신(The God)이라 한다.

Edgar Cayce 리딩 1462-1

하나의 힘은 특이점이다. 이는 창조의 시작이므로 모나드이고 물리학에서 빅뱅, 블랙홀이나 은하계를 설명할 때 사용되는 용어이기도 하다. 개인의 삶과는 전혀 관련이 없어 보이지만 우리는 우주 안에 살고 있으므로 이 특이점은 우리 주변 어디서나 일어나는 일들이다. 숫자를 예로 들면 0에서 1이 되는 과정 안에는 여러 수들이 존재한다.

0.00000……1에서 0.9999……9

9가 끝나는 순간이 만약 온다면 그 과정의 완성이 되는 1이 되겠지만 숫자는 무한하므로 그런 일은 일어나지 않는다. 어디가 그리고 무엇이 시작인지 끝인지 그 누구도 알 수 없는 것이 창조이다.

0과 1 사이는 하나의 단계가 아니라 그 사이에 무수한 가능성을 표현하고 담기 위해 만들어 놓은 틀과 같고 이는 신의 몸이라고 할 수 있는 우주와 같다.

0과 1 사이의 무한한 숫자들은 우주의 차원과 밀도로 형성된 의식의 진화 과정과 같다.

이 특이점을 완성된 그림으로 예를 들면 한 점에 연필을 놓은 순간이 창조가 시작된 것인지 그림을 그리겠다는 아이디어가 그림의 시작인지 명확하지 않다. 생각이 손을 통해 전해져 연필을 움직이면서 물리적 형태를 만들고 그 동작을 마쳤을 때 특이점의 시작이 완성되었다고 할 수도 있을 것이다. 하지만 그 작품은 감상하는 관점에 따라 다양한 감명으로 전해지면서 처음 작가가 담았던 에너지 형태에 변화를 주게 되는데 이렇게 특이점은 다시 반복된다.

씨앗이 발아하여 나무가 되고 열매를 맺어 가는 성장 과정도 마찬가지이다. 눈에 보이는 씨앗의 외부 변화는 생명의 시작이고 씨앗 안에서 일어나는 과정은 생명이 아니라고 단정할 수 없는 것처럼 그 시작을 밝혀내려면 씨앗이란 형태를 갖게 된 최초 단계로 거슬러 올라가야 한다.

오로보로스(Ouroboros)

창조는 이처럼 그 시작도 끝도 정확히 알 수 없고 영원히 지속되므로 한계가 없다.

특이점은 태초의 시작과 창조주의 창조 활동을 상징하고 뱀이 꼬리를 물고 있는 오로보로스(Ouroboros)는 멈추지 않는 우주(로고스)의 무한 사이클을 나타낸다.

2. 베시카 파이시스 Vesica Piscis

[54] 지구에서 태양까지의 거리는 태양 지름의 108배이고 지구에서 달까지의 거리는 달 지름의 108배이기 때문에 지구에서 태양과 달이 완벽하게 겹쳐지는 일식과 월식을 볼 수 있다.

계산적이라고 하면 왠지 자연스러움과 거리가 먼 것으로 느껴지지만 태양계의 정렬은 역설적으로 계산의 극치를 보여 준다.

---

54 신은 기하학자이거나 건축가이다. Unknown Miniaturist, French 13C

아인슈타인의 말처럼 이 세상에 그 무엇도 우연히 일어나고 생겨난 일들은 없다. 인간의 신체뿐 아니라 나무, 꽃, 하늘의 별들, 토네이도 같은 자연에서 발견되는 황금 비율과 피보나치 수열로 짜인 기하학 형태는 일정한 반복성에 의해 균형 잡힌 아름다움을 보여 준다.

이 같은 자연과 대우주의 모습을 근거로 신이 우주의 설계 도면을 기하학 패턴으로 완성하였다는 것을 의심할 수 없는데 이를 신성 기하학(Sacred Geometry)이라 한다.

태초의 무한성이 스스로를 알아차린 의식은 한 점으로 표현되는 특이점이라 할 수 있다. 이 알아차림(절대의식)은 자연스럽게 360° 원(또는 구)의 형태로 그 의식을 확장하며 퍼지게 된다. 이해를 돕기 위해 의식의 확장이 멈추었다고 가정하고, 만들어진 원을 우주라 한다면 그 원의 둘레는 무한한 점들(특이점)이 퍼져서 만들어지게 됨을 알 수 있다.

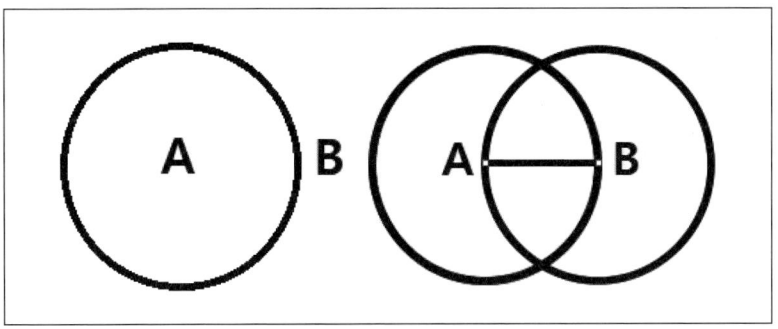

어디에서 의식의 확장이 멈추는지 알 수 없지만 원(최초 확장 지점)의 한 점(B)을 임의로 찍어 또다시 의식을 확장하면 최초의 특이점 A와 만나게 될 때 확장은 멈추게 된다.

베시카 파이시스
(Vesica Piscis)

절대의식이 스스로를 알아차리고 그 의식을 확장해 두 개의 원이 만들어지고 이 둘의 합으로 중간에 새로운 기하학 모양이 생기게 되는데 이를 베시카 파이시스라고 한다. 베시카 파이시스는 둘이 새로운 하나를 함께 창조한 것이고, 이는 탄생의 발원지인 자궁이기도 하다.

고대 사적의 벽화, 조각물 등에서 발견되는 베시카 파이시스는 모두 탄생과 죽음에서 새로 태어난 부활을 상징한다.

예수 그리스도를 담고 있는 여러 그림의 베시카 파이시스는 성령(자궁/우주) 안에서 다시 태어난 신성의 자녀(Divine Child, 상위자아)라는 참나를 기억한 깨달음을 상징한다.[55]

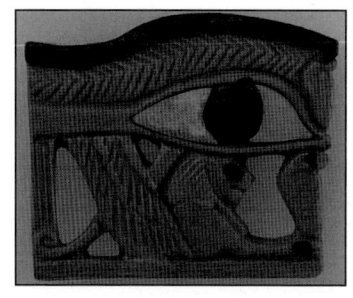

이집트 신화의 호루스의 눈(전시안)도 베시카 파이시스이다. 태양, 양의 기운, 남성성, 분석적이고 사실적 사고를 담당하는 좌뇌를 상징하는 하나의 원과 달, 음의 기운, 여성성, 감정, 창의적이고 직관적인 우뇌를 상징하는 또 다른 원이 통합되어 탄생한 베시카 파이시스는 제3의 눈(6번째 차크라, Ajna Chakra)의 상징이기도 하다.

---

55 예수라는 인간 육체의 죽음은 에고가 사라지게 된 것이고 그의 부활은 영혼이 깨어남을 상징한다.

3. 생명의 씨앗, 생명의 꽃, 생명의 열매

최초의 특이점 의식에서 확장을 지속해 형성된 6개의 원이 모여 6개의 베시카 파이시스를 만들게 되는데 이렇게 모인 6개의 원은 *생명의 씨앗 (The Seed of Life)*이다.

6일 동안 세상을 창조했다는 창세기 내용 때문에 *창조의 패턴(Genesis Pattern)*이라고도 한다.

*생명의 씨앗(Seed of Life)*이 19개[56] 겹쳐지면 *생명의 꽃(Flower of Life)*이 된다.

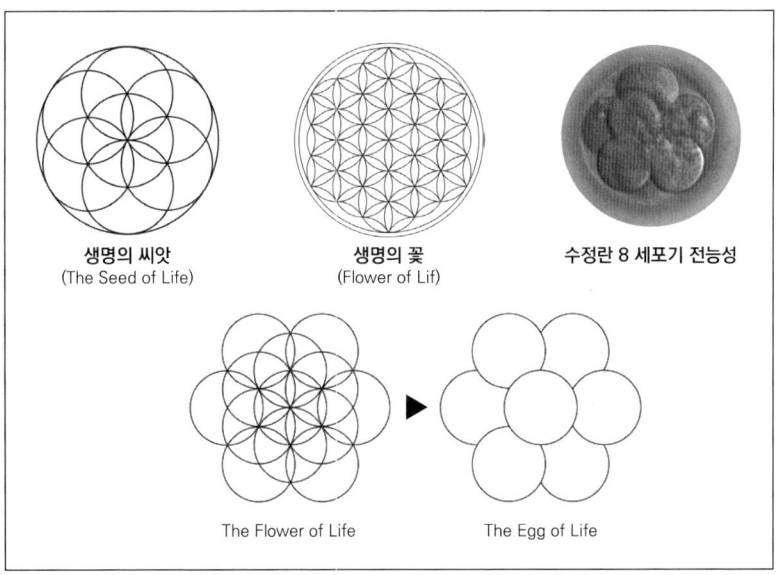

생명의 꽃을 입체적으로 보면 그 중심에 자리 잡은 8개의 구체가 보이는데 이를 *생명란(Egg of Life)*이라고 한다.

생명란은 수정란 세포가 개체로 형성되는 능력을 갖게 되는 8 세포기

---

56 1은 처음의 숫자이고 9는 마지막 숫자로 알파A와 오메가Ω를 상징한다.

모양과 같다. 체외 수정을 통한 시험관 임신도 이 8세포기때 가능한데 이때 생명은 스스로 자립할 준비를 하기 때문일 것이다.

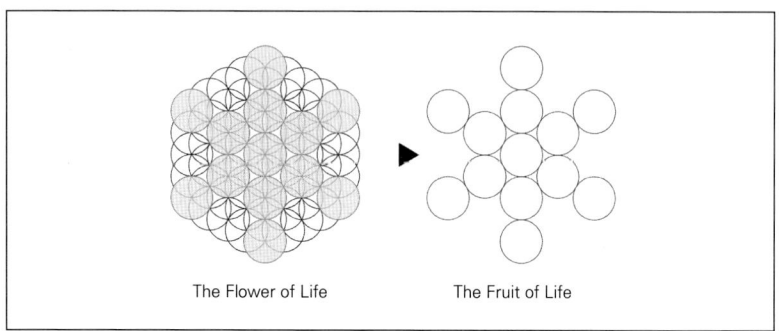

The Flower of Life   The Fruit of Life

생명의 꽃 안에 온전한 13개의 원이 만든 신성 기하학은 *생명의 열매(생명과: Fruit of Life)*이다. 부드러운 곡선의 여성에 비해 남성의 신체는 직선적인데, 이런 원리로 곡선은 여성성을, 직선은 남성성을 상징함을 충분히 이해할 수 있다.

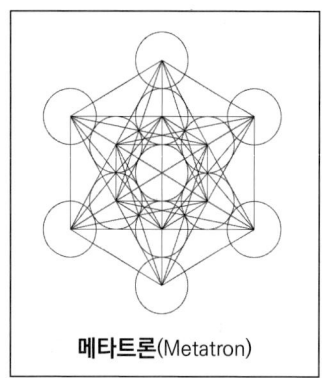

메타트론(Metatron)

음에너지 여성성(생명의 꽃) 안에서 열매를 맺은 생명과에 남성성의 직선을 추가해 연결하면 이 세계를 구성하는 4원소를 모두 포함한 메타트론(Metatron's Cube)이 만들어진다.

메타트론 큐브는 중세 수학자 레오나르도 피사노에 의해 세상 빛을 보게 되었고 이 신성 기하학의 이름은 대천사 메타트론에서 가져왔다고 한다. 성경에 포함되지 않아 외경이라 불리는 *에녹서(The Book of Enoch)*의 에녹은 차원 상승하여 대천사 메타트론(Archangel Metatron) 그룹을 이룬다.[57] 메타트론은 *매트릭스를 넘어서(Beyond Matrix)*라는 뜻이 있다. 물질세계가 꿈과 같은 허상(매트릭스)임을 깨닫고 자궁(매트릭스)에서 나와 새로 태어난 참나 의식을 의미한다. 불, 물, 공기, 흙의 4원소와 영(Spirit or Ether)을 상징하는 5개의 플라토닉 입체가 모두 발견되는 메타트론 큐브는 우리의 본질이며 참자아인 의식과 영혼의 빛/사랑(양/음) 에너지를 나타내는 기하학 형태이므로 진정 신성한 것이다.

4. 플라토닉 입체

같은 길이의 선, 면, 각도의 정다각형이 모여 형성된 기하학 구조의 형태이다. 플라토닉 입체의 꼭짓점들은 원(구형)과 큐브(정육면체)에 꼭 맞닿게 합체된다는 특징이 있다.

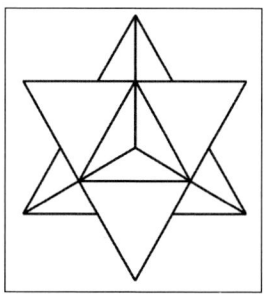

두 개의 정4면체를 위(남성성의 양에너지)와 아래(여성성의 음에너지)로 합해 만들어진 신성 기하학은 머카바(Merkaba)[58]이다.

빛의 몸(Light Body)[59]을 담는 Light Vessel(빛의 전차, 배, 개인 우주선)이 되어 다차원 이동(11차원까지)을 가능하게 하는데 깊은 명상 상태에서 머카바를 만들어 이를 체험할 수 있다.

---

57 어쩌면 그가 메타트론 그룹에서 내려온 것이 먼저인지도 모르겠다. 여러 채널링 메시지에서 에녹은 예수 그리스도의 또 다른 환생이라 하기도 한다.

58 머카바의 Mer는 볼텍스를 만들며 회전하는 빛 또는 에너지이고 피라미드를 부르는 이집트어이다. Ka는 한 독립체의 고유한 생명력, 의식, 영 또는 영혼이며 Ba는 성격, 에고 등 육신의 특징을 설명한다. Ka는 영원히 살지만 Ba는 죽음 후 점차 사라지게 된다. Merkaba는 구약 성경에 44번 나오고 선지자 에스겔(Ezekiel)이 보았다고 증언했으나 히브리어가 아니며, 고대 이집트 종교 교리에 근거한다.

59 의식의 차원이 상승되면 육체는 고체 상태에서 빛의 형태로 바뀌게 되는데 현재 3 밀도계 후반~4 밀도계 극초기의 인간 의식에게는 먼 미래의 이야기이다.

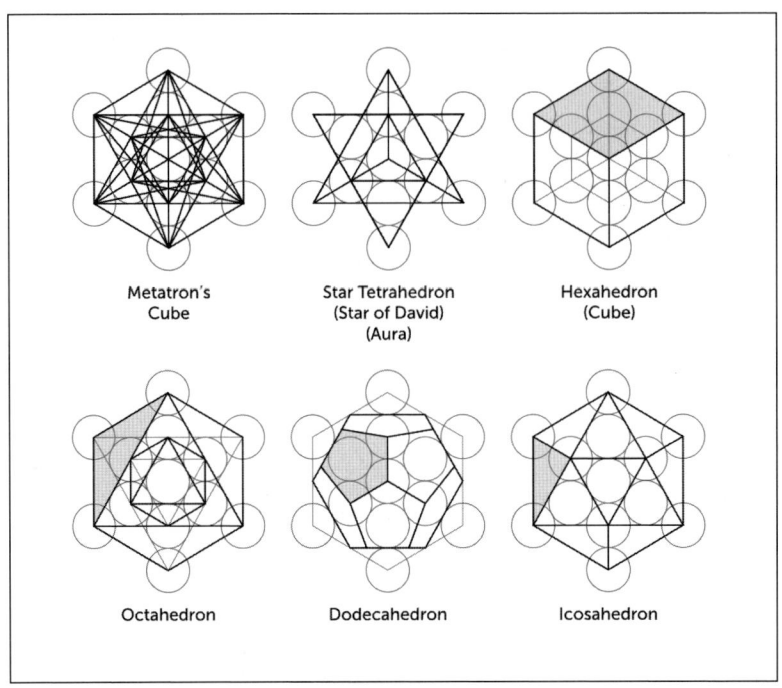

플라토닉 입체들 중 12면체와 20면체는 6개의 작은 선을 추가해야 하기 때문에 완벽하지 않다고 주장하는 이들이 있지만 세계는 단 하나의 원자로만 이루어져 있는 것이 아니라, 다양한 원자들이 무수한 결합과 분해를 통해 형성된다.

메타트론과 생명의 꽃 신성 기하학 형태도 단 하나로 끝나는 것이 아니라 계속해서 연결되고 재결합하면서 새로운 형태가 만들어지고 이런 재창조의 과정은 영원히 지속된다. 마찬가지로 영혼(Soul)은 영(Spirit) 안에서 하나로 통합되지만 각각의 영혼은 독립체로서 자신만의 삶을 통해 의식을 진화 시킨다.

영(Spirit)을 나타내는 기하학 12면체와 물 원소(Water)의 기하학 20면체가 상징하는 에너지, 느낌(Feeling)과 감정(Emotion)은 유동성과 변화의 가능성을 내포한다. 그러므로 부족해서 논란이 된 이 부분은 변화를 가능케 하는 여유와 공간이라는 숨은 뜻이 있다. 모자람은 아이러니하게도 이렇게 완벽함을 완성시켰다.

4원소와 차크라

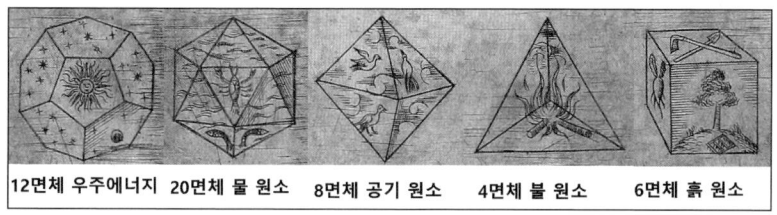

4원소는 섞이고 융합하며 서로의 강함과 약함을 수용하고 조화를 이루는 성질이 있으며 우주의 모든 만물은 4원소 중 단 한 가지 성분으로만 이루어진 것은 없다.

그리스 철학자 필로라오스(Philolaos B.C 470)는 흙→공기→물→불 원소의 에너지 순으로 의식이 진화한다고 하였고, 또 다른 그리스 철학자 엠페도클레스(Empedocles B.C 483)는 만물의 근원 요소는 불, 물, 흙, 공기이며 세상은 이 4원소의 사랑과 미움(보듬어 끌어당기거나 멀리하거나)을 통해 생겨나는 것들로 이루어진다고 하였다. 고대 그리스 철학자가 현대 과학이 발견한 원자를 전혀 감도 못 잡았을 만큼 무식해서 물, 불, 공기, 흙의 4원소를 세상의 근본 원소라고 정의한 것이 아니다. 그들은 물질세계에 살고 있는 인간을 위해 우리가 가장 쉽게 접할 수 있는 불, 물, 공기, 흙에서 우주(물질과 비물질세계 모두)를 창조한 본질 에너지의 농축을 느낄 수 있도록 한 신의 배려를 알아차린 것이다. 이 모든 것은 창조의 원리를 나타내는 상징이다.

옆의 사진은 화장실을 가리키는 표시이지 화장실 자체는 아니지 않은가?

구약 성서 에스겔서에 등장하는 4개의 짐승은 점성학의 12황도 고정궁의 표식이고 RWS타로의 메이저 아카나 21번 월드 카드와 10번 운명의 수레바퀴 카드에 그려진 상징이기도 하다.

	불 (Fire)	물 (Water)	공기 (Air)	흙 (Earth)
활동궁	양자리	게자리	천칭자리	염소자리
고정궁	사자자리	전갈자리	물병자리	황소자리
변통궁	사수자리	물고기자리	쌍둥이자리	처녀자리

타로(Tarot)와 4원소			
지팡이 (Wands)	컵 (Cups)	칼 (Swords)	펜타클 (Pentacles)
불 (영감/창조)	물 (감정)	공기 (생각)	흙 (물질)

차크라 Chakra

차크라(바퀴라는 뜻의 산스크리트어)는 볼텍스처럼 소용돌이치며 끊임없이 회전하면서 에너지를 방출하고 흡수한다. 신체에는 등을 타고 형성되는 7개의 메인 차크라 외에 침을 놓는 혈 점에 해당하는 수백 개의 작은 차크라가 있다. 꼬리뼈에 자리 잡은 뿌리 차크라를 시작으로 진동수는 위로 올라갈수록 빨라지고 파동은 좁아진다.

차크라는 회전하면서 빨아들이고 분출하는 에너지 모터이므로 자신의 에너지, 기분, 생각 등이 외부로 나가기도 하고 외부의 에너지가 들어오기도 한다. 차크라의 이런 특성을 확대 해석하여 긍정적이고 높은 에너지의 사람들과 어울려야 하고 우울하고 어두운 사람들과 부정적인 기운은 멀리해야 한다고 믿는 경우도 있지만 다른 사람들이야 어떻게 살던 상관없이 나만 혼자 긍정 버블 안에 사는 게 깨어남은 아니다.

강한 에너지는 약한 에너지를 상쇄하므로 거울 효과를 활용해 누구를 만나든 먼저 미소 짓는다면 상대방도 당신에게 아름다운 미소를 보일 것이고 이렇게 세상은 밝고 긍정적으로 변해 갈 것이다.

에너지체에 가장 큰 영향을 미치는 것은 생각입니다. 예를 들어, 건강을 위해 자발적으로 다이어트에 신경 쓰고 그 효과에 만족한다면 개선된 그 식이 요법 정보는 유익한 에너지로 차크라에 전해지지만, 질병 개선을 위해 억지로 하는 식이 요법 때문에 짜증나고 제약받는다는 느낌이 든다면 그 정보는 몸에 이롭게 설계된 방법이더라도 차크라에는 부정적으로 전해집니다.

의사들이 하는 "~를 해야 한다." 라는 명령이나 강요의 말은 차크라체에 아무 영향도 줄 수 없으며 차크라에는 오직 신체 감각과 감정들을 해석해 받아들여진 느낌과 생각만이 전달될 뿐입니다.

좋은 식이 요법보다 행복한 기분이 차크라의 안정화에 더 도움이 되고 운동보다는 평온한 마음이 차크라 시스템에 더 유익합니다.

L/L 리서치에서 2006년 5월 28일 시행한 Q'uo 채널링.

4원소의 에너지 센터, 차크라와 종교

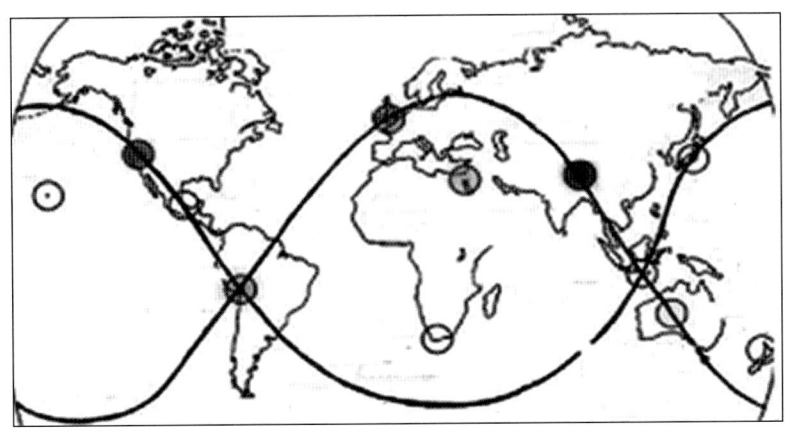

차크라는 창조주의 빛/사랑 에너지를 흡수하고 절대의식(상위자아, 창조주, 신, 성, etc. 이름이 무엇이든)과 소통하는 에너지 센터이며 의식 진화의 지도로 활용할 수 있다.

지구의 뿌리 차크라는 미국 샤스타 산(Mount Shasta)이고, 천골 차크라는 페루에 티티카카 호수(Peru Titicaca lake)에 있다. 태양 총 차크라는 붉은 흙으로 덮인 호주 중앙의 사막 지대 울루루(Uluru)에 있고, 심장 차크라는 크롭 서클(Crop Circle)로 유명한 영국의 글래스톤버리(Glastonbury)와 쉐프테스버리(Shaftesbury)이다. 제3의 눈 차크라(송과선 차크라)는 한 장소에 머물지 않고 계속 움직이는데 현재는 심장 차크라 위치에 함께 있다. 목 차크라는 이집트 기자의 피라미드이고, 7번째 차크라는 티벳의 카일라스 산(Tibet Mount Kailash)에 있다.

4원소의 특징은 오랜 세월 동안 발전해 온 인류 문화와 종교에도 스며 있다. 따라서 각 종교는 해당 차크라의 기능을 하면서 인류의 의식 진화 표지판이 될 수 있다.

신체 각 장기는 모두 다른 것이지 어느 한 장기가 더 우월하고 성스러울 수 없는 것처럼 절대의식이 영혼에게 보내는 영양소 같은 차크라는 어느 하나가 다른 차크라보다 더 중요할 수 없다. 하위 4개의 차크라에 해당하는 각 종교는 발생 지역 당시 사람들의 의식 수준에 맞춤 제작된 것이다.

1. 불 원소 Fire의 차크라 종교

뜨겁고 건조한 기운이고 방향은 남쪽, 계절은 여름이다.[60]

기존의 틀을 태워 없애 버리는 특질이 강하고 행동력, 결정력, 선택, 의지, 기획에 관여하는 에너지이다. 식재료는 불을 만나 요리가 되듯 무언가를 창조하는 특성의 첫 번째 양(+)에너지이다.

불을 지속하기 위해 끊임없이 연료를 찾아야 하므로 새로운 흥밋거리와 도전을 좋아하고 변화를 반기므로 여행을 즐긴다. 갇혀 있는 것을 싫어하고 스스로를 태워 주변을 변화시키는 열정으로 참견하느라 쉽게 피로하다. 도와주고 싶은 지나친 의지는 남의 의견을 무시하고 독선적이라는 인상을 줄 수도 있다. 적절한 자제와 통제가 이루어지지 않을 때 걷잡을 수 없이 타오르는 불은 공기의 적절한 통제와 서포트 없이는 그 역할을 제대로 할 수 없다.

---

[60] 동양의 오행 사상에서 火기운도 남쪽과 여름을 나타내고 확산하는 에너지이다. 불로써 문명을 밝힌다. 솔직하고 즐거운 성질이 있는 것도 오컬트의 불 원소와 같다.

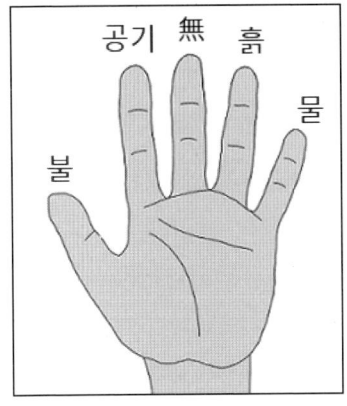

명상하는 부처상에서 볼 수 있는 검지와 엄지를 붙이는 기안 무드라[61](Gyan Mudra)는 불 원소로 표현되는 영의 세계와 공기 원소(영혼)이 만나 신체의 에너지 센터를 깨우는 목적이 있다.

불 원소의 세 번째 태양 총 차크라의 기능을 하는 종교는 이슬람교, 유대교, 조로아스터교가 있는데 이들 종교가 일어난 지역도 건조한 화기가 가득하다. 태양 총 차크라는 사회, 공공 기관, 학교, 국가와 같은 단체에 소속되어 성장하는 의식이 활용하는 에너지 센터로 해당 종교는 엄격한 규율을 지키고 자제력을 키우는 기능을 한다.

태양 총 차크라가 열리기 시작할 때 개인의 독창성은 무시되더라도 단체의 목소리가 우선시되고, 옳고 그름의 확고한 잣대가 발달하게 되고, 이원성으로 세상을 양분하는 아집과 독단성의 에고가 강화되는 그림자 에너지도 생기게 된다.

2. 물 원소 Water의 차크라 종교

축축하고 차가운 기운이고 계절은 겨울, 방향은 서쪽이다.[62]
물은 최고의 용해제로 받아들이는 수용성이 두드러진 특징이고 연약한

---

[61] 무드라, 만트라, 만다라는 우주를 탄생 그리고 소멸시키는 궁극의 에너지이다. 만트라는 옴 마니 밧메 훔 같은 주문으로 소리 에너지(로고스)이다. 만다라는 스스로 움직이는 힘을 가진 생명을 발산하는 오르가슴으로 신성 기하학을 교합시켜 만든 문양들로 발전하였으며 사랑이다. 무드라는 체위(성교 자세)에서 하타 요가와 손동작으로 사회적 진화를 하였으며 빛이다. 이 셋이 삼위일체 되어야 창조가 일어난다.

[62] 양의 오행 사상에서 水는 북쪽 방향과 겨울을 나타낸다. 비밀스럽고, 원숙함, 슬픔의 성질이 있고 산전수전 다 겪은 노년처럼 지혜롭다.

것을 지키고 보살피는 마음, 연민, 인류애, 사랑과 헌신 등 감정에 관여하는 여성성의 음(-)에너지이다.

물은 깨끗하고 순수하지만 하얀 옷은 쉬이 때가 타는 것처럼 무결함은 지키기 어려워 다른 사람이나 상황에 물들어 상처받거나 중심이 흔들려 본모습을 잃어버리기 쉬운 약점이 있다. 달(Moon)은 물 원소를 대표하는 물상이고 감정은 달의 힘에 직접적으로 큰 영향을 받는다. 여성의 자궁은 물 원소의 천골 차크라와 연결되어 있으며 달의 주기에 따라 신체와 감정 변화를 경험하게 된다. 속을 알 수 없는 바닷물은 지구의 자궁이라 불리고 바다 또한 달의 영향을 받는다. 설명이 쉽지 않은 오묘한 감정, 느낌, 직감, 통찰력, 잠재의식, 깨달음 같은 내면의 성질에 에너지를 공급하는 송과선 차크라의 정신세계도 천골 차크라와 같은 물 원소이다.

기독교와 천주교는 죄책감, 슬픔, 환희의 감정체 에너지 센터인 천골 차크라의 기능을 하는 종교이다. 교회에 가 본 사람이라면 알겠지만 회개 기도를 하며 슬피 울고 예수의 부활에 환희한다. 예배를 드리면서 고개 숙여 에고를 내려놓게 되고, 감사와 경배의 찬송을 하면서 감정이 표출된다. 이런 행위를 통해 속내를 잘 드러내지 않는 비밀스러운 물 원소의 에너지는 전환되어 잠재의식의 힐링을 돕고 천골 차크라는 본격적으로 활성화될 수 있다.

3. 공기 원소 Air의 차크라 종교

축축하고 뜨거운 기운이며 방향은 동쪽, 계절은 봄이다.[63]

지구의 모든 생명체에게 가장 공평하게 주어지는 공기는 생각, 아이디

---

63 오행 사상에서 木의 방향은 동쪽이고, 봄을 나타내며 나무는 산소를 공급한다. 덕이 있어 베풀기를 좋아하고 인자한 성품이다.

어, 마음, 판단력, 정신과 사회적 중립, 형평성, 자유, 정의, 객관성 그리고 빠르게 움직이는 인터넷, 글, 말, 소통, 정보 통신, 과학에 관여하는 두 번째 남성성(빛/양)의 에너지이다.

영혼의 집이라 불리는 심장 차크라와 그 영혼이 깨어나 성스러운 자녀라는 본성의 그리스도 의식에 에너지를 공급하는 목 차크라도 공기 원소이다. 공기가 없으면 소리가 전달되지 않는 것처럼 소통에 반드시 필요하고 공기 원소를 이용해 영혼(상위자아)과 연결도 강화할 수 있다. 호흡을 통해 에너지 흐름을 이해하고 감정과 생각을 가누는 법을 익히는 불교와 도교 같은 동양의 종교는 공기 원소의 심장 차크라와 목 차크라를 활성화하는 기능을 한다. 쿤둘리니, 하타 요가, 차크라 때문에 세계적으로 유명해진 힌두교는 포괄적으로 여러 성질을 띠고 있지만 명상과 호흡을 강조하므로 공기 원소에 해당한다.

4. 흙 원소 Earth의 차크라 종교

건조하고 차가운 기운이며 추수의 계절 가을, 방향은 북쪽이다.[64]

흙 원소는 물질로 이루어진 이 세상의 모든 것에 관여하는 여성성(음/사랑)의 에너지이다. 육체, 돈, 음식, 집, 직장, 직업, 자동차, 옷처럼 지구 생활에 필요한 물질적인 것들과 손으로 만져지고 눈으로 보이는 물리적인 모든 것들은 흙의 에너지이다. 요리사, 미용사, 건축가, 조각가처럼 무언가를 만들어 내는 일, 사람의 의식주와 관련된 일, 신체, 건강과 질병, 유산(Heritage) 등도 흙 원소이다.

흙의 성질은 느리고 무겁고 변화를 좋아하지 않는다. 의심이 많아 논리적으로 이치에 맞는지 늘 심사숙고하기 때문에 결정이 빠르지 않지만

---

[64] 동양의 오행사상에서 金은 흙에서 나온 미네랄 성분이며 가을과 서쪽 방향을 나타낸다. 냉정함, 분노의 성질이 있다.

한 번 움직이면 불도저처럼 파고들어 원하는 결과물을 손에 넣을 때까지 멈추지 않는다.

흙 원소의 황소자리에 금성이 위치한 탄생 차트의 사람들은 고급스러움과 아름다움을 추구하고 예술 작품과 명품을 좋아하고 미식가가 많은데 오감 만족은 흙 원소의 특징이기 때문이다.

미국의 인디안, 호주의 애보리지널, 뉴질랜드의 마오리족, 아마존과 페루, 코스타리카의 샤머니즘 그리고 자연의 본성을 존중하고 제례 의식을 중시하는 토속 신앙은 흙 원소의 뿌리 차크라 종교들이다. 샤머니즘이 나무, 산, 돌, 물을 소중히 하는 것은 만물의 영장이라며 우쭐대는 에고를 내려놓기 위해 생명의 기본이 되는 뿌리 차크라 상태에서 머무름으로 절대의식을 알아보는 에너지를 느끼려 노력하기 때문이다. 샤머니즘을 미개한 원시 종교라 무시하는 마음이 강할수록 뿌리 차크라는 불안정하고 역으로 뿌리 차크라 불균형이 이런 선입견을 만들기도 한다. 3차원 지구에서 인간이 자유롭게 절대의식을 발현하기 위해 필요한 돈이 극소수에게 몰려 있는 기형은 돈을 좋아하고 집착하지만 더럽다 또는 악하다 믿는 흙 원소의 뿌리 차크라 부조화가 원인일 수 있다. 돈에 대한 불만족이 있다면 4원소의 어머니 지구[65](Mother Gaia)에게 감사한 마음을 가짐으로 뿌리 차크라는 힐링되기 시작한다.

심장과 뇌는 전기 자극에 의해 작동한다. 현대인들은 다량의 전자파에 노출되어 있어 심장과 뇌의 전기 신호 오류를 유발할 수 있다. 번개의 전기 에너지는 피뢰침을 통해 땅속으로 보내져 분산되는 것처럼, 맨발로 흙을 밟는 어싱(Earthing)을 통해 신체의 전자기장 에너지 밸런스를 도모할 수 있다. 또한, 미네랄이 가득한 흙은 에너지체 클렌징 효과

---

[65] 지구에서 태어난 인간은 지구와 하나이므로 몸을 아끼고 사랑하되 집착하지 않아야 뿌리 차크라가 힐링된다.

가 있으니 모래나 잔디밭을 맨발로 밟으며 땅의 에너지를 흡수하고 오염된 에너지 찌꺼기들은 돌려보내 정화를 요청하는 것이 도움이 된다.[66]

요가 Yoga

요가는 절대의식의 마음(영: Spirit)에서 분산된 개체의 영혼(Soul)이 신(창조주, 절대의식, 하나님, 우주, etc. 이름이 무엇이든)과 다시 하나 된다는 뜻이며 신과 인간이 하나 되기 위해 에고에 잠식된 생각, 마음, 감정을 정제하는 여러 수행 방법을 의미하기도 한다.

나 자신이 누구인가를 아는 자아 정체성 회복(기억)을 깨어남의 주요 인자라고 한다면 요가는 실천과 행동을 통해 깨달음으로 가는 과정으로 주요 인자(알아차림)를 지속할 수 있게 도와주는 부차적 인자이다.[67]

요가의 종류

나나 요가(Nana Yoga): 궁극의 지식과 만법萬法을 알아 감
카르마 요가(Karma Yoga): 타자를 돌보며 자신을 희생함

---

[66] 지구(또는 우주)에 더러운 에너지를 보내는 것을 나쁜 행동이라 믿는 것은 오만한 에고이다. 엄마가 아기의 기저귀를 갈아 주고 목욕시키는 것이 당연하듯 지구 어머니와 성모의 우주도 모든 생명에게 그런 역할을 하는 것이다.

[67] 불교의 돈오돈수(頓悟頓修)는 깨닫는 순간 수행(요가)도 끝난다는 것이고 돈오점수(頓悟漸修)는 깨달은 후에도 지속하여 완벽하게 되어야 한다는 의미이다. 깨달음은 지극히 개인적인 일이므로 어느 것이 맞고 틀릴 수 없다. 요가는 의식적으로 돈오점수를 하는 자신을 알아보는 것이고, 깨달음 후 자연스럽게 요가를 하고 있지만 구분하거나 정의하지 않음은 돈오돈수일 것이다.

라자 요가(Raja Yoga): 명상

박티 요가(Bhakti yoga): 신(고차원 의식)에게 헌신하는 수행

하타 요가(Hatha yoga): 몸의 자세, 동작과 호흡을 사용

하타 요가의 여러 자세들은 창조 에너지의 신성 기하학을 육체(빛)로 표현한 것이다. 그리고 생명의 원료가 되는 호흡(사랑)이 신성 기하학(영혼의 청사진이며 창조이다)이 된 신체를 순환하면서 빛/사랑 에너지는 하나로 통합된다.

자세가 흐트러질까 호흡을 멈출 때가 있지만 의식을 깨운 상태에서 숨의 흐름을 타는 것이 중요하다.

크리야 요가(Kriya yoga): 쿤둘리니를 깨우고 에너지를 변환시키는 호흡 수행

쿤둘리니 요가(Kundalini yoga): 남성성과 여성성의 에너지를 통합해 7 차크라를 활성화시키는 요가

에너지체 Subtle Body/Spiritual Body

은은한 것(Subtle Body: 영혼/영/마음/의식)을 정복하여 단단한 것(물질/물리세계)을 뚫는 그 힘은 모든 힘 위에 존재한다. 세상은 그렇게 창조되었다.[68]

창조주(태초의 무한한 가능성)의 비물리적 측면은 영(The Great Spirit/Holy Spirit: 마음의 최상위 컨셉)이고, 수많은 별들이 가득한 우주는 창조주의

---

68 Its force is above all force, for it vanquishes every subtle thing and penetrates every solid thing. So was the world created.(Emerald Tablet/에메랄드 서판)

물리적 발현 형태이다. 영의 일부(자녀)인 영혼(Soul)은 에너지체[69]이다. 동양에서는 영혼을 혼백魂魄이라고 하는데 백(넋)의 에너지층 안쪽의 에테르체는 육체와 연결되기 위해 본드처럼 붙들어 놓은 부분이므로 에고가 섞여 있다.

프라나

프라나(PRANA: प्राण)는 공기, 생명, 바람으로 채워지는 것이란 뜻의 산스크리트어이다. 프라나 호흡 명상과 요가로 수련하는 것을 프라나야마(Pranayama प्राणायाम)라고 한다. 프라나는 의학적으로 신체의 신경계에 해당하는 나디(Nadi)라고 불리는 수천 개에 달하는 육체 통로를 타고 흐른다. 프라나는 아래의 다섯 가지로 설명된다.

1. Prana(프라나) - 숨을 들이마실 때 공기
2. Apana(아파나) - 숨을 내쉴 때 공기
3. Udana(우다나) - 몸의 불순물을 내보내는 공기
4. Vyana(뷔아나) - 신체 장기를 순환하며 기능을 유지하는 공기
5. Samana(사마나) - 신체의 압력을 유지하는 공기

히브리어로 영(Spirit)은 루악(Ruach)이고 바람과 공기도 같은 단어이다. 영혼은 숨(Breath)을 타고 심장 차크라에 생명의 사랑/빛 에너지를 전한다.

호흡은 생명의 근원이므로 그 중요성을 강조할 필요가 없겠지만 인간이라는 육체가 '나'라고 믿으며 영혼을 신경 쓰지 않는 것처럼 당연히 일

---

[69] Energy Body 또는 Subtle Body.

어나는 일 같아 그 소중함을 느끼지 못할 때가 많다. 호흡을 통해 육체의 생명 에너지를 깨우고, 차크라를 활성화하는 것은 깨달음의 오랜 수행 방법이다.

동양의 기氣를 프라나로 이해할 수 있는데 *기개氣槪가 높다*의 기개는 Spirit and Bravery(영이 함께함으로 얻게 되는 용기)이고 공기空氣는 비어 있는 곳에 채워진 영(Spirit) 또는 프라나이다. '*기운 차린다*'의 기운은 보이지 않는 힘(영)의 움직임으로 Spirit and Strength(영과 힘)이다. *영의 담대함 또는 프라나의 힘을 얻는다*는 의미의 용기는 기(氣영: Spirit)가 아니고는 힘든 상황에서 일어설 수 없음을 의미한다. 이름만 다를 뿐 영(Spirit)과 영혼(Soul)이 종교에만 국한되거나 지구 땅과는 멀리 떨어진 하늘 위 딴 세상에 있는 것이 아니다.

살아 있음은 육체가 살아 있다는 의미 외에 영(Spirit)의 일부분인 영혼(Soul)이 깨어서 무한성의 절대의식이 독립체(인간)의 마음, 생각, 감정, 육체 안에 함께하고 있음을 알아보는 것이다. 무한한 가능성을 실재화하는 인간자아를 관찰(영혼)하고 있음을 아는 것(의식)이다.

'*무한 가능성*'이라고 하니 뭔가 대단한 것을 성취해야 하는 것처럼 느껴질 수 있지만 지금 내가 하는 생각, 행동, 말, 감정은 그 누구도 대신할 수 없는 나만의 표현이고 이런 자신을 알아차리는 것이 창조주의 무한 가능성 증명 과정에서 내가 맡은 역할이다.

쿤둘리니 호흡[70]

1. 일어나서 온몸을 털어 준다. 양팔과 다리를 번갈아 가며 위아래로 올

---

[70] 생리 중에는 호흡을 끌어 올리는 쿤둘리니 호흡이나 요가 물구나무서기 자세는 하지 않는다.

렸다 내렸다 하면서 흔들면서 털고, 허리를 숙이고 머리도 흔들면서 털어 준다.

2. 온몸을 손으로 때리듯 쳐 주면서 신체 감각 기관과 세포를 깨워 주고 손끝으로 가슴의 심장 차크라 부분과 머리 전체, 얼굴도 톡톡 조금 세게 쳐 준다.

3. 양팔을 위로 뻗어 올리면서 숨을 코로 깊게 들이마시고 마치 나의 오라(Aura)를 두 손으로 색칠하듯 양팔을 툭 하고 내릴 때는 무릎을 약간 굽히면서 입을 작게 벌려 모든 숨을 훅 하고 내쉰다. 두 팔을 한쪽 방향으로 돌리며 큰 원을 만든다. 두 팔이 위로 향할 때 무릎을 펴고 코로 숨을 들이 마시고 아래로 내려올 때는 약간 굽히면서 입술을 조금만 벌려 후~ 하고 내쉰다. 이렇게 10번 정도 한 후 눈을 감고 서 있으면 온몸에 약한 전기가 흐르는 것처럼 팅글거림이 느껴진다. 지금까지 에너지를 깨우는 준비 운동을 한 것이다.

4. 이제 두 다리보다 엉덩이를 살짝 높게 하기 위해 쿠션이나 베개를 깔고 반가부좌 자세로 앉는다.

쿤둘리니 호흡의 기본은 턱을 아래로 당기어 기도를 열고 혀를 입천장을 향하게 둥글게 말아 놓은 후 등뼈를 곧게 세워 상위 3개 차크라[71]까지 그 흐름이 뚫리게 한다. 숨을 들이마시면서 괄약근을 굳게 닫아 뿌리 차크라(꼬리뼈 부근)에 에너지가 모이는 것을 심상화한다. 호흡 레벨에 따라 다르지만 시작할 때는 하위 차크라[72]에 숨을 모을 때 괄약근을 닫아 주는 연습을 한 후 하위 차크라에 모아 둔 숨을 천천히 위로 끌어올려 준다. 레벨이 올라가 하위 차크라와 심장 차크라에 숨을 모으는 것

---

71 목 차크라, 송과선 차크라, 크라운 차크라.

72 뿌리 차크라, 천골 차크라, 태양 총 차크라.

이 자연스러워지면 아주 천천히 숨을 더 위로 끌어 올린다.

각 차크라에 호흡을 담아 위로 끌어 올려 머리 안에서 그 숨을 몇 번 돌리며 에너지를 퍼트린다. 호흡을 내쉴 때는 천천히 반원을 그리며 몸 안으로 다시 에너지가 스며드는 것을 상상하고 코를 통해 내쉰다.

호흡을 끌어 올릴 때는 꼬리뼈 근처에서 온천수가 솟구쳐 척수액을 따라 머리끝까지 올라가는 것을 느끼고 이마에서 이 액체는 용이 되어 목에서부터 불을 뿜어내듯 몸의 앞부분을 타고 내려오게 한다. 위장과 소장을 통과하고 손끝까지 용이 뿜어내는 불로써 인체의 모든 찌꺼기를 다 태워 버리고 대장 끝까지 몰아내는 것을 상상하면서 쿤둘리니 호흡 연습을 시작할 수 있다. 물은 아래로 흐르는 정적인 에너지이고 불은 위로 올라가는 동적인 남성성의 에너지이지만 이 역할을 전환해 쿤둘리니의 음/양(신성한 남성성과 여성성)에너지는 하나로 통합된다.

호흡을 마친 후 온몸을 모두 편 상태로 누워 샤바사나(shavasana: 시체 자세)를 한다.

이때 긍정적인 에너지를 유지하는 것이 중요하다. 원하는 소원을 생각할 수도 있고 상위자아의 메시지를 전달받겠다는 마음을 갖는 것도 좋다. 또는 떠오르는 생각을 자연스럽게 받아들여도 된다.

육체의 쇠약으로 죽음에 가까워지면 뿌리 차크라는 그 기능을 다하게 되어 괄약근이 풀리면서 장기의 여러 노폐물이 흘러나오게 되고, 사는 게 힘들 때 어깨가 처지면서 엉덩이가 뒤로 빠지는 자세를 하게 되는데 그럴수록 의식적으로 뿌리 차크라를 꽉 닫아 에너지가 새지 않도록 해야 한다.

엘리베이터를 기다릴 때, 차에서 내리기 전 또는 시동을 걸기 전, 지하철 안에서 다만 1분이라도 일부러 괄약근을 조이고 숨을 모으는 호흡을 하는 것으로 뿌리 차크라를 강화할 수 있다.

의식을 알아차리는 잠깐의 호흡은 남들은 알 수 없고 알 필요도 없는 나만의 명상이고 이렇게 의식을 지금에 머물게 할 때 상위자아 의식과 하나됨을 알 수 있다.

몸과 마음이 무거울 때는 깨끗하고 밝은 빛을 들이마시고 고통체와 에고를 씻어 준다는 느낌으로 최대한 멀리 숨을 내보내는 호흡을 한다. 몸 전체를 밝게 비추거나 커다란 빛의 공 안에 들어가 편안히 쉬고 있는 자신을 심상화하는 것도 힐링에 도움이 된다. 이런 상상은 인간자아 혼자만의 생각이 아니라 성령의 사랑으로 들어가겠다는 요청이며, 이는 언제든 100% 수락된다.

7 밀도계 의식 진화 과정

빛/사랑 에너지 변형

창조주의 빛/사랑 에너지는 우주(로고스)의 하위 로고스 은하계에서 다시 지구가 속한 태양계로 전달된다.

빛이 프리즘에 통과할 때 7개 무지개색 스펙트럼으로 분리되는 것처럼 이 빛/사랑 에너지는 지구 생명체에게 7 차크라로 발현된다. 차크라를 통해 전달되는 빛/사랑 에너지는 육체, 마음, 정신, 생각이 통합된 의식이 진화할 때 필요한 연료이다.

이 에너지 전송을 Ra그룹은 왜곡(Distortion)이라 표현했는데 어감상 나쁜 의미 같지만 빛/사랑 에너지가 하위 로고스로 전달되면서 발생하는 변형이나 굴절로 이해할 수 있다.

백두산 천지의 물이 산 아래로 흐를 때 산과 계곡의 지형에 따라 변하는 것처럼 태초의 사랑/빛 에너지가 상위 로고스에서 하위 로고스로 전달될 때도 비슷한 현상을 겪는 것이다. 똑같은 물이라도 크고 작은 여러 모양의 유리컵에 담으면 컵에 따라 물에 대한 느낌이 달라지는 것을 *변형* 그리고 여러 컵의 종류를 *왜곡*이라 할 수 있다.

의식은 도구가 되는 육체에 투사되어 진화하므로 차크라는 그 의식 레벨에 상응하여 활성화된다. 예를 들어 동물, 메뚜기, 나무, 꽃도 7개의 차크라를 통해 빛/사랑 에너지를 전달받지만 이들이 의식을 표현할 수 있는 수준은 뿌리 차크라(Red-Ray 에너지 센터)와 천골 차크라(Orange-Ray 에너지 센터)에 한정되는데 동식물의 의식 레벨은 2 밀도계이기 때문이다.

에너지체와 차크라

유일한 창조주의 빛과 사랑은 끝없이 공급되는 무한의 에너지입니다. 당신은 척추를 따라 형성된 에너지 시스템을 통해 이 정보를 전송받게 됩니다. 이 빛은 당신이 지구 어머니에 붙이고 걸어 다니는 발을 통해 지구의 심장으로 전해지고 지구의 자궁에서 다시 당신 몸으로 전달됩니다. 뿌리 차크라(Red-Ray)에서부터 무한 가능성의 통로인 크라운 차크라의 머리끝까지 사랑을 담은 이 빛이 퍼지게 됩니다.(L/L 리서치에서 실행한 Q'uo 채널링 2005년 12월 18일)

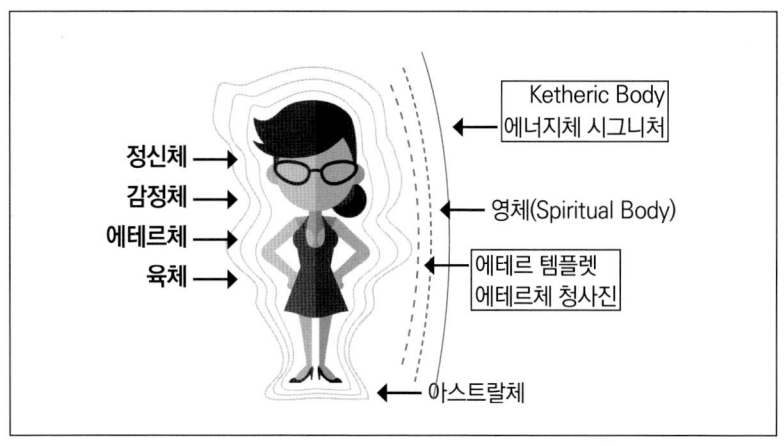

1 밀도계

스타더스트(Stardust)의 결합으로 만들어진 별과 행성은 불, 물, 공기, 흙 4원소의 원초적 물리 형태이고 1 밀도계 의식 레벨에 해당한다. 자신이 무한성이란 것을 알아차린 절대의식이 빛/사랑 에너지로 확장되어 퍼져 나갈 때 그 최초의 스타 더스트(영혼이 입은 최초의 물리 형태)에는 4원소의 성질이 포함된다. 분산된 절대의식의 빛/사랑 에너지는 영겁의 공간적 시간 동안 우주 안에서 각 4원소의 특징을 강화하며 물리적 기틀(행성이나 별 같은)을 만든다.

뿌리 차크라 Red- Ray

뿌리 차크라(Muladhara Chakra/Root Chakra)의 위치는 척추 아래 꼬리뼈 끝에 위치하며 에테르체(Etheric Body)의 에너지 센터이다.

에테르체는 몸 주위를 감싸는 얇은 에너지층으로 육체와 영체(Subtle Body)의 접착을 도와주는 프라이머 페인트 또는 계란 껍데기와 알맹이 사이의 흰 막을 상상하면 이해하기 쉽다.

정신을 집중하고 흰 벽에 팔을 수평으로 놓고 보면 물안개처럼 일렁이는 밝은 빛을 볼 수 있는데 이것이 에테르체이며, 건강하고 어린이처럼 순수할수록 더 밝고 두툼하고 투명하게 잘 보인다.

생명 유지, 신체의 안전과 정서적 안정에 관여하는 뿌리 차크라의 원소는 흙(Earth)이고 빛의 스펙트럼에서 빨간색의 에너지이다. 아담은 히브리어로 붉은 흙이라는 뜻인데 뿌리 차크라의 에너지를 이용하여 영혼은 인간으로 물질화를 경험할 수 있다.

생존은 어떤 이유가 필요한 것이 아니므로 의식은 기본 에너지를 진화하는 데 이용하지 않는다. 절대의식의 관점에서 의식이 투사될 형태(육체)의 살아 있음은 지극히 당연한 일이라 어떤 이유나 설명이 필요 없는 일이기 때문이다.

물리적 형태에 의식을 투영해 세상을 경험하면서 창조주의 무한 가능성을 증명함으로 의식은 진화하기 시작한다.(The Law of One: session 41)

· 뿌리 차크라 불균형

인간의 육체는 영혼의 여정을 안내하는 지도가 될 수 있다. 갓 태어난 아기는 7년[73] 동안 첫 번째 뿌리 차크라에 많은 에너지가 집중된 생존 본능 모드에 있다. 차크라는 절대의식이 로고스를 통해 빛/사랑의 창조 에너지를 전송하는 목적 외에 독립체(의식 진화 주체, 인간)의 감정과 생각 에너지(진동 주파수)를 흡수하고 발산하여 외부와 소통하는 통로가 되기도 한다. 그러므로 아기를 보살필 때는 걱정보다는 괜찮다, 사랑한다는 에너지를 많이 전달해 주는 것이 아이의 뿌리 차크라 안정화에 도움이 된다.

뿌리 차크라는 생존의 위협 상황에 민감하게 반응하는데 사자에 쫓기며 살아남기 위해 달리는 가젤은 생존에 필요한 온갖 호르몬이 방출되어 극한의 스트레스 상태에 놓이지만 신체는 그 기능을 최대한 발휘하게 된다.

그러나 생존의 불안감을 느낄 때 온몸을 스트레스 상황으로 밀어 넣는 것은 동물과 인간이 다를 게 없지만 가젤은 추격에서 살아남고 15분이 지나면 언제 그런 일이 있었냐는 듯 다시 풀을 뜯지만 인간은 상황이 종결되어도 그 감정이나 생각이 쉽게 사라지지 않아 과거의 부정적인 일들을 생각하는 것만으로도 신체에 그 영향이 다시 나타난다. 악몽은 편안한 침대에 누워 있음에도 몸이 생각과 상상에 어떻게 반응하는지 보여 주는 단적인 예이다. 이를 통해 인간은 세 번째 태양 총 차크라까지 열려 있기 때문에 동물처럼 스트레스 상황을 뿌리 차크라에 국한하지 않으며, 의식이 발달할수록 차크라의 영향과 사용 방식에 큰 차이를 보

---

73 이때 부모의 사랑과 보살핌을 제대로 받지 못한 사람들은 돈, 육체 등 자신의 존재성에 대한 강한 자기방어기제를 만들지만 가장 원초적이라 잘 드러나지 않는다.

이는 것을 알 수 있다.

뿌리 차크라는 살아 있기 위해 먹는 음식(식욕) 그리고 살아 있음이 증명되는 DNA전파(성욕)와 관계가 깊다.

뿌리 차크라 불균형의 감정적 원인은 두려움이고 그 증상은 돈에 대한 집착이 대표적이다. 특히 먹는 것과 돈을 연관 지어 "사 먹는 게 싸겠다, 싼 맛에 먹는다."라고 하면서 먹는 이유를 생존에 한정하는 것은 2 밀도계 동물 의식의 잔재이다. 돈이 조금 더 들더라도 음식을 만들면서 정성이 담기는 것 또는 만들면서 재미가 더해져 함께하는 사람들과 마음을 나눌 수 있는 음식에 담긴 형이상적 가치를 알지 못한다.

죽음에 대한 두려움, 반대로 빨리 죽었으면 좋겠다는 바람, 몸매와 건강에 대한 과도한 애증(자아도취와 자기 경멸이 복합된 감정), 지나친 영양제 복용, 과도한 다이어트, 음식에 대한 편견, 지나친 식욕, 얼짱(몸짱) 문화, 사람을 겉모습으로 판단하고 외모를 웃음거리로 삼는 문화[74], 삶의 의미를 모르겠다는 이유로 자살 시도, 우울증, 과도한 성욕, 교감 없는 성관계, 혼자 오르가즘 해결 선호, 존중 없는 포르노 시청, 성폭행에 대한 환상, 쓰레기 무단 투기, 세제 남용 같은 자연 훼손에 무감각, 세균 공포, 결벽증, 직장을 수시로 옮기거나 빈번한 이사, 과거 회상과 미래에 대한 환상에서 위안을 받음[75] 등은 오염된 뿌리 차크라의 증상이다.

뿌리 차크라 오염과 비활성화의 원인은 다양하겠지만 대체로 어린 시절 부모나 성장 배경에 큰 영향을 받는다. 부모의 다툼이 아이에게 끼치는

---

74 이런 문화가 만연해질수록 집단의식이 강화되어 그 사회에 자살 시도가 증가하게 된다.

75 과거나 미래는 상상 속에만 있고 실상은 없다. 지금 생각하고 있는 그 미래에 도달하면 그것은 지금이 되기 때문이다. 모든 것은 의식이 머문 이 순간에만 실재하므로 영원히 이 순간(지금)만이 지속된다. 같은 원리로 과거는 생각을 떠올릴 때만 나에게 사실이 되는 것이지 과거 자체는 사라지고 없다.

영향은 전쟁과 흡사한 강도의 공포심을 일으키고 어릴 때 부모의 죽음을 경험한 경우도 마찬가지이다. 아이는 기댈 곳이 없다고 판단해 스스로를 보호하기 위해 여러 가지 자기방어기제 에고 프로그램을 작동하게 된다. 우리는 모두 각각 독립된 의식 진화의 주체이므로 한 부모 아래 자란 형제/자매라 하더라도 같은 현상에 똑같은 영향을 받지 않음도 기억해야 한다. 예를 들어 언니는 아버지가 술에 취해 소리지는 것을 잘 이겨 냈다 하더라도 동생은 술 마시는 남자만 보면 과거의 트라우마가 일어나 몸서리치게 소름 돋는 경계심이 생길 수도 있는 것이다.

- **뿌리 차크라 힐링**

문제의 원인을 찾는 이유는 원망하고 비난할 대상을 찾아내려는 것이 아니라 상처를 치유하고 같은 이유로 상처받는 일을 미리 예방하기 위함이다. 영혼의 관점에서 삶의 의미는 절대의식으로부터 전송받은 7개의 차크라를 활용해 삶 속에서 빛/사랑 에너지를 의지대로 마음껏 발현(표현)하고 경험하는 것이다. 절대의식(신, 창조주, etc.)과의 에너지 교환이 활발해질수록 의식은 진화하고, 반대로 의식이 진화할수록 차크라 사용은 자유로워진다.

어려움, 고난, 시련 같은 인생의 난관을 굳이 찾아다닐 필요가 없는 것처럼 좋은 일과 행복을 지나치게 갈망하여 인생을 컨트롤하려는 무모한 노력은 갖지 못한 것에 대한 걱정과 갖고 있는 것을 잃을까 하는 두려움을 더 크게 한다.

유태인들이 겪었을 생존의 두려움을 간접적으로 느낄 수 있는 영화 《인생은 아름다워》가 많은 사람들의 가슴을 울리는 이유는 영혼의 본성인 기쁨과 창조의 자유가 차단된 환경의 불안감 속에서 아들을 공포심으로

부터 보호하기 위해 불가능해 보이는 웃음을 만들어 내는 아버지의 사랑 때문일 것이다.

우울한 사람에게 "자신을 사랑하라."라는 말은 다정한 위로 같지만 태양에게 *"앞으로는 스스로 밝아지도록 노력하라."*라는 충고와 다를 바 없는 조언이다. 자랑스러운 나의 모습뿐 아니라 창피하고 부끄러운 실수를 저지른 나도 연기하는 인간자아이다. 우리의 참자아는 로고스에서 퍼져 나온 빛/사랑 에너지라는 것을 기억하고 이 삶은 여행 같은 것임을 아는 것이 나를 진정으로 사랑하는 방법이다.

아버지, 그들이 하는 행동이 무엇인지 그들은 모르니 용서 하소서.(요한복음 23:34)는 예수 그리스도가 십자가에 못 박혀 죽을 때(에고의 죽음을 상징함) 한 말이다. 풀이하면, 나를 십자가에 못 박은 이들은 영혼이 깨어나지 못한 의식이므로 자신들이 하는 일을 알지 못한다. 상위자아(아버지)와 하나 된 나는 그들의 참모습이 나와 같은 영혼이라는 것을 알기 때문에 그 의식 수준을 이해하고 용서한다.

그 누구도 자신의 의식 수준 이상의 판단이나 생각을 할 수 없다. 지나간 것들은 붙잡아 두지 말고 때가 되었을 때 자연스럽게 흘러갈 수 있도록 놓아주자. 잘되지 않더라도 '*영혼과 의식이 참 나인데 여전히 걱정을 하고 있구나.*' 하면서 지극히 인간적인 자신을 보며 웃어넘기는 것으로 에고의 관심을 끊을 수 있다.

클리브 백스터(Cleve Backster)는 최면의 효과를 증명하기 위해 CIA 고급 간부에게 최면을 걸어 비밀문서를 빼낸 사건으로 CIA의 감시를 가장한 지원을 받아 식물, 요거트, 박테리아 등에 다양한 신체 변화 측정이 가능한 거짓말 탐지기를 연결해 마음(생각)이 필드를 통해 그 생명체에게 전해지는 지에 관한 여러 실험을 했다.

그는 "1966년 2월 2일, 괄목할 만한 차트 변화를 보인 13분 55초 후 나는 이 기록을 남긴다. 의식에 대한 개념이 완전히 바뀌고 말았다. 세상에나!! 이 식물이 내 생각을 읽은 것이 아니라면 무엇인가!"라고 식물이 자신의 생각을 읽은 결과를 실험 일지 기록에 남겼다.

또한 NASA 우주인 Dr. Brian O'Leary의 타액 샘플을 추출하여 침 세포가 살아 있는 12시간 동안 관찰하는 실험을 하였는데, 오랠리 박사가 비행기를 놓칠 것을 염려해 허둥대던 시각 그리고 다른 여러 스트레스 상황에서 이 침 세포가 극변하는 수치를 보여 주며 마치 오랠리 박사의 입안에 있는 것처럼 반응했다는 결과를 발표하기도 했다.

백스터 실험에서 확인할 수 있듯 2 밀도계 의식의 식물부터는 죽음에 대한 두려움을 느끼는 등 감정체까지 본질의 에너지가 분산되지만 1 밀도계 의식의 4원소는 감정이 발달되기 전이므로 당당히 존재함으로 머문다.

인간 육체의 살아 있음은 이유나 명분이 필요 없는 영혼의 당연한 권리이다. 자연의 흙을 밟고 바다와 산을 가까이하고 좋은 공기를 마시는 것, 크리스털이나 물을 주변에 놓고 명상하며 힐링하는 것도 뿌리 차크라 안정화에 도움이 된다.

강한 욕구를 이기지 못하고 음식을 먹지만 살이 찐다는 죄책감에 음식에 대한 반감이 있는 것은 뿌리 차크라 폐쇄의 원인이며 증상이다. 음식을 먹기 전 후 그리고 먹는 중에도 감사함을 느끼는 연습은 효과적인 힐링 방법이다. 음식을 준비한 사람들, 함께 먹는 사람들, 음식의 재료 그리고 맛을 느끼는 나의 육체와 창조주에 대해 단 10초라도 생각해 보자.

2 밀도계

사랑 에너지를 동력 삼아 빛을 향해 움직이는 식물체는 2 밀도계 초기 의식의 물리 형태이다. 불, 물, 공기, 흙의 1 밀도계 물리적 형태는 바닷가에서 일어나는 화산 폭발로 서로 융합하는 기회를 갖게 되고 이런 화학 작용을 통해 의식은 존재함, 머묾(Being)의 1 밀도계에서 스스로 움직이는 박테리아에 투사되어 본격적인 2 밀도계 진화 과정을 시작한다. 2 밀도계 후반기 육체(물리 형태)는 랜덤으로 변하는 형질에 따라 살아남은 DNA가 복잡하게 진화한 동물이다.

스스로 움직일 수 있게 되면서 의식은 분리된 개체라는 관념을 갖게 되는데 이는 '*최초의 한 생각*'에서 분리된 '*개체의 다른 생각*'이 발현됨이다. 분리된 둘(Two)의 포괄적 의미는 창조주와 창조물의 관계이다.

의식은 2 밀도계 초기 자웅 동체 식물의 분리 이전 짝을 이룬 상태에서 진화하다가 암수로 발전된 물리체에 투사되어 음/양, 남성성/여성성, 빛 에너지/사랑 에너지의 차이를 구분 짓게 된다.

천골 차크라 Orange-Ray

천골 차크라(Svadhisthana Chakra/Sacral Chakra)는 생식기와 배꼽 사이에 위치한다. 음/양에너지가 교감하여 조화를 이루는 성관계와 감정, 다른 생명을 이해하는 공감에 관여하고 그 원소는 물(Water)이다.

빛의 스펙트럼 오렌지색의 에너지 센터를 중심으로 형성된 감정체 에너지장은 독립체를 순환한다. 로고스로부터 전달받은 빛/사랑 에너지는 천골 차크라를 통해 감정을 저장, 발산하고 느끼게 한다. 말하지 않아도 상대방의 기분을 어느 정도 느낄 수 있는 것은 감정 에너지의 진동을 감지하기 때문이다.

· **천골 차크라 활성화**

아이는 말을 배우기 전부터 눈치를 차린다. 다른 이들의 표정을 읽고 자신의 감정이 다른 이들에게 미치는 영향을 관찰하기도 하고 상대방의 눈에 비친 자신과 소규모 인간관계에서 형성되는 감정 변화, 그리고 그 안에서 발휘되는 자신의 영향력, 상대와 자신의 역할을 이해하면서 천골 차크라는 서서히 활성화된다.

· **천골 차크라 불균형 증상**

천골 차크라는 일대일 관계에 관여하므로 끊임없이 연인 관계를 만들고 싶어 하지만 오래 지속하지 못함, 성관계를 거부하거나 반대로 너무 가볍게 생각하거나 사랑의 증거라 믿어 관계의 횟수가 줄어들면 불안함을 느낌, 상대방과 교감보다 성기능이나 교태에 집착하는 것, 혼자 있는 것을 못 견뎌 하거나 인간관계를 차단하려 함, 인간관계를 잘하고 싶은 욕구가 강하지만 의도와 달리 지인이나 가족에게 상처를 주거나 상처를 받음, 자신만의 규칙을 정해 주변 사람들에게 강요함, 계획이 어긋나면 견디지 못하는 완벽주의, 본인은 다른 의견을 받아들이지 못하면서 상대방이 자신의 의견을 받아들이지 못한다고 불평, 티 나지 않는 강한 자기 보호심, 남들에게 착한 사람으로 보이려 연극하는 페르소나, 편집증, 결벽증, 감정의 널뛰기, 낮은 자존감, 피해 의식, 어릴 때 창의성을 요구하는 미술 시간을 극도로 싫어했거나 반대로 고통을 예술로 승화해 어둡고 난해한 예술 작품을 만들어 내기도 한다.

고통체 Pain Body

과거의 부정적 기억은 후회, 죄책감, 적대감, 원망, 피해 의식 같은 탁한 에너지 응어리를 만들면서 축적되는데 에크하르트 톨레는 이를 고통체(고통의 중심)라고 하였다. 예를 들어 어려서 보호자에게 구타를 당했던 경험으로 형성된 원망과 적대심의 부정적 감정이 고통체이다. 이 고통체는 잠재하고 있다가 이 감정이 최초 만들어졌던 사건과 비슷한 상황에 처하게 될 때 자극되어 통제할 수 없는 감정적 폭발을 일으킨다. 감정과 생각은 고유의 진동 주파수를 지닌 에너지이고 비슷한 에너지는 서로를 끌어당기며 커지는 성질이 있으므로 어둡고 싸늘한 분위기를 풍기거나 우울하고 화가 많은 사람들은 강하고 무거운 고통체 에너지에 눌려 있기 때문일 수 있다.

고통체는 부정적 에너지를 먹고 자라는 기생충과 같고 에고는 고통체가 그 에너지를 얻을 수 있도록 일하는 충성스러운 부하 역할을 한다. 탁하고 부정적인 주파수로 잠재의식에 파고드는 폭력적인 게임, 영화, 공포 조장 뉴스, 사소한 험담도 고통체를 키우는 먹이가 될 수 있으며 의식이 깨어나지 못한 사람은 이 고통체와 에고에 휘둘리며 하루하루를 힘겹게 살아가게 된다.

우리는 개인의 사적 고통체와 더불어 인류 공동의 고통체를 갖고 있다. 이것은 얽히고설킨 집단의식의 영향으로 DNA에 인코딩되어 전 세대에서 다음 세대로 전해지는데, 예를 들어 미국 흑인은 노예 생활의 부정적 기억들이 DNA에 저장되어 집단 고통체를 형성하기 때문에 현대의 미국 흑인들은 이런 일을 직접 경험한 적이 없더라도 정신적, 감정적 고통을 물려받게 된다.

각 나라의 고통체 무게는 다르고 남자와 여자의 고통체 또한 다르기 때문에 중동의 팔레스타인 지역의 사람들은 중립국으로 전쟁의 참사를 덜 경험했을 스위스 사람들보다 더 무겁고 탁한 고통체 에너지를 가지고 태어나게 될 수밖에 없다.

영혼이 인간으로 환생할 때 이 같은 집단 고통체를 공유하므로 아기들은 그 무게에 따라 아무 까닭 없이 울기도 하고 행복한 가정에서 충분한 사랑을 받고 자랐음에도 우울한 아이가 될 수도 있다.

용감한 영혼들은 더 큰 고통체를 짊어지고 그 에너지를 치유하겠다고 자원하기도 한다니, 우울증의 원인을 찾을 수 없다면 본인이 이런 용감한 영혼일 수도 있을 것이다.

(A New Earth: Awakening to Your Life's Purpose by Eckhart Tolle)

천골 차크라와 여성

배꼽 아래 자궁과 난소를 아우르는 에너지 센터인 물 원소의 천골 차크라는 생식샘과 상호 작용하므로 임신과 월경을 겪는 여성의 신체 구조상 그 영향력은 남성보다 더 클 수밖에 없다.

역사적으로 여성은 억압된 환경을 견뎌야 했던 사건에 더 자주 노출된 것이 사실이고 이로 인해 남성에 비해 감정적으로 무거운 고통체를 갖고 태어나며, 이 집단 고통체는 감정에 관여하는 천골 차크라에 저장된다.

여성들의 집단 고통체는 천골 차크라의 영향력이 미치는 물과 관련된 신체 기관에 악영향을 주어 생리통을 비롯한 여러 생식기 질환과 혈액 순환에 문제를 일으키기도 한다.

영적 관점에서 생리통은 놔줘야 할 것을 붙잡고 있기 때문에 겪는 고통으로 해석할 수 있다. 유방암, 난소암, 자궁암 판정을 받은 자리에서 본인 상태에 대한 질문을 하기보다 가족과 직장 일을 걱정하는 여성 환자들이 많은데, 이는 천골 차크라 폐쇄의 원인이 되는 죄책감의 영향이다. 어머니들은 대체로 아버지보다 자식들에게 더 잘해 주지 못한 것을 미안해하는 경향이 강한 것도 이 때문이다.

감정 표출과 질병

기분 좋은 환경에서 그리고 밝고 평온한 사람과는 오래 있고 싶지만 찝찝하고 공포스러운 기운이 감도는 장소에서는 빨리 벗어나고 싶은 것은 감정이 두뇌에게 보내는 신호이다. 마찬가지로 면역 체계는 몸에 좋은 영양소를 최대한 흡수하고 암세포 같은 적대적 세포를 죽이며 몸을 지키는 역할을 한다. 인간은 살아남기 위해 환경에 적응하고 성장하면서 환경에 맞게 타고난 성격을 변형시키기도 하며 자신의 감정을 억압해야 할 때도 있다.

분노 같은 부정적 감정을 마구 표출하는 것은 비교적 증세를 알아차리기 쉬운 병을 유발하는 반면 감정 표출을 억압하는 것은 면역 체계를 인위적으로 컨트롤하고 혼란스럽게 해 신경계 질환처럼 증세가 잘 나타나지 않아 치료 시기를 놓치는 질병의 발생과 관계가 깊다고 한다. 자신의 몸을 공격하는 자가 면역 질환은 감정을 무시하거나 억누르면서 발생할 가능성이 높으며 어린 시절 가정 환경과 관련이 있다.

미국의 유명한 야구 선수 루 게릭(Lou Gehrig)이 걸렸기 때문에 그 이름으로 잘 알려진 ALS는 정신에는 아무 문제가 없지만 온몸이 서서히 마비돼 결국 기도의 근육이 굳어 숨을 쉬지 못해 죽는 질환으로 스티븐 호킹 박사도 환자였다.

철마(Iron Horse)라는 별명의 루 게릭은 ALS로 더 이상 걷지 못하게 될 때까지 단 한 번도 경기에 불참한 적이 없었다. 17번이나 손가락이 부러졌을 때도 독감에 걸리거나 부상을 당했을 때도 엄청난 고통을 견뎌가며 경기를 하는 강한 책임감을 보였다. 본인은 이토록 스스로에게 엄격하였음에도 불구하고 신입 선수들이 감기에 걸려 끙끙 앓고 있는 것을 보고 관리팀을 꾸짖으며 조치해 줄 것을 대신 요청하기도 했다. 그는 어려서부터 알코올 중독 아버지를 대신해 가장 역할을 맡아야 했고 어머니와 다른 형제들의 안위를 지키기 위해 자신의 힘듦을 드러내지 않으며 완벽한 사람이 되려고 했던 것으로 보인다.

1970년 예일 의과대학에서 ALS 환자들을 상대로 진행한 정신 분석 연구에서 이들은 단 하나의 예외도 없이 한결같이 똑같은 성격 그리고 정확히 일치하는 행동 패턴을 보여 주었다. 이 연구에 의하면 ALS 환자들은 직장 동료들에게 깊은 존경과 예찬을 받았고 다른 사람에게 도움 요청을 하지 않는 성격이 공통적이었다. 아무리 힘든 일이라도 남에게 의지하지 않고 스스로 해결하는 것이 몸에 배어 있었다. 혼자 있는 것을 두려워하고 불안감이나 슬픈 감정을 습관적으로 부정하거나 억압하고 있지만 '두렵지 않다, 슬프지 않다.'라고 거짓으로 자신을 억눌러 진짜 감정을 아예 잊은 것으로 분석되었다. 이들은 부정적으로 보일 수 있는 감정은 전혀 표출되지 않았으며 어떤 환자들은 자신의 심각한 상태에 대해서도 "나는 별로 중요하지 않다."라는 식으로 말하면서 가벼운 미소를 띠기도 했다.

루게릭병 환자들은 부모에게 의지하기보다 본인이 어른 역할을 해야만 한다는 적응 훈련을 스스로에게 주입시킬 수밖에 없는 가정 환경에서 자란 점이 특징이다.[76]

---

[76] When the Body Says No by Gabor Maté. Scribe Publications Pty Limited, 2019.

감정의 고통(트라우마)은 썩을 대로 썩어 고약한 냄새가 진동하고 곰팡이로 가득 덮인 욕조에 매일 몸을 담그는 것과 같다. 더러운 것조차 알아볼 수 없을 정도로 감정의 고통에 익숙해져 있는 상태에 있는 것이다. 물을 빼 버리고 욕조를 닦아 낸 후 왜 욕조가 더러워졌는지 생각해도 늦지 않은 것처럼 어떻게 하다가 이런 상황에 빠졌는지를 생각하며 또다시 죄책감과 원망에 울부짖지 말고 건설적인 해결책을 만들어 가는 것이 급선무이다.

• 감정의 소중함

우리는 행복, 불행, 기쁨, 슬픔 등의 감정 상태로 자신의 일상생활을 판단하므로 어떤 감정은 싫고 어떤 감정은 좋다는 판단이 명확한데 이러한 감정과의 애증 관계는 감정을 믿지 못하고 거부하게 한다. *"마음이 끌리는 대로, 기분 내키고 원하는 대로 하라."* 라는 말은 왠지 책임감 없어 보이고 기분이 너무 좋으면 오히려 불안할 때도 있다.

하지만 감정은 거짓말을 하지 않는다. 거짓되고 잘못된 것은 그런 감정의 원인이 된 그 생각이다. 누군가 나에게 컵을 건네도 받지 않으면 내 것이 아닌 것처럼, 어떤 생각이든 관심을 주지 않으면 내 의식에 머물 수 없고 따라서 내 것이 되지도 않는다. 또한 나에 대한 다른 사람들의 평가도 내가 받지 않으면(반응하거나 신경 쓰지 않으면) 그들의 생각으로 끝나고 만다. 기쁨과 행복 같은 긍정적 감정을 만드는 원인 생각은 상위자아에게서 온 것이고 불안함, 분노, 불행, 슬픔, 우울함, 노여움, 불안의 부정적 감정은 그 원인 생각을 수정하라는 상위자아의 주의 메시지이다.

감정을 통해 그 생각의 근원이 어디에서 온 것인지 구분하는 연습은 5

밀도계 빛 에너지 힐링 방법이다. 예를 들어, 시험을 망친 나는 우울하고 기분이 나쁘다. 고차원 주파수와 어긋난 이 우울한 감정은 지금 하고 있는 생각(나는 멍청하다, 게을러서 공부를 안 했다 등등)이 원인이다. 또 다른 예로 정성껏 쓴 메일에 답장을 받지 못해 무시당했다는 생각에 화가 난다면 '나는 답장을 받지 못할 만큼 상대에게 하찮은 존재'라는 생각이 분노감의 원인이다.

그 누가 뭐라고 하든 내가 그렇게 믿기로 결정하지 않으면 그것은 나에게 진실이 될 수 없다.[77] 상위자아는 분노라는 감정으로 그 생각이 틀렸다는 경고를 주었고 인간자아는 그 원인 생각을 바꿀 수 있다.

그러나 어지럽혀진 집 안을 치우며 느끼는 짜증, 무례한 손님에 대한 잠깐의 미움, 영적으로 진보됐다는 에고의 도덕적 우월감, etc. 처럼 그 감정의 뿌리 생각을 곧바로 찾을 수 없는 복잡한 감정들도 많다. 그렇다 하더라도 알아차리는 것만으로 에고는 점점 힘을 잃게 되고 치유는 시작된다.

• 천골 차크라 힐링

퉁명스러운 말투로는 이루어지기 힘든 교감은 '소모된다'거나 '상한다'는 수식어가 짝꿍처럼 붙어 다니는 감정의 교환이다. 조심하지 않으면 계란 노른자처럼 쉽게 터지고 마는 감정은 읽는 것도, 느끼는 것도, 다루는 것도 어려운 숙제 같아 거친 빗자루로 획 쓸어 구석에 처박아 두고 관심 주기를 피하기 십상이다.

3 밀도계 의식 초 중기 대부분의 인간은 먹고사는 것만으로도 힘든 인생 여정을 보내게 되니 자녀의 감정을 이해해 주는 것은 사치라 여겼

---

[77] 내가 믿고 싶은 대로 믿고, 그게 무엇이든 내가 진실이라고 결정하고 판단할 권리가 바로 자유 의지이다.

을 것이다.

전부터 그래 왔기 때문에 계속 똑같은 방식을 적용하며 사는 것이 자랑스러운 전통은 아니다.

아이가 감정을 표현할 때 "울지 마, 남자가…." 하며 감정을 억제시키기보다 스스로 울음을 그치고 얘기할 때까지 기다리면서 그 감정을 알아봐 주는 것으로 부모와 아이 모두의 천골 차크라는 안정적으로 활성화될 수 있다.

어린 시절 큰 트라우마가 없더라도 감정을 표현하기보다는 억누르도록 교육받은 중장년층들은 자신의 감정을 알아보아 다독이지 못하고 폭발하듯 분출하거나 억제하는 것에 익숙해져 있는 경향이 강하다.

잘못을 묵과하고 합리화하는 겁쟁이 같아 자신에게 엄격한 죄책감은 오히려 마음 편한 선택이지만 스스로를 용서하고, 있는 그대로 수용하는 일은 벌거벗은 채 광장 앞에 서 있는 것처럼 수치스럽고 힘든 일이다.

죄책감에는 두 가지 종류가 있다. 첫째는 타인에게 상처 준 것에 괴로움을 느끼고 얼마간 자신을 용서하지 못하는 양심이다. 실수를 했을 때 느끼는 미안함은 잘못을 인정하는 것이고 상대의 마음을 풀어 주기 위해 할 수 있는 일을 하되 그 마음을 조종할 수 없음을 받아들이는 것은 진정한 사죄이다.

두 번째는 무의미한 에고의 죄책감이다. 일어난 사건에 살을 붙여 자신에게 유리한 이야기를 만들어 합리화하거나 피해자에게서 잘못을 찾기도 한다.

괴로움에 빠져 스스로를 벌할 때도 있지만 결국 문제를 해결할 수도 있는 적극적 행동은 하지 않으면서 이 같은 책임 공방 생각 패턴을 반복한다. 필요에 따라 "인간이니까 완벽하지 않다, 남들도 그러고 산다." 라고 하다가 어떤 때는 *"바보같이 실수를 저질렀다."*면서 괴로워한다.
인간자아가 에고의 기준대로 살 때 느끼는 만족감이나 완벽함은 며칠이나 몇 분도 지속되지 못하는 부질없는 허상이다. 인간관계가 힘들거나 마음처럼 되지 않는다면 우선 의식적으로 숨을 몇 번 쉬고 상대방도 나처럼 모든 잠재된 가능성의 한 부분이라는 것을 기억해 보자.
"그대도 지금 무한 가능성의 일부를 증명하고 있군요."

3 밀도계

3 밀도 단계에서 의식을 진화하는 지구의 독립체는 인간이다. The Law of One의 *Ra*그룹은 인간을 마음/몸/영의 복합체(Mind/Body/Spirit Complex)라고 불렀다.

3 밀도계 생각(Mind/마음)의 의식은 영(Spirit)에서 분파된 영혼과 강하게 밀착되기 시작한다. 영혼은 여성성의 에너지이고 감정적인 반면 의식은 남성성의 에너지이고 에고(생존 본능 프로그램)와 생각처럼 지적(Intellect)이다.

영혼은 환생을 하면서 감정에 의해 저장된 기억을 우주 의식에 전달[78]하고 진화 여정을 직접 수행하는 의식을 경험하는 관찰자이다.

· 3 밀도계 자아 성찰

지구에서 2 밀도계 하반기 레벨의 의식은 애완동물로 경험된다. 그들은 이름이 주어지고 주인의 관심과 돌봄을 받으며 일종의 커뮤니케이션이 시작되는데 이렇게 자신의 물리적 형태와 생각 능력을 조금씩 인지하게

---

[78] 우주 의식(성령: Supreme Spirit 또는 The Great Spirit)과 하나로 연결되어 있으므로 자연스레 전달되는 것이지 분리되었다고 오해하지 말자. 밥을 먹는 입과 밥을 전달받아 소화하는 위장은 한 몸인 것처럼.

되고 존재함을 인식하면서 3 밀도계 의식으로 진화해 간다.
자아 성찰(자아 정체성)의 초기 단계에 있더라도 인간은 누구나 말로 설명할 수 없지만 자신이 지금 이 순간 이 장소에 있음 다른 말로 존재함을 알고 있다.

· **3 밀도계 집단생활**

2 밀도계 후반기 의식은 유인원에 투사되어 무리 생활을 경험하고 무리를 이루는 개체 수는 늘어나 3 밀도계 초기 인간들은 부족을 이루게 된다. 다수가 모여 이룬 집단은 공동으로 새로운 것에 도전할 기회가 많아지면서 더 큰 불가능을 극복할 수 있게 된다. 3 밀도계 의식은 아이디어를 내고 그룹으로 프로젝트를 시행하며 단체에서 느끼는 소속감과 존재감으로 자신의 입지를 다지게 되고 사회 안에서 다채로운 경험을 하면서 진화하지만, 집단으로 살아남는 것이 지나치게 강조되면 개인의 자유는 억압되는 저극성도 강화된다.

· **마스크 Mask**

성격/인격(Personality)은 가면(Mask)이라는 뜻의 그리스어 페르소나(Persona)가 어원이다. 인간(3 밀도계 의식 진화의 주체)은 사회에서 맡은 역할이라는 수많은 마스크를 쓰고 연기를 하며 살아가지만 이를 연기라고 의식하지 못한다.
화가 난 엄마라는 마스크, 지루한 선생님이라는 마스크, 예의 바른 청년이라는 마스크, 성격 좋은 친구라는 마스크 그리고 본인만 알고 있는 생각의 일어남과 사라짐은 비밀스러운 나만의 마스크이다. 우리는 자신이 쓰고 있는 마스크가 연기하는 인간자아 배우이고 참자아는 인생이라는 영화를 감상하고 있음을 알지 못한다.

에고는 참나를 알 수 없게 하고 연극과 진짜 세계를 구별하지 못하는 오 버액션 연기력을 발전시키는데 이것은 마치 영화의 배역을 연기한 배우가 촬영이 끝난 후 일상에서도 영화 속 캐릭터대로 사는 것과 같다. 히스 레저[79](Heath Leager)의 사망 후 그의 지인들은 인터뷰에서 그가 〈배트맨〉의 조커 캐릭터에 깊이 빠져 현실과 영화를 구분하지 못하고 정신적으로 힘들어하였음을 전했다.

마찬가지로 에고가 인간 의식을 지배해 지구에서 잠시 맡고 있는 인간의 역할과 참나를 구분하지 못하게 방해하면, 영혼은 혼란에 빠져 혼魂의 정신체는 영에서 멀어지고 백魄의 에고는 육체에 더 강하게 밀착된다. 에고의 에너지층이 두터워져 영을 볼 수 없게 될수록 우리의 진정한 자아 정체성은 점차 잊히게 된다.

· 우주 차원의 농담 Cosmic Joke

코로나바이러스로 마스크를 쓰고 있는 것은 참자아를 잊고 연기하듯 한평생을 살아가는 인간의 자기 조롱 같아 보이기도 하고, 3 밀도계에서 해야 할 일을 감도 못 잡는 우리에게 대놓고 큰 힌트를 주는 것 같기도 하다.

영혼의 깨어남 초기에는 *"이 세상은 환상으로 실재하지 않는다."*, 또는 영화 〈매트릭스〉에서 처럼 *"인간은 보이지 않는 손(Hidden Hands: 아담 스미스의 시장 경제 원리 아님)에 의해 지배를 받고 인류는 이들의 놀잇감에 불과하다."* 라는 얘기를 한 번씩 듣게 된다. 타당성이 있어 파고들다 보면 소름 끼치는 이들의 만행에 소스라치게 놀라게 된다. 그러나 내 몸도, 우리 집도, 옆집 강아지도, 직장도 모두 그대로인데 누군가 이 세상

79　그는 불면증에 시달려 약물을 과다 복용해 사망했다는 것이 가족들의 공식 입장이다.

이 허상이라고 하는 것에 공포를 느끼는가?

만약 그렇다면, 허상인 HH가 허상의 세상에서 하고 있다는 허상의 일들을 두려워하는 것이 허상인 에고라는 것을 알고 있는가?

• 비이원성 Non-Duality

의식 불명인 사람은 세상에서 일어나는 일을 전혀 알 수 없는 것처럼 나의 의식이 깨어서 인지하지 않으면 이 세상은 존재하지 않는 것과 같다. 알아차리는 것은 의식하는 것이고, 이 세상은 의식함으로 존재한다. 예를 들어 친구가 내 팔을 잡아서 그 느낌을 알게 되는 것은 내 몸에 닿은 친구의 손을 내가 알아차린 것이다.

비이원성은 꿈을 꾸는 자와 꿈은 둘이 아닌 것처럼 나와 세상을 둘이 아닌 하나로 보는 지각이다. 모든 것은 나와 분리될 수 없는 어떤 관계에 있으므로 서로 연결된 하나이다.

우리는 '*보는 자와 보이는 것*' '*느끼는 자와 느끼게 하는 것*' '*경험하는 자와 경험*'처럼 분리된 지각으로 세상을 이해한다. 이렇게 되면 나의 생각, 행동, 마음을 자신과 동일시하고 다른 사람들의 생각, 행동, 마음은 그들이라고 분리하게 되는데 이로 인해 각자 자신의 생각과 행동에 책임져야 한다는 관념이 생기게 되고 통제에서 벗어난 일이 발생하면 내 잘못 같은 죄책감을 느끼게 된다.

어떤 상황에서 *왜 그런 말을 했지?* 하며 자신이 내뱉은 말에 상대방보다 더 놀랄 때가 있다. 그 일이 일어나기 1초 전이라도 이를 의식했다면(알았다면) 그런 말을 하지 않았을 것이다. 이런 상황은 일어난 후에 알아차렸기 때문에 한두 번 있었나 보다 할 수도 있지만 우리는 사실 모든 생각, 행동, 말을 자동 반사적으로 하곤 한다.

생각

좋은 것도 나쁜 것도 없다. 생각이 그렇게 만드는 것이다.[80]

숨을 쉬고 세포가 생성되고 소멸되는 일들은 계속 일어나는 생리 현상으로 의지대로 멈추거나 시작할 수 없는 것처럼 생각을 한다고 믿지만 생각은 저절로 생겨나는 일이다.

예를 들어 배가 고파 볶음밥을 먹고 싶은 상황에서, 볶음밥을 먹고 싶은 것은 배가 고팠기 때문이고 배가 고픈 것은 몸이 영양소를 원했기 때문이다. 나 자신은 배고픔을 어떻게 할 수 있는 주체가 아니라 몸이 배고픈 것을 내가 알아차렸을 뿐이다. 볶음밥이라는 것을 애초에 몰랐다면 배고픔을 느꼈다 하더라도 볶음밥을 생각 해내지 못했을 테니 나는 생각을 만들어 내는 주체가 아니라 이미 알고 있던 볶음밥을 끄집어낸 두뇌의 생각을 알아차린 것뿐이다.

생각이 일어남 →	감정이 생김 →	행동 →	생각 패턴의 에너지화
	긍정	내면	반복되면 일반화되고
	부정	외부	성격/인격으로 자리 잡음
	중립		

생각은 그 종류에 따라 세 가지 형태의 감정으로 이어지고 그 감정을 기반으로 내면에서 반응하거나 외부적으로 움직여 행동을 취하게 된다. 예를 들어 명절에 만난 시누이의 새로 산 고급 외제차 자랑을 듣던 중 '*확 긁어 버릴까?*'라는 생각이 불쑥 들었다. 거의 동시에 자신을 힐난하

---

80   *There is nothing either good or bad but thinking makes it so.* William Shakespeare.

는 부정적 감정이 생긴다. 그때 딸아이가 우유를 쏟고 울음을 터뜨렸다. 평소 같으면 별일 아닌 듯 아이를 달래었을 텐데 그렇지 못하고 *"잘못한 것도 아닌데 왜 울고 그래?"* 또는 *"조심하지 못하고 까불더니…."*라며 자신의 생각에 대한 죄책감을 아이 행동에 투사하여 표현한다. 이런 생각 패턴은 도미노 현상처럼 하루 종일 연속적으로 발생하며 우리 생활에 영향을 주지만 대부분 무의식 속에서 일어나기 때문에 알아차리지 못한다. 자신의 생각을 알아차리고 분석하는 것은 껄끄러운 일이라 회피하게 되므로 영혼이 깨어나지 못한 상태에서 의식의 성장은 매우 느리다. 머릿속의 생각들 중 그 어떤 것에도 영향받은 적 없이 홀로 만들어 놓은 것이 있는가? 태어난 이후로 그 무엇도 단독으로 한 적 없고 할 수도 없는데 단지 각자 육체를 가지고 있으니 분리되었다고 할 수 있을까?

· **인생을 바라보는 두 관점**

인생의 여러 사건들을 해석하는 관점은 둘로 나눌 수 있다.
첫째, 원하지 않는 일이 발생하면 저항하고 결과에 집착하며 에고의 생각대로 풀리지 않을 때 세상과 자신을 비난하고 원망이나 죄책감을 느끼는 인생의 피해자 관점이다. 인생을 좋고 나쁨으로 구분하고 발생하는 일들을 자기 입맛대로 통제하려 애쓰는 분리된 의식 독립체의 생활 방식이 이러하다.

둘째, 인생을 계획하지만 예상과 다른 결과를 맞게 되면 *'내가 알 수 없는 영역의 일들이구나. 크게 보면 나에게 이로운 일들이겠지….'* 하는 마음으로 인간 의식(에고)보다 더 큰 의식(상위자아)의 관점을 이해하려는 태도이다.
내가 우주의 한 부분임을 잊지 않고 세상의 모든 또 다른 나(들)와 조화롭게 우주의 리듬을 타는 것이다.

'그때 이렇게 저렇게 할 걸…' 같은 후회는 짧게 하자.
하루를 마무리하며 잠들기 전에 '오늘 의식 진화는 여기까지이다. 그리고 내일은 오늘보다 나은 나로 다시 태어나겠다.' 다짐하는 힐링을 하며 능동적 깨어남을 선택하자.

"한 방울의 물을 마르지 않게 하려면 어떻게 해야 하는가?"
"바다에 던지면 되느니…." 영화 〈Samsara〉

한 방울의 물을 의미하는 개체 영혼은 거대한 바닷물에 비유되는 영 (Spirit) 안에 있을 때 제대로 살 수 있다. 다른 모든 의식도 같은 바다에서 나온 '한 방울의 물'이다. 비이원성으로 세상을 바라보면 4 밀도계의 STO긍정극성을 어렵지 않게 수용할 수 있다.

에고 프로그램

2 밀도계 의식 독립체는 영양분을 섭취해 육체를 살아 있게 하고 DNA를 전파하여 자신의 일부를 살아남게 함으로 생존의 책임을 이행한다. 에고는 독립체가 효과적으로 생존 의무를 수행하기 위해 만든 자기 방어 프로그램인데 긴장, 걱정, 불안감, 스트레스와 같은 부정적 특징이 있지만 위험에 항시 대기하므로 수명을 연장시킬 수 있다. 예를 들어 만사태평 꽃 냄새를 맡으며 자연을 즐기는 사슴보다는 풀을 뜯으면서도 긴장을 늦추지 않고 도망갈 생각을 하는 사슴이 풀숲에 숨어 공격의 때를 노리는 사자를 먼저 눈치채고 도망갈 확률이 높아 오래 살아남을 수 있을 것이다. 긴장된 스트레스 상태에 있을 때 생존이 지속될 확률이 높아지는 것을 학습하게 된 두뇌는 빠르게 대처하는 공격 방어 시스템 에고를 만들어 낸다.

에고는 2 밀도계 후반기 의식이 투사된 유인원이 무리 생활을 하며 집단 속에서 소리를 내어 감정을 표현할 수 있게 되면서 더욱 발달하게 된다.

예를 들어 사냥을 나가 맡은 일을 실패한 개체는 사회 전체의 생존에 영향을 줄 수 있다는 것을 다른 독립체의 감정 표현으로 알게 된다. 집단에서 쫓겨나지 않기 위해(두려움이 생김) 자책을 함으로써 실수를 저지르지 않도록 긴장하게 하지만 타인의 잘못도 용납하지 않게 된다. 무리 생활을 하는 3 밀도계 초기에 에고의 부산물로 만들어진 죄책감, 불안감, 비난, 책망, 걱정은 방어 태세의 부정적 생각이 바탕이 되어 상대방을 공격하거나 그 상황에서 도망가 버리는 *Fight or Flight* 모드로 살아가며 에고가 발달하면서 육체와 생각을 자신과 동일시하게 된다. 육체적으로 분리된 사람들의 다른 의견을 공격으로 판단하게 되고 이 공격에 빠르게 대처하는 판단력이 필요하게 되므로 스트레스 상황을 자처하게 된다.

에고 프로그램은 3 밀도계 초 중기까지 인간 의식에 강하게 자리 잡아 약육강식의 전쟁을 일으키고 생각의 차이도 허용할 수 없다는 경직된 사고의 피날레 이데올로기를 전염병이라도 되는 것처럼 때려잡겠다 나서면서 많은 생명을 희생시키기도 했다.

몇 마디 말이 수치심을 일으켰다며 명예 회복을 위해 결투를 벌이는 중세의 기사는 이상한 일이 아니었지만 의식 진화를 거듭한 현재의 우리는 폭력을 더 이상 용감무쌍이라 하지 않는다.

의식이 진화하면서 생존을 크게 걱정할 필요가 없어진 현대의 에고는 육체의 편안함과 즐거움을 추구하고 남과 다른 특별함을 향해 발달하고 있다.

형태가 없는 에고는 몸, 지능, 성격, 기억, 과거, 마음/생각, 명품 가방 같은 개체의 소유물, 아이디어, 자녀, 배우자 그리고 반려동물에도 투사된다. 인간자아가 이런 것들과 자신을 동일시하여 칭찬과 비판에 기분이 좋아지고 나빠지는 것은 에고가 살아남는 방법이다.

그러나 에고가 활성화되면서 육체의 생존이 길어지게 되었고 기억을 DNA에 남겨 의식이 진화할 수 있는 기회를 많이 얻게 된다는 순기능도 있다. 또한 에고가 만들어 내는 불만족의 감정은 인간 삶을 전진하게 하는 원동력이 된다. 무한 가능성을 각자의 역량대로 펼치게 하는 것은 인간 내면의 그 욕구인 것이다. 설사 이것이 궁극에는 불행의 원인이 될지라도 말이다.

인간자아는 외부 환경에서 얻어진 결과물에 집착하는 에고로 인해 감정적 고통을 느끼게 되고 이 괴로움에서 벗어나고 싶은 갈망은 깨달음, 영성(Spirituality)으로 관심을 돌리게 하므로 3 밀도계 후반기부터 에고는 깨어남의 강력한 촉매 역할을 하게 된다. 애벌레는 고치(에고)안에서 답답함(괴로움)을 참고 성장해야 번데기를 깨고 나비로 부활할 수 있다. 애벌레와 나비의 형질을 둘 다 가지고 그 좁은 고치 안에서 일어나고 있는 카오스를 상상해 보면 3 밀도계 인간 의식의 차원 상승 과정이 결코 순탄하지 않음을 이해할 수 있다.

• 에고 Ego

에고는 알아차리지 못하면 빠른 속도로 감정화되는 생각이며 머릿속에서 끊임없이 일어나는 잡음이다. 에고는 감정으로 표출되므로 비슷한 에고가 지속적으로 나타나면 성격(인격)이 되어 사람들이 나를 판단하는 지표가 되기도 한다. 그러나 모든 생각과 감정이 에고는 아니고 끊임없이 일어나는 생각과 감정을 자신과 동일시하여 공격과 방어로 대응하게 되면 에고가 된다.

예를 들어 호주의 수도는 캔버라로 알고 있는데 여자친구는 호주의 수도를 시드니라고 한다. 캔버라가 호주의 수도라고 말하는 것은 내가 사실로 알고 있는 생각으로 에고가 아니지만 여자친구가 내 말을 믿지 않자, "내가 하는 말을 왜 무시하고 믿지 못하냐?"라고 화를 내었다면 그것은 에고이다.

나의 지식을 자신과 동일시하였기 때문에 에고는 공격당했다고 믿었고 이를 보호하는 방패로 분노가 표출되었다. 상대방은 자신의 지식 안에서(그게 맞든 틀리든) 그렇게 믿는 것이지 나를 공격하기 위해 시드니가 수도라 확신하는 것은 아니다.

또 다른 예로, 김치는 소금이 많이 들어가 심장 건강에 나쁜 음식이라는 한 외국인의 말을 듣고 "햄버거에 감자튀김만 먹는 너희 나라가 심장병으로 죽는 사람이 훨씬 많은데 무슨 말도 안 되는 소리냐, 김치에는 프로바이오틱스가 풍부해서 몸에 좋다."라고 답변했다.

김치에 프로바이오틱스가 많은 건 사실이지만 나는 김치도 아니고 김치를 먹는 나라(한국)는 내가 태어난 장소일 뿐인데 이를 자신과 동일시하여 상대방 나라를 공격한 것은 에고이다.

긍정적 감정이나 생각도 자신과 동일시하게 되면 에고가 될 수 있다. 경제적으로 발달이 더딘 나라를 여행하며 느끼는 한국인으로서 자긍심, 매력적으로 보이는 자신의 신체에 대한 만족감도 자신을 상위 위치에 올려놓은 똑똑한 에고의 모습이다. "너 그거 알아?"라며 대화를 시작할 때도 그 내용이 무엇이든지 그 잠깐 동안은 *내가 너보다 아는 것이 더 많다*는 우월감이 담겨 있다.

화(Anger)는 그나마 눈에 잘 띄는 에고의 성질이지만 잘 드러나지 않는 불안감, 피해 의식, 불만족, 남과 비교하며 느끼는 자신감도 에고이다. 에고 안에 깊이 잠들어 있는 사람들은 자기주장이 강하고 다름을 이해하지 못하며 티 내지 않더라도 자신을 기준으로 다른 사람들을 위, 아래로 나누어 피라미드 꼭대기 삼각형에 있는 사람들을 선망하고 바닥의 사각형에 속한 사람들은 잘못되었다고 판단한다.

에고가 일어날 때 바로 인지하는 것은 매우 어려운 일이다.

의식 레벨이 높은 사람일수록 주변의 의견, 다른 사람들의 생각에 휘둘리지 않는 것은 물리적 형태, 생각, 의견이 '진정한 자아(참나)'가 아님을 알기 때문이다.

・한국인의 집단 고통체

숱한 전쟁을 겪으며 짓밟힘을 경험한 한국인은 무시당하는 기분을 못 견디게 싫어하는 강한 자기방어 집단 고통체를 가지게 되었다. 목소리 없이 튀지 않게 살아가는 것이 당연하게 느껴지는 것은 개인의 자유보다 강한 단체의 일원이 되어 행동하면 무시당하는 일이 줄어듦을 알기 때문이다. 하나로 뭉치기 위해서는 구심점이 있어야 가능하다. 역사에 만약은 없다지만 김구 선생이라는 중심축이 그렇게 허망하게 사라지지 않았더라면 우리는 어처구니없는 한국 전쟁을 겪지 않아도 되었을지 모를 일이다.

그렇다면 지금의 집단주의를 안전이라 믿게 된 원인은 무엇일까? 지주의 횡포로 오래도록 굶주림에 시달렸던 소작농의 집단 고통체는 한국인의 DNA에 인코딩되어 돈에 대한 갈증을 낳았고 단체 안에서 일개미로 살면서도 상위 계층에 속한 듯 특별함을 안겨 주는 명품 소장은 에고 프로그램의 고도 진화 버전이다.

일제 시대와 한국 전쟁을 겪으며 눈치 빠르게 기회를 포착해 살아남은 기회주의는 고통체의 잔재이다. 한국인의 집단 고통체는 권위와 권력을 중심축으로 받아들여 신봉하지만 동시에 억압에 대한 반발 심리로 이를 증오하는 아이러니를 보인다.

 고통체 에너지는 의식을 억눌러 깨어나기 힘들게 하고 에고는 커지게 되고, 강해진 에고는 더 탁한 고통체 에너지를 키우면서 의식은 더 깊이 잠들게 하는 악순환 사이클을 반복한다. 중심축으로 보이는 유명 대학의 교수나 과학자의 연구를 의심 없이 받아들이는 것은 집단 고통체가 그 의식을 잠식하고 있음을 보여 주는 증거이다.

· 아침 식사

농사를 지으며 육체 노동의 비중이 컸던 과거에 비해 현대인들은 현저히 적은 열량을 소비하면서도 더 많은 음식을 섭취하고 있다. 과식으로 발생되는 부작용에도 적게 먹는 것은 쉽지 않아 보이는데 그럼에도 아침 식사를 먹는 것이 건강의 척도라 믿는 사람들이 많다. "아침 먹고 가야지."라는 좋은 엄마 또는 아내의 표본을 보여 주는 TV 드라마의 단골 대사로 이 믿음을 더욱 확고하게 한다.

아침을 간편하게 해결해 준다는 시리얼 제품은 바쁜 아침 시간을 도와주는 고마운 발명품처럼 보인다. '콘푸로스트' 상표로 대표되는 시리얼이 상업화되어 아침 식사의 대명사로 자리 잡게 될 무렵, 건강과 다이어트에 도움이 된다며 아침을 먹어야 한다는 연구 결과가 발표되기 시작했다. 물을 플라스틱 병에 담아 팔기 시작하면서 과다한 체내 수분이 뇌의 배출 기능 마비를 일으킨다는 사실은 감추고 좋은 물을 많이 마시는게 다이어트에 좋다는 반쪽짜리 지식이 활개를 치고 있다.

아침 TV프로그램에서 건강에 좋다고 소개된 제품은 절묘하게 얼마 후 홈쇼핑에서 판매되곤 한다. 집단 고통체를 상술로 이용하는 방송 프로그램 청취자들은 대부분 낮은 의식 계층이라 깨어남은 더욱 멀어질 수밖에 없다. 빈부 격차만큼 의식의 양극화도 심화되고 있다.[81]

· 단식

예수 그리스도는 40[82]일 동안 광야에서 단식했고 이슬람의 라마단을 비롯해 기독교의 금식 기도, 불교, 힌두교, 도교와 민속 신앙에서도 단식을 영혼의 깨어남을 알아차리는 수련으로 이용한다.

육체는 영의 세계로부터 주파수를 받는 도구로 쓰일 수 있다.

매일 먹는 음식과 같은 일을 반복하는 육체가 수용하는 주파수는 한정적이고 제한되기 십상이다. 익숙해진 주파수 영역에서 빠져나와 상승된 새 진동수로 전환되려면 신체 기능을 최소화하는 단식이 큰 도움이 된다. 음식을 먹고 소화하는 과정은 시끄럽게 TV가 켜진 거실과 같다. 볼륨을 줄이거나 TV를 끄면 아이의 말소리가 들리고 그 마음도 느껴지는 것처럼, 공복 상태에서 명상을 하면 영혼의 소리도 잘 들린다.

또한, 단식을 통해 육체를 소화 과정에서 쉬게 하므로 생각은 그 속도를 늦추어 의식이 깨어 알아차리기 쉬운 조건을 만들어 줄 수 있다.

우리는 큰 병을 앓다가 단식을 하고 건강을 되찾는 사람들의 이야기를 듣기도 한다. 적절한 단식은 몸의 면역 체계를 활성화시켜 신체 건강을 회복할 수 있으며, 자제력을 길러 주고 탐욕을 알아차리고 정신력을 다

---

81 그렇다고 부(Wealth)와 학력의 크기가 한 독립체의 의식 레벨을 가늠하는 잣대가 되는 것은 아닙니다.

82 40은 엔키(Enki)의 숫자이다. 수메르의 쐐기 점토판을 기록한 Endubsar(인둡사: En은 마스터, dubsar는 사서라는 뜻)도 엔키의 명령으로 40일간 금식했다. 참고로 엔키의 아버지 아누(Anu)의 숫자는 60이다.

부지게 한다. 이러한 절제 수련은 송과선 차크라를 안정적인 활성화 상태로 유지하는 방법이 될 수 있다.

신체는 자체적으로 운영되는 뛰어난 자가 회복 능력이 있어 상처는 시간이 지나면 스스로 아물게 되고, 잔병은 때가 되면 알아서 낫는다. 많은 에너지를 음식물 소화에 허비하는 현대인들은 이 같은 자정 작용이 현저히 떨어져 있는데 반복되는 만성 피로와 감기는 이러한 자가 회복 능력이 떨어졌기 때문이다.

글리코겐(Glycogen)은 음식물 섭취가 완벽히 멈추고 10-12시간이 지나야 사라지고 그 후 지방이 연료로 사용되어 에너지를 낸다. 이때 신체는 소화에 집중되었던 에너지를 면역 체계 발동에 사용하면서 몸을 정화하기 시작하므로 조금씩 자주 먹는 다이어트는 건강에 도움이 되지 못하고 음식물 섭취 시간을 줄이는 것이 중요하다.

저녁을 일찍 먹고 자는 것밖에 할 수 없었던 농경 사회도 아닌데 늦은 저녁을 먹을 수밖에 없다면, 아침을 거르고 14시간 정도 공복을 유지하는 간헐적 단식을 해 볼 수 있다.

깨어남의 과정이 진행될수록 음식 섭취가 줄어들게 되고 고기보다 과일이나 야채처럼 가벼운 음식을 선호하게 되면서 몸은 점차 가벼워진다. Light는 빛이란 뜻 외에 가볍다는 의미가 있다. 음식물 섭취 시간을 줄여 신체에 채워진 무거운 물질을 털어 내고 가라앉은 에너지를 가볍게 하는 것은 그만큼 많은 빛을 들일 수 있는 신체 환경을 만들어 줄 수 있다.

몸, 마음, 영혼은 삼위일체 하나이고 서로 연결되어 영향을 주고받는다. 몸을 잘 관리하는 것은 영혼의 깨어 있음에 도움이 되고 반대로 영혼이 깨어 있다면 몸과 마음/생각도 그 영혼의 에너지를 밝게 발현하게 된다.

배고픔은 오기도 하고 가기도 하는구나.
내가 배고픔인가?
내 육체가 배고픈 것을 알아본 그것이 나인가?

태양 총 차크라 Yellow Ray-Chakra

태양 총 차크라(Manipura Chakra, Solar Plexus Chakra)는 배꼽과 명치 사이에 위치하고 권력, 지능, 자존감, 자신감, 의지력에 관여한다.
불 원소이고 태양의 빛 스펙트럼에서 노란색의 에너지이며, 태양 총 차크라를 통해 전송받은 로고스의 에너지는 정신체(Mental Body)를 형성한다.
뇌는 머리에 있지만 지능 에너지 센터 태양 총 차크라는 영혼이 머무는 심장 차크라보다 아래에 위치한다.
공부를 잘하는 똑똑함과 상관없는 눈치는 주변 사람들의 감정체와 정신체 에너지 발산을 감지하고 상황에 맞는 일을 재빠르게 할 수 있도록 하는 육감(Gut Feeling: 배 속 느낌)으로 뇌가 아닌 뱃속에서 느껴지는 천골 차크라와 태양 총 차크라 에너지를 이용한 것이다.
태양 총 차크라는 아이디어를 표현하여 사회적 영향력을 넓히면서 발달하는 의식에 에너지를 공급한다. 이를 이용해 계획을 세우고 목표를 성취할 수 있다.

• 태양 총 차크라 힐링

자수성가한 사람들을 보면 대체로 자신의 실수를 쉽게 인정하고 빠르게 더 나은 방향을 모색해 개선하려는 강한 멘탈(정신체)을 가지고 있는데 태양 총 차크라가 안정적으로 발달되었기 때문이다.

이와 반대로 속으로는 자괴감에 빠져 있으면서 사람들 앞에서는 여전히 잘못을 발뺌하고 잘나고 강한 사람이라는 가짜 자아상의 방패를 세우는 경우, 어떤 일을 중도에 포기하거나 계획한 목표를 이루지 못할 때, 소속된 단체에서 저지른 실수로 느끼는 작은 수치심이 계속 쌓이게 될 때, 여러 사람들 앞에서 발생한 불명예, 망신, 치욕의 트라우마가 있을 때, 약속을 어기거나 어려운 상황을 제때 대처하지 못하고 현실을 도피한 경험 등을 겪으며 자기 자신에게 실망하게 되고 이 감정이 수치심으로 심화되면 태양 총 차크라의 기능은 심각하게 억압된다.

화상을 입었는데 보기 싫어 덮어 버리면 상처는 썩어 버리는 것처럼 자랑스러운 모습 그리고 감추고 싶은 어두운 면과 실수나 잘못까지도 끄집어내서 받아들이고 당당히 실수를 인정해야 진정한 영혼의 치유가 가능하다.

직장과 결혼으로 형성된 사회적 위치, 권력, 가족 관계 그리고 교육 수준이나 소유물이 자아가 아니라 경험의 일부임을 이해하는 탈동일시 의식 레벨에 이르렀을 때, 태양 총 차크라는 심장 차크라의 연료가 될 수 있다.

• 3 밀도계의 이원성

외부의 것들이 삶의 목표인 인간은 외부에서 일어나는 일들, 사람, 여러 물질(과자, 나무, 로션, 휴대폰 등)을 자신이 세운 기준대로 판단하고, 판단 당하기도 하는 에고의 지배를 받는다.

이런 생각 패턴이 잠재의식의 작용이라는 것을 알아차렸다면 더 이상 에고가 아니다. 한발 더 나아가 죄책감이나 두려움에서 벗어나기 위해 경험하는 인간자아와 참나를 분리하기 시작했다면 깨어남은 이미 진행된 것이며 의식의 차원은 상승하고 있다.

아래 나열된 3 밀도계 의식 영역대의 특징은 에고의 시선에서 보면 당연한 현상일 수 있지만 상승된 차원(밀도계)에서 의식 진화를 지속할 준비된 영혼에게는 지각을 전환하는 촉매제가 되어 약 77,700년 동안의 꿈에서 깨어나게 할 것이다.

이원성(Duality)이 강조되어 남자/여자, 옳고/그름, 공산주의/민주주의, 성공/실패, 좋음/나쁨, Pretty/Ugly, 선/악, 나의 가족/남, 내 나라/남의 나라, 젊음/늙음같이 극단으로 세상을 분리한다. 자신을 한 극성에 포함시켜 동일시하고 반대 극성에 있는 사람들은 비난한다. 권력, 부, 명예, 일, 육체의 아름다움 같은 외부의 성취는 삶의 목적이다.

더 크고, 더 좋고, 더 작고, 더 아프고, 더 힘들고, 더 슬프고, 더 불행하고, 더 행복하고, 더 사랑하고… 등등 다른 사람들이나 외부의 것들에 자신이라고 믿는 인간자아를 비교해서 우위를 찾으며 존재한다.

3 밀도계 주파수 영역의 독립체(사람들)는 에고를 알아차리지 못하므로 급격한 감정 변화가 일어나고 에고의 끌림 대로 살아갈 때가 많지만 자신은 효율적이고 목표 지향적인 인생을 살고 있다고 믿기 때문에 자부심을 느낀다.

환생을 겪으며 자신의 진정한 자아를 잊어 창조주(절대의식/신/우주/성령/etc. 무어라 부르든)와의 관계를 알지 못한다. 무언가 부족하고 잊은 것 같은 허전함을 느끼는데 이런 불만족 상태를 잊기 위해 약물, 술, 담배, 쇼핑, 게임, 섹스 그리고 TV 시청 등에 중독되고 오감의 자극으로 공허함을 채우려 한다. 영혼은 잠든 상태이고 3 밀도계 의식은 에고의 지휘 하에 움직인다.

현재 지구에 살고 있는 인간 독립체(의식 진화의 주체) 최대 49%는 3 밀도계 이원성 주파수 영역의 의식 상태에 있으며 이들은 STO긍정극성 4

밀도계로 진입한 지구 행성과의 주파수 차이를 경험하고 있다. 해야 할 일 또는 알아야 할 것이 있는 것 같은데 무엇인지 정확히 모르겠는 정체성 혼란과 심리적 우울감은 영적 주파수 차이와 밀접한 관계가 있다.

선택의 시간

태초의 무한 가능성이 자신의 무한성을 안다는 것은 자신을 알아차리고 의식한 것이다.

빛과 사랑은 무한하므로 이를 에너지화하면 무한한 생각(아이디어, 상상)을 그에 맞는 어떤 형태로 창조하는 데 이용할 수 있다. 그래서 빛과 사랑 에너지를 발산해서 태초의 무한성을 실험하거나 증명하게 된 것이다. 절대의식(창조주, 신…)의 물리적 측면이라고 할 수 있는 우주(로고스)는 이렇게 사랑/빛 에너지로 형성되어 무한한 가능성을 증명하는 틀이 되었다. 우리의 진짜 자아 정체성은 유한성에서 무한성으로 진화하는 의식이며 영혼(빛과 사랑 에너지)은 우주 안에서 이러한 진화를 경험한다. 인간과 같은 물리적 형태는 한계가 있는 유한성이지만 무한 가능성을 실험, 관찰, 증명하는 의식을 담고 있다. 이렇게 의식을 진화하는 독립체는 하나의 하위 로고스라고 하였다.

태양계 로고스에 속한 지구 행성도 하위 로고스이며 살아 있는 의식이기 때문에 고유의 차원과 밀도계에서 진화 중이다. 지구 의식은 불, 물, 공기, 흙의 1 밀도계를 지나 스스로 움직이고 성장하는 2 밀도계에서 각각 약 20억 년의 시간을 보내고 77,760년(세 번의 25,920년)의 3 밀도계 마스터 사이클을 마무리했다.

지구는 2012년 12월 21일(Ra그룹은 1981년 당시 약 30년 후라고 함) STO 긍정극성 4 밀도계 초기로 차원 상승하였고 지구에 살고 있는 인간 독립체도 원한다면 3 밀도계 의식에서 4 밀도계(5차원)로 상승해 의식 진화 여정을 지속할 수 있다.

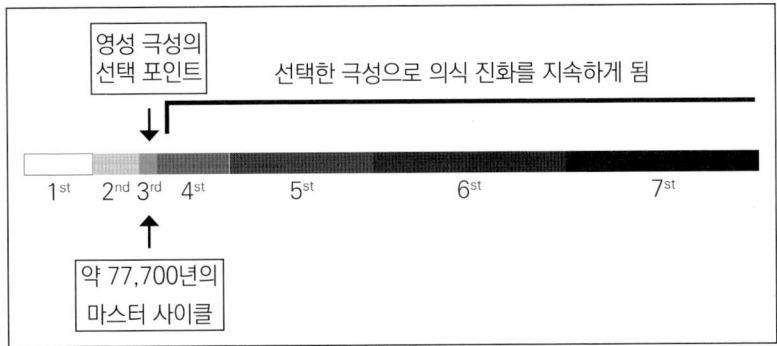

영성의 극성 Spiritual Polarity

극성(+/-)이 없는 전기는 작동하지 않고 기능이 없는 것처럼 의식에 극성이 없다면 경험이나 활동이 없어 아무 일도 일어나지 않는 것과 같습니다. (The Law of One session 20, 1981년 2월 9일)

3 밀도계 의식 진화 기간 동안 STO극성과 STS극성 중 하나를 선택해야 차원 상승(4 밀도계/5차원의 진입)할 수 있게 되므로 이 시기에는 선택을 독려하기 위해 촉매 역할을 하는 다양한 사건들이 일어나 격렬한 주파수 변화를 겪게 된다.

영성의 긍정극성(STO)은 사랑/이해의 에너지를 외부로 향하게 해 다른 이들을 사랑하고 이해하는 Service To Others(STO/타인을 위한 사랑과 봉사심)이다. 독립체는 51% 이상 사랑/이해의 에너지가 외부로 향하는 것이 유지되면 STO극성을 선택하게 된다.

영성의 부정극성(STS)은 자기 자신에게 사랑/이해의 에너지가 집중되어 자신을 사랑하는 Service To Self(STS/자기 자신만을 위한 일)이다. 95% 이상 사랑/이해의 에너지가 자신에게 향할 때 STS극성을 선택하게 된다. 두 개의 영성 극성은 선/악이 아니다. 자석의 양극성(N/S), 뜨거움/차가움에 비유되고 에고의 옳고 그름으로 판단할 수 없는 사랑의 두 가지 표현 방식으로 빛의 스펙트럼 양극단에 존재하는 주파수이다.

인간자아의 자유 의지로 영성의 양극성(Spiritual Positive and Negative polarity) 중 하나를 선택할 수 있도록 전생과 참나를 잊게 되는 '*기억상실의 베일*'이 적용되는데 참자아를 잊고 고통받는 것을 우려해 3 밀도계에서 의식이 오래 머물지 않도록 배려하였기 때문에 그 주기는 가장 짧다.

Ra그룹에 의하면 아주 오래전 기억 상실의 베일이 없었던 3 밀도계의 행성이 존재했는데 그곳의 영혼들은 더 이상 4 밀도계 의식으로 진화하지 않았다고 한다. 참자아와 창조주의 관계를 알고 있으니 육체의 죽음에 연연할 필요가 없고 사는 것 자체가 삶의 의미라는 것도 이미 알 터이니 의식을 진화할 필요가 없었던 것이다. 비교하자면 부모나 선생의 간섭도 없으며 평생 놀고 싶은 만큼 놀아도 괜찮고 다른 사람들도 모두 다 놀고 있다면, 어려운 공부를 스스로 찾아서 하는 초등학생들이 과연 있을까?

살면서 느끼는 괴로움은 촉매제가 되어 긍정(STO) 또는 부정(STS)극성의 선택을 빠르게 결정하도록 한다.

약 25,920년의 주기 동안 3 밀도계에서 진화하는 독립체의 극성이 51% 긍정 또는 95% 부정의 한쪽 극성으로 향하게 되면 그 행성도 선택된 극성으로 진화하게 된다.

행성의 진화 주기는 시곗바늘이 때가 되었을 때 정확히 그 시간을 가리키는 것처럼 이미 정해진 스케줄이므로 대략 77,760년의 마스터 사이클 동안 어느 쪽으로 든 그 비율을 채우지 못하고 극성이 선택되지 않으면 좀 더 가까운 극성으로 자동 결정된다. 지구 행성은 긍정의 STO 4 밀도계 주기에 어렵게 진입한데다 극성의 강도도 매우 약한 초기 단계에 있어 여러 촉매 활동과 부정극성 에너지 정제 과정이 여전히 진행 중이라 불안정하다.

이러한 진동수 업그레이드(차원 상승)는 아기가 태어나는 과정에 비유할 수 있다. 아기가 나오지는 않았지만 어머니(지구 행성)가 겪는 산통은 생명 탄생을 예고하는 과정이 시작되었음을 의미하고 산모는 아이를 낳은 여파로 한동안 몸을 추스르는 시간이 필요하다.

태어난 아기도 새로운 환경에 적응하느라 많이 우는 것처럼 추수의 날로 표현되는 마스터 사이클은 하루아침에 모든 일이 끝나는 것이 아니라 지구 행성과 지구에 속한 하위 로고스(대표적으로 인간 독립체)도 전환된 주파수에 적응하는 시기를 보내게 된다.

새로운 의식의 밀도계로 전환되는 기간은 2 밀도계에서 3D까지 1,350년이 걸리고 3 밀도계에서 4D 사이의 과도기는 지구 행성의 주요 독립체(인간)들이 역동적으로 극성을 바꾸기 때문에 추측이 힘들지만 대략 100년에서 700년이 걸린다.(The Law of One: session 40.8)

현재 지구는 이 전환 과도기를 겪고 있어 인간 독립체들이 에고를 털어내고 힐링하는 것처럼 지구 행성 자체도 클렌징 중이므로 활발한 집단 촉매를 경험할 수 있다.

참고로 4 밀도계 행성의 마스터 사이클(행성이 다음 밀도계로 진화)은 3천만 년이고, 같은 의식 레벨의 독립체 환생 주기(평균 수명)는 9만 년이다.

(The Law of One: session 43.11)

STO이든 STS이든 의식의 극성을 선택하는 일은 참자아를 알지 못하고는 일어날 수 없다.

참나를 깨달은 영혼은 환생할 때 배워야 할 교훈이나 경험을 선택할 수 있지만 깨어나지 못한 영혼은 카르마대로 인간자아의 혈육 관계 안에서 다시 태어나길 반복하게 한다.

· STO vs STS. Service To Others vs Service To Self.

우주의 수많은 별들이 외부로 빛을 내보내는 것을 STO극성이라고 한다면 끝없이 빛을 흡수하는 블랙홀은 STS극성에 비교할 수 있을 것이다. STS극성은 '나는 신의 일부이고 신은 내 안에 있기 때문에 나 자신이 신이다. 따라서 나를 사랑하는 자기애는 곧 신에 대한 사랑이다.'라고 신과 사랑 에너지를 해석한다.

STO극성은 창조주(절대의식, 신, 우주, etc.)의 모습을 나 자신뿐 아니라 다른 사람들과 자연을 포함한 모든 것에서 보기 때문에 모든 것의 가치를 있는 그대로 인정하며 다른 이들의 자유 의지를 존중하는 보편성으로 신과 사랑 에너지를 이해한다.

51% STO긍정극성의 4 밀도계로 상승하기 위해 전쟁 중 배급을 받는 상황이라면 5번 중에 3번은 남을 위해 음식을 포기할 수 있어야 하고 로또가 당첨되면 51%의 상금은 다른 이들을 위해 기부해야 하고 해충을 보아도 5번 중에 3번은 살려 두어야 할 수도 있다.

STO극성으로 가려면 이렇게 살아야 한다는 것이 아니다. 지난 몇 만년의 환생 동안 셀 수 없이 많은 선택을 이미 해 왔고 극성은 이미 정해졌을 것이다. 당신이 의식의 진화 게임 중에 있다는 사실을 알았다고 해서 마음에도 없는 자기 희생을 하는 것은 카르마를 쌓아 3 밀도계로 환생을 유도할 뿐 STO 4 밀도계 극성으로 향하는 데 도움이 되지 않는다. 마음 편한대로 해야 할 일을 그저 하면 된다. STO극성이라면 이미 보상의 유무와 상관없이 타인을 돌아보는 행동이 자연스러울 것이다.
깨달음, 상위자아, 구원, 속죄, 차크라, 부처님, 마음 챙김, 예수님, 아누나키, 토트, 에메랄드 태블릿, 차원 상승, 천주, 하나님이나 영성의 지식을 몰라도 조건 없이 자신보다 조금만 더(51%) 다른 생명을 사랑하고 이해하려 노력한다면 의식은 3 밀도계의 주파수 영역을 졸업하고 STO긍정극성의 4 밀도계로 상승하게 된다. 이는 사랑의 에너지 센터 심장 차크라가 본격적으로 활성화되는 것을 의미한다. 21C에 들어서면서 긍정의 사랑/이해의 4 밀도계 주파수로 진화한 지구 행성 에너지 영향과 스타시드의 노력으로 동물 보호, 남녀평등, 성적 소수자들의 권리를 추구하는 박애주의 움직임은 앞으로 더욱 활발해질 것으로 보인다. 그러나 자신과 다른 모든 생명이 절대의식에서 태어난 하나의 빛/사랑 에너지라는 것을 진정으로 알지 못한 상태에서 실천하는 의무감의 헌신적 희생은 STO에 해당하지 않는다. 예를 들어 부모 자식 간의 사랑은 무조건 이라고 오해할 수 있지만 내가 낳은 자식, 나를 낳아 준 부모라는 이유 있는 사랑이므로 STO극성이 아니다. 이런 조건적 사랑은 무의식적으로 원망하는 마음이나 억울함을 일으키기도 하는데 이렇게 카르마가 생기면 다시 환생을 선택하게 된다.
혈육이기 때문에 더 사랑해야 한다는 반복 학습은 기억을 찾지 못한 스타시드에게 지구 환생 굴레에 엮이는 치명적인 원인이 된다.(The Law of One: session 12)

근심, 걱정도 없고 불안하지도 않으며, 늘 완벽하게 고요하고 평온한 마음이 어떤 상태인지 상상할 수 있겠는가?
시간의 목적은 그 상태에 도달하기를 배우는 것이며, 다른 목적은 없다.[83]

사랑/이해의 4 밀도계 주파수가 자신에게 집중된 STS극성은 자신의 이익을 위해 다른 이들을 착취하고 노예처럼 부리는 것을 당연하게 여긴다. 95% 부정극성으로 타인을 이용하고 다른 이들의 자유 의지를 묵살하려면 가족이나 친구들까지도 자신의 이익을 위해 희생시켜야 한다. STO극성보다 잔인할 만큼 힘들어 지금까지 지구에서 STS부정극성 4 밀도계로 차원 상승한 사람은 단 세 명(Taras Bulba, 칭기즈칸, Rasputin)뿐이다.(The Law of One: session 11.9)

지구가 STO긍정극성의 4 밀도계로 진화하였더라도 현재 지구에 살고 있는 최대 49%의 인간들은 STS부정극성으로 진화를 시도하거나 아직 영성의 극성을 정하지 못한 사람들이다.

STS극성으로 향하는 사람들의 특징은 자아를 과대평가하는 나르시시즘, 자아도취, 가스 라이팅을 하거나 당했다고 착각하는 피해 의식, 외모 부심, 동정심 유발, *"제발 나 좀 봐 주세요."* 하는 심각한 관종 심리와 희망 고문을 통해 타인을 이용하고 죄책감과 소속감을 부추겨 상대의 마음을 컨트롤하거나 다름을 거부하는 증오심, 자신이 소속된 집단이 특별하다고 믿는 선민사상 등이 있다.

---

[83] 《기적수업 합본》 교과서 317쪽, T-15.I.1:1-2(헬렌 슈크만 저, 구정희&김지화 역)

카르마

카르마(कर्म, Karma)는 行動이라는 뜻의 산스크리트어이다. 어떤 행동을 하면 그에 상응하는 결과가 동시에 만들어지는 6번째 우주 운영 원리 '원인과 영향의 법칙'으로 설명되기도 한다. 권선징악으로 이해하면 카르마는 적용되지 않을 때가 더 많은 잘못된 법칙처럼 보이는데 카르마는 에너지이므로 복잡한 메커니즘으로 작용한다.

도스토옙스키의 소설 《죄와 벌》에 카르마의 원리가 잘 표현되어 있다. 준수한 외모와 지성을 겸비한 주인공 라스꼴리니코프는 고약한 전당포 노파를 죽이고 돈을 뺏는 것은 정의롭고 합당한 엘리트 인간상 초인의 일이라는 STS부정극성의 촉매를 받아들여 노파를 죽이기로 한다. 계획에 없었던 무고한 노파의 여동생 리자베타를 죽이게 되어 양심의 고통, 죄책감, 두려움에 괴로워하게 되는데 이러한 감정은 STS극성을 따른 인간자아가 경험하는 카르마의 한 형태이다. 환생을 거듭하며 이런 일들을 수없이 반복하면서 상위자아의 감정적 경고를 95% 묵살하면 STS에 도달할 수 있게 된다. 그는 견딜 수 없는 심적 고통을 소냐에게 고백한다. 그녀는 기쁜 마음으로 자신을 희생하여 사랑을 실천하는 영혼(4 밀도계의 심장 차크라)을 상징한다. 그녀의 조언을 받아들여 자수하고 처벌을 받게 됨으로 오히려 마음이 편해지는 아이러니를 경험한다. 이것은 새로운 행동(카르마)의 영향으로 그 전의 원인 행동에 의해 생성된 죄책감, 심적 괴로움이라는 결과 카르마 에너지는 사라진 것이다. 소설은 죗값이라고 할 수 있는 주인공의 혹독한 시베리아 강제 노동에 큰 비중을 두지 않고 자수 전의 혼란스러운 감정 변화에 집중하였다. 저자는 '카르마'라는 단어를 쓰지 않았지만 원인과 그 영향의 카르마 원리를 알고 있었다.

독자들은 이론적으로 배운 적이 없다 하더라도 의식 안에 잠재된 자연의 원리를 알고 있기 때문에 작품은 높이 평가되어 지금까지 많은 이들을 깊은 사색에 잠기게 한다. 또한 노파의 여동생 등장이라는 변수가 생겨 주인공의 계획이 어긋난 것은 인간이 아니라 삶(Life)이 모든 활동의 주체이며 살아 있는 신이라는 것을 일깨워 준다.

카르마는 눈에 보이거나 예측한 대로 나타나지 않을 수 있지만 하나의 행동은 그에 상응하는 에너지를 낳고 그 결과는 다른 행동의 원인이 되면서 도미노처럼 우리 인생을 만들어 간다.

· **선행과 보상**

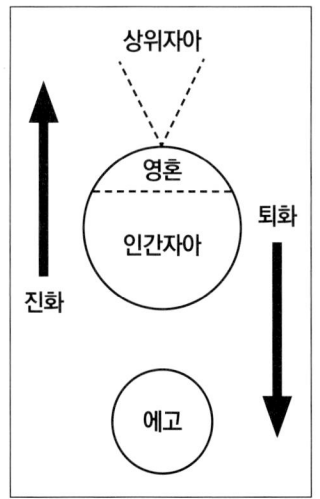

STS부정극성의 카르마보다 그 적용이 훨씬 미비하게 나타난다고 느껴지는 것은 선한 행동에 대한 보상이다. 나와 남을 구분하고 세상을 이분법으로 바라보고 선과 악으로 카르마를 이해하는 것이 당연하게 느껴지는 이유는 우리 모두가 분리된 각자의 육체를 소유하고 있기 때문이다. 그러나 우리의 참자아는 단 하나의 빛 에너지에서 쪼개져 나온 빛 부스러기들이고 하나의 근원의식을 거미줄처럼 공유하는 네트워크망 의식이다.[84] 이 기억을 되살리는 방법은 나와 남을 구분하는 인간의 *나(Self)* 개념을 없애고 나의 잘못이 아닌 것까지도 책임지겠

---

[84] 이 사실을 잊기로 합의하고 이 세상에 태어난 것인데 이를 '기억 상실의 베일'이라고 한다.

다는 마음을 갖는 것이다. 이런 마음가짐은 인간자아가 4 밀도계 STO 긍정극성을 선택함을 의미하고, 인류 전체의 카르마와 고통체 치유에도 긍정적 작용을 하게 된다.

대부분의 우리는 자신을 남에게 피해 주지 않기 위해 노력하고 보상이나 대가가 따르지 않더라도 자발적으로 선한 일을 하는 대체로 착한 사람으로 평가한다. 자원봉사, 자기희생, 기부 같은 적극적 STO(Service To Others)긍정극성의 일들 그리고 노숙자에게 가끔 잔돈을 주거나 신호등이 망가진 건널목에 정차해 보행자가 건널 수 있도록 하는 배려심은 에고에 따르는 이기심이라 할 수 없어 보인다. 사실일까?

모든 것이 좋기만 할 것 같은 선한 행동에는 두 가지 종류가 있다.

첫째는 선행함으로 기분이 좋아지는 것이 목적인 에고가 허락한 좋은 일이다. 고마운 마음에 작은 성의를 표시했는데 뇌물이 되므로 그 선물(올리브오일 1병)을 받을 수 없다고 거절하는 상대방을 이해할 수 없어 기분이 상한 자신을 보는 것이 불편했던 필자의 일화는 에고가 허락한 착한 일이었다.

또 다른 예로 회사의 매출이 오르게 되면 노숙자를 위해 일자리를 만들고 사회에 복귀하도록 돕겠다는 계획은 그가 정한 상식 기준에 맞게 그들의 생활을 편안하게 해 주겠다는 마음이 개입된 것이므로 이 또한 에고가 허락한 선행이다. 자신의 행복 기준을 다른 사람에게 적용하고 강요하는 것은 STO긍정극성이 아니다.

나와 남을 구분하지 않는 영혼의 순수한 사랑이 바탕이 된 두 번째 착한 일은 지금 당장 따뜻한 차 한 잔을 사서 노숙자에게 건네며 서로의 에너지를 치유하는 일이다. 빛과 사랑의 한 영혼이 다른 영혼을 알아보는 이 행동은 자신과 그 노숙자 그리고 전체의식의 주파수까지 상승시키는 궁극의 선행이다.

남을 도우며 사는 것이 삶의 의미나 목적이라면 그 행동의 원인에 따라 봉사 활동은 아름다운 선행이 아닐 수도 있다. 나의 행복, 보람, 뿌듯함, 기분 좋음, 대견함이 중요한 가치라면 내 삶의 의미를 위해 누군가는 나보다 정신적, 물질적, 영적으로 열악한 환경에 처해 있어야 하기 때문이다. 누군가를 도우며 느끼는 보람은 사실 우월감일 수도 있는 것이다. 그러나 나와 남을 분리해서 판단하지 않은 궁극의 선행 후에 오는 기쁨과 평화로움을 에고가 허락한 착한 일로 오해하는 일은 없어야 할 것이다.

보상받지 못한 것으로 보이는 타인의 선행을 색안경을 끼고 판단하려는 에고 또한 알아차릴 수 있어야 한다.

에고가 허락한 착한 일이라도 남을 돕겠다는 마음은 사랑이 밑바탕이 된 아름다운 일이다. 다만, 남을 돕는 일을 통해 자신의 가치가 높아진다고 판단하는 에고를 경계해야 한다.

· 인스턴트 카르마

Instant Karma(즉각적으로 나타나는 카르마)는 의식 레벨(에너지층 주파수)이 높아질수록 긍정(사랑, 기쁨, 평화)극성과 반대되는 언행을 하면 그 영향(교훈, 가르침)이 부메랑처럼 빠르게 돌아오는 것을 의미하는데 이는 차원 상승(의식의 성장)의 증거가 되기도 한다.

소스 필드(Source Field Investigation)의 저자 데이비드 윌콕(David Wilcock)은 강연을 하러 가는 길에 교통경찰과 싸우고 5분 후 바지가 찢어지는 경험, 같이 일하는 스태프에게 짜증을 내고 30분 후 발가락이 부러지는 경험을 공유하며 인스턴트 카르마가 무서워 착하게 살고 있다는 농담을 하기도 했다. 인스턴트 카르마는 의식 레벨이 높을 때 일어나는 현상으로 배워야 할 교훈을 바로 알려 주기 때문에 카르마 해결을 위해 윤회할 필요가 없어지게 된다. 또는 환생을 해도 할 일이 별로 없기 때문에 편안한 삶 속에서 깨어남에 집중할 수 있게 된다. 하지만 상위자아가 기회를 주었는데도 알지 못하면 그야말로 말짱 도루묵이 되는 것이고 반대로 이기적인 사람들이 잘사는 것을 보면 그들의 의식 수준이 낮기 때문이라고 볼 수도 있다.

이런 인스턴트 카르마 경험을 한 적이 있다면 그 교훈을 빠른 시간 내에 받아들이고 관련된 모든 사람들과 자신을 용서하고 사랑과 평화를 채우는 시간을 갖는 것이 좋다.

・추수 Harvest

The Law of One의 Ra그룹은 약 25,900년의 3 밀도계 한 사이클이 끝나는 것을 추수라고 표현했다. 추수는 신약 성경에 약 13번 나오는 단어인데 심판, 승천, 재림과 함께 기독교에서 선택받은 백성이라는 에고 강화 설교 때 빠지지 않고 애용되는 개념이지만 그리스어 원문을 살펴보면 의미의 왜곡이 있음을 알 수 있다.

The Harvest is plentiful, but the workers are few.(Matthew 9:37)

*추수할 것은 많지만 일꾼은 거의 없다.*로 번역된 마태복음 9장 37절의 *'많다'*는 그리스 원문 πολύς(polús)를 영어 *Plentiful*로 번역한 것이다. 그러나 πολύς(polús)는 *Great, Large*처럼 *'많다'*보다는 '*거대한, 큰*'이라는 의미가 강하다.

따라서 *'추수할 것이 많다'*가 아니라 대략 77,700년의 지구 3 밀도계 마스터 사이클을 Great Harvest(거대한 추수)라고 표현한 것이다.

*'빛의 일꾼(Light Worker)'*은 절대의식의 무한 가능성을 물질세계에서 증명하는 일을 수행하는 영혼을 의미한다. 이들은 자신이 신성의 자녀(거룩한 빛과 사랑 에너지)임을 잘 알고 있으므로 의식이 깨어난 상태에서

그 역할을 한다.

이 문장을 올바로 해석하면 '*3 밀도계 의식 진화 마스터 사이클이 끝나가지만 STO극성을 선택하고 차원 상승하게 될 독립체는 적다.*'는 뜻이다.

너희 눈을 들어 밭들을 보라. 그것들이 이미 희게 되어 수확(Harvest)하게 되었도다.(요한복음 4장 35절)

곡식이 무르익으면 희지 않고 노랗게 되니 '*희게 되어(White/λευκαί)*'는 빛을 상징하는 것으로 추측할 수 있다.

더 많은 빛은 더 많은 정보를 담을 수 있게 되어 불가능을 가능으로 만드는 일을 더 많이 그리고 더 잘할 수 있는 진화된 의식을 의미한다.

More Light(많은 빛) → **More Information**
의식의 진화

그리스 원문에는 '*수확을 하게 되었다*'가 아니라 '*추수를 향하여*'(*Toward Harvest*/πρὸς θερισμόν)라고 기록되어 있다. 독립체[85]가 능동적으로 극성을 선택한다면 의식의 차원을 상승할 기회가 다가왔음을 말해 준다.

차원 상승/졸업

지구에서 의식 진화의 주체로 살아가는 독립체는 수천 번의 환생을 통해 똑같은 분량으로 양극성(Positive 또는 Negative Polarity)의 상황, 사건, 사람들을 경험하면서 어느 한 극성으로 자연스럽게 더 끌리며 진화하게 된다.

---

85 물리세계 경험을 통해 의식을 진화하는 주체이다. 인간은 3 밀도계 의식에서 진화하는 독립체이다.

3 밀도계는 가장 짧은 기간의 의식 진화 단계이고 앞으로 어떤 극성으로 진화해서 무한성의 빛/사랑 에너지를 발현할 것인지를 결정하는 중요한 시기이다.

약 77,760년의 마스터 사이클을 마무리한 지구의 주파수 상승으로 이번에 극성을 정하지 못하면 특별한 경우를 제외하고 최소 25,920년의 3 밀도계 환생을 다른 3 밀도계 행성에서 되풀이하게 된다.

마음/육체/영의 복합체는 추수되기 위해서(사이클을 마무리하기 위해서) 극성화 또는 극성의 선택은 필수입니다.
3 밀도계에서 선택한 극성을 바탕으로 상위 밀도계에서부터는 일(Light work)을 하게 되기 때문입니다.(The Law of One session 77.16. 1982년 2월 10일)

게임을 빨리 또는 늦게 끝내는 사람이 있지만 맞고 틀림으로 규정지을 수 없는 것처럼 편견으로 가득 찬 동네 할머니도 높은 주파수 의식의 고승도 모두 나름의 의식 진화 게임을 하고 있는 중이다. 모든 선택은 인간자아의 자유 의지이고 각 의식 레벨에 따라 Ra그룹이 '졸업'이라고 부르는 영혼의 차원 상승은 육체의 죽음 뒤 이루어진다.

죽음 후 영혼은 빛의 계단을 걸어 올라가게 되는데 높아질수록 더 밝은 빛으로 눈이 부시게 되고 가장 편안한 단계(빛의 느낌)에서 멈춘다. 그곳이 *진주의 문(Pearly Gate)*을 넘어선 곳이라면 4 밀도계로 상승하여 더 이상 기억을 잃지 않고 선택한 극성으로 진화 여정을 지속하게 되고 넘지 못하게 되면 다시 망각의 강을 지나 3 밀도계 의식의 주파수 영역에서 환생하게 된다.

기억 상실의 베일

환생을 겪으며 적용되는 기억 상실의 베일은 전생을 잊는 것은 물론이고 자신의 진짜 자아 정체성(참나)을 잊게 되어 영혼이 창조주(무한 가능성, 삶, Life)를 직접 경험하며 의식을 진화하고 있음을 기억하지 못하게 한다. 기억이 없기 때문에 STO 쪽으로 치우칠 수 있는 영향력은 완전히 배제되고 어떤 입김도 작용하지 않는 상태에서 순수한 인간자아의 자유 의지로 두 개의 영성 극성 중 하나를 선택해 진화를 지속할 수 있게 한다.

답을 알고 보는 시험으로 그 실력은 증명되지 않고 네가 나를 사랑하니 나도 너를 사랑한다는 마음은 진정한 사랑이 아닐 테니 신성(절대의식, 우주, 창조주, 로고스, 성령, etc.)의 입장에서 보면 아무것도 모르고, 모든 것을 잊은 후에 한 선택이야 말로 신뢰할 만하지 않을까?

자신이 누구인지, 여기에서 무엇을, 왜 하는지 모르는 것은 엄청난 고통이므로 깨어나지 않은 의식으로 3 밀도계를 살아가는 것은 지옥에 비교되고는 한다.

자유 의지

의식은 사랑의 여러 변형입니다. 모든 사람은 무한한 우주를 만든 로고스와 일치된 진동수를 타고 납니다.

그리스도 의식 또는 우주 의식이라고 불리는 이 의식은 마음을 담은 도구(몸)에 머물며 환생을 함께합니다.

표현하기에 따라 이 의식에 영혼이 갇히기도 하고 의식을 방문한다고 할 수 있습니다.

독립체가 어딘가 갇혀 있다는 느낌이 들었을 때(3 밀도계에서) 드디어 사랑을 알게 되고(교훈을 배우고) 그 사랑을 자신에게 집중할 것인지 외부로 향하게 할 것인지 선택하게 됩니다.
모든 이들의 기본 진동수는 사랑이지만 그것을 변형하고 축소하고 컨트롤하는 것은 자유 의지이며 이런 과정은 각 독립체가 의식을 제한하거나 의식의 틀을 만드는 여러 표현 수단이 됩니다.(L/L 리서치에서 실행한 Q'uo 그룹 채널링 1996년 4월 14일)

영혼은 인간의 의식에 잠재하고 있다가 인간자아가 에고로 인한 괴로움을 견딜 수 없을 때 갇힌 듯한 느낌을 받게 되어 깨어나려고 준비한다. 영혼(사랑 에너지)이 깨어나는 것을 받아들이는 인간자아는 이타심의 STO극성으로 진화하는 의식(빛 에너지)을 알아차리게 된다. 만약 인간자아가 영혼[86]의 하위 에너지층을 형성하는 혼(魂 또는 정신)부분을 에고의 지배하에 두고 상위 에너지층의 빛 에너지를 자신에게 집중하기로 선택하면 STS극성으로 향하게 된다.
3 밀도계 의식 진화의 궁극적 목표는 에고의 방해를 씻어 내고 영혼의 깨어남을 받아들여 사랑 에너지를 외부로 향하게 할 것인지 또는 의식의 빛 에너지를 자신에게 집중시킬 것인지를 선택하는 것이다.
자유 의지는 하늘의 절대자가 모든 것을 미리 정해 놓은 것을 인간이 그대로 밟아 가는 것인지 아니면 인간이 능동적인 선택을 하는 주체인지를 가리는 것이 아니다.
인생은 의식 진화 과정이고 태초의 무한 가능성을 증명하는 빛/사랑 에너지의 일부라는 자신의 정체성을 기억하여 소스 필드에 접속한 상태(직관과 느낌이 이끄는 대로 최선을 다하고)에서 결과는 내맡긴 마음 편

86　영(Spirit)은 영혼(Soul)의 최상위층 에너지이다.

한 결정을 하는 것인지 아니면 걱정, 편견, 두려움, 기대감, 분석을 충분히 거치고 선택에 따른 결과까지 조정하고 싶은 마음을 한편에 가득 담고(온갖 갈등으로 불안한 상태) 결정할 것인지를 선택할 자유가 있다는 의미이다.

자유 의지는 나의 의식이 절대의식과 분리되었다고 믿을지 말지를 선택할 자유이다.

Social Memory Complex
사회적으로 통합된 메모리 복합체

SMC는 의식망에 연결된 수많은 개체 의식들의 마음과 생각이 공유되는 시스템이다. *The Field(의식의 네트워크망)*에 서로의 의식이 연결된 것을 지각하게 되어 다른 독립체들과 텔레파시로 의사소통이 가능하게 되고 연결된 독립체들은 서로의 지식, 감정, 생각을 공유할 수 있게 된다. 4 밀도계 의식 레벨에서부터 본격적으로 발달하게 되는데 SMC에 많은 의식이 조인할수록 그들이 진화하면서 얻은 지식, 지혜, 사랑, 이해심이 더해져 극성은 더욱 강력하게 발전하게 된다.(The law of one. session 11. 1981년 1월 28일)

엄마는 아이의 눈빛만 보아도 좋은지 싫은지를 알 수 있는 것, 부부가 오래 살면 서로의 마음을 읽을 수 있고 아내의 입덧이나 산통을 함께 겪는 남편이 있는 것은 마음이 연결되어 있기 때문인데 이를 SMC의 특성으로 이해할 수 있다. 이메일, SNS, 카톡 같은 메신저를 이용해 물리적 만남 없이 즉각 소통할 수 있는 것, 유튜브, 블로그, 웹사이트를 통해 서로의 지식을 공유하는 것은 형태 없이 전파로 이루어지는 SMC 초기 단계의 현상이다.

현재의 인류가 돌도끼를 보듯 4밀도계 절정기 의식의 독립체들은 우리의 휴대폰을 그렇게 생각하지 않을까?

The Law of One 채널링 세션의 답변은 항상 "I am Ra"로 시작한다. 이들은 SMC이므로 대화가 아닌 텔레파시로 소통하는데 자신의 주파수를 상대방에게 알리면서 교신이 시작되기 때문에 정체성(I.D)을 밝히는 일이라 할 수 있다. "나는 라입니다."라는 전화를 빌기 전 상대가 누구인지 알 수 있는 휴대폰의 발신자 정보 표시에 비교할 수 있다.

STO긍정극성을 선택한 3밀도계 의식 독립체는 에고를 알아보고 생각의 차이 또는 의식의 다름을 옳고 그름으로 판단하지 않지만 무조건 참거나 의무감에 희생하는 것이 사랑이 아님을 알기 때문에 어린 시절부터 알고 지낸 친구이거나 가족일지라도 반대 극성STS로 향하는 사람들과는 멀어지고 자신과 비슷한 STO긍정극성의 사람들과 교류가 커지면서 SMC를 강화하게 된다.

100마리 원숭이 실험

인류학자 라일 왓슨(Lyall Watson)은 1952~53년 일본 코쉬마섬의 해변에 살고 있는 원숭이들에게 고구마를 던져 주고 어떻게 먹는지를 관찰하는 실험을 진행했다. 어느 날, 어린 원숭이 한 마리가 모래 묻은 고구마를 물에 씻어 먹었고 섬에 있는 다른 원숭이들도 그 행동을 점차 따라하게 되었다.

재미있는 사실은 늙은 원숭이일수록 고구마를 씻어 모래를 씹지 않아도 되는 이 간단하고 좋은 방법을 받아들이는 데 오랜 시간이 걸렸다는 것이다.

코쉬마섬의 마지막 원숭이가 고집을 꺾고 고구마를 씻어 먹은 후 얼마 지나지 않아 이 행동을 본 적도 들은 적도 없을 일본의 다른 지역 원숭이들도 이를 따라하기 시작했다.

이 신기한 현상은 일정 수의 개체 의식이 변하게 되면 그 정보는 자연스럽게 집단에 퍼지게 됨을 증명한다.

모든 의식은 통합된 하나의 필드(Unified Field/눈에 보이지 않는 그물망 같은 에너지장)에 서로 연결되어 있으며 독립된 개체 의식은 이 보이지 않는 장(The Field)에서 정보를 공유하는 것이다.

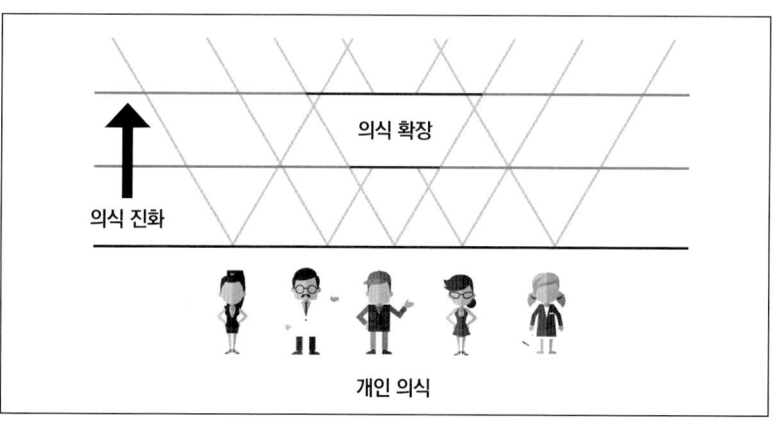

과학자 그랙 브래든(Gregg Braden)에 의하면 인구의 1%가 일치된 감정과 생각으로 통합될 때 그 의식은 전체에 급속하게 퍼지고 새로운 패러다임(생각의 틀, 가치관, 사고방식)을 형성해 일반화된 지식으로 자리잡게 된다고 한다.

의식을 진화하는 독립체의 기억, 생각, 감정이 기록된 아카식 레코드는 이 필드 안에서 통합되고 이를 집단의식(집합 의식)또는 공동체의 전체 의식이라 한다.

의식은 주변으로 퍼지면서 영향을 주고받으며 진화하고, 성장할수록 물리적 접촉이 없더라도 여러 독립체들과 더 많은 교류를 할 수 있게 된다. 감정의 유대감과 집단에 대한 소속감은 SMC의 초기 형태인데 이 같은 의식의 연대감은 상위 3개의 차크라를 자연스럽게 활성화시키기 때문에 의식이 진화할수록 다른 이들의 마음을 읽거나 그들의 감정을 느끼는 깃은 초자연이 아닌 자연스러운 헌싱이 된다.

에크하르트 톨레 같은 고차원 의식의 영성 멘토들이 자신의 의식을 성장시키는 것만으로도 그 에너지가 퍼져 주변 영혼을 깨우는 데 도움이 되므로 영성에 대해 가르치려 할 필요가 없다고 하는 이유도 이러한 집단의식의 영향 때문이다.

4 밀도계 의식

4 밀도계의 긍정(Service To Others)극성의 독립체는 자신의 정체성(절대의식에서 파생된 사랑/빛 에너지)을 알고 깨어난 영혼이다. 절대의식의 무한성을 경험하고 증명하는 모든 독립체는 하나임을 잘 알고 있으므로 희생을 협력으로 이해하고 함께 성장하려 한다. 다른 이들을 위하는 것이 곧 자신을 위한다는 것을 인지하므로 공동 번영을 추구하고 조건 없는 순수한 사랑, 이해, 용서의 에너지가 모두의 의식을 통해 발현되도록 힘쓴다.

The Law of One 세션 중 고차원 독립체의 음식 섭취에 대한 답변을 통해 4 밀도계 STO긍정극성 독립체의 진화 과정을 엿볼 수 있다.

4 밀도계 STO 긍정극성(Positive)은 음식을 먹고 소화하는 동안 다른 독립체들을 도와주지 못하는 것을 견디기 힘들어하기 때문에 음식 섭취는 인내심을 키우는 수련 방법이 됩니다.

5 밀도계 독립체는 현명함의 빛 에너지를 집중적으로 배우게 되므로 혼자 명상하며 지혜를 쌓는 시간이 길어지게 됩니다. 그런 상황에 있을 때도 사회성과 사랑의 마음을 유지하기 위해 다른 독립체들과 음식을 함께 먹어야 한다는 것을 일부러 기억해야 합니다.(The Law of One: session 43.19)

• 4 밀도계 STO긍정극성의 예수 그리스도

예수라는 이름의 고차원 독립체는 방랑자(Wanderer 또는 Starseed)이다. 그는 극단적인 4 밀도계(5차원) 긍정극성이므로 다른 스타시드가 실패하는 환생 이유(영혼의 목적)를 기억할 수 있었고(The Law of One 채널링 session 17.19) 죄수와 가난하고 병든 자들을 돌보고 네 이웃을 네 몸과 같이 사랑하라는 사랑/이해의 STO 에너지를 성공적으로 전파할 수 있었다. 2000년 전 대부분의 인간 의식은 하위 차크라에 에너지가 집중된 에고 지배의 3 밀도계에서 진화 중이었으므로 조건 없이 가진 것을 나누고, 미움, 시기, 질투, 편견 없이 모든 것을 있는 그대로 받아들이는 진정한 사랑과 용서의 4 밀도계 STO 의식 수준은 천국과 다를 바 없다고 이해되었을 것이다.

Q: 우리가 예수라는 이름으로 알고 있는 독립체는 지금 어느 밀도계에 있습니까?

Ra: 이 정보는 중요하지 않지만 무해하기에 답변하겠습니다. 이 독립체는 지금 현명함(지혜)을 배우는 빛의 에너지 5 밀도계에 머물고 있습니다.

(The Law of One: session 17.21)

그리스도를 채널링한 《기적수업》은 '인간이라는 육체를 통해 인생을 경험하는 의식(영혼)이 우리 모두의 참자아이고 본질이다. 이 세상(우주)은 나의 의식을 비춰 주는 거울일 뿐 실재가 아니다. 참자아를 기억하고 에고를 힐링하라.'라는 선불교적 5 밀도계 지혜(현명-빛 에너지)의 메시지를 담고 있는데 Ra그룹이 말한 그의 의식 레벨과 일치하는 내용이다.
신약 성서에 예수 그리스도가 Father(아버지)라고 부르는 존재는 구약 성서에서 화를 내고 벌을 주고 질투하다가 사랑하기도 하는 신(여호와: 수메리아의 엔릴, 마둑 등의 STS극성 gods)이 아니다.
요한복음 8장 37절~44절에 예수는 아브라함이 섬기는 신(여호와)은 '악마(Devil)이고 처음부터 살인자였으며 거짓말하는 자'라고 하였다.

심장 차크라 Green-Ray

네가 건널 다리는 네가 생각하는 것보다 더 튼튼하며, 너는 다리 위에 굳건히 서 있다.
건너편에서 너를 기다리는 이들이 네가 안전하게 건널 수 있도록 너를 끌어당기지 못할까 봐 두려워 말라.
너는 네가 있으려는 곳에, 너의 자아가 너를 기다리는 그곳에 도달할 것이기 때문이다.[87]

심장 차크라(Anahata Chakra, Heart Chakra)는 가슴 정중앙에 자리한 영체의 에너지 센터이고 원소는 공기이다. 로고스의 사랑/빛 에너지가 태양에 전해지고 다시 지구로 전달된 에너지는 녹색의 빛 스펙트럼으로 보인다.
심장 차크라는 하위 3개의 차크라를 에너지원으로 사용하고 3 밀도계에서 의식 진화하는 독립체를 상위 차크라의 영적 세계로 연결시켜 주

---
87 《기적수업》교과서 355쪽, T-16.III.9:1-3(헬렌 슈크만 저, 구정희&김지화 역)

는 역할을 하는데 인간 의식이 자신의 의지로 도달할 수 있는 최고 단계의 에너지 센터이다.

심장은 뇌보다 60배나 더 큰 진폭의 전기장을 만들고 신체에서 가장 파워풀한 전자기장이 형성되는 장기이다.

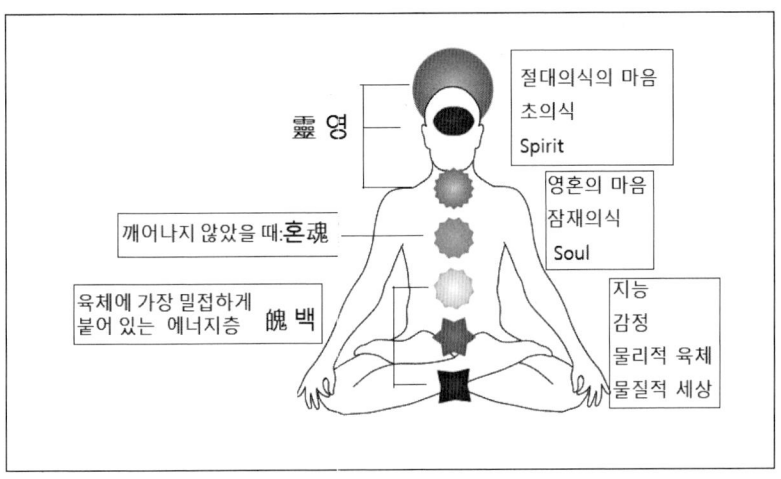

심장은 뇌보다 더 먼저 그리고 더 많은 정보를 인식하고 뇌에게 명령해 신체를 움직여 반응하는 등 뇌와 직관적으로 정보를 주고받는다. 뇌는 호르몬을 분비하고, 신경계, 운동계와 같은 신체의 질서 체계와 생명 유지 작용의 중추 역할을 하므로 가장 중요한 신체 기관이라고 생각할 수 있지만 세포로 존재하던 수정란이 제일 먼저 만드는 장기는 뇌가 아니라 심장이다.

영성(Spirituality)을 공부하면서 제3의 눈 차크라 활성화에만 매진하고 심장 차크라에는 관심이 없는 경우가 종종 있는데, 혈액을 정화하여 온몸으로 보내는 생명 흐름의 중심이 되는 심장은 3 밀도계 인간 의식의 차원 상승에 핵심이 되는 영혼이 위치한 심장 차크라의 물리적 발현체이다.

긍정극성의 4 밀도계와 상호 연관된 심장 차크라의 사랑/이해의 에너지는 모든 것에서 창조주의 균형과 조화의 섭리를 발견할 수 있으며 다른 이들을 분리된 남이 아닌 나와 같은 영혼(의식)으로 수용한다.

아름다운 예술의 칭송, 경이로운 자연과 신에 대한 경외심, 상승 마스터에 대한 존경심, 연인의 애정, 부모 자식 간의 케어링, 행복감을 포괄하고 모든 인간적인 사랑의 형태를 초월한다.

심장 차크라가 열리게 되면 높은 직관력, 통찰력, 창의력을 보이고 스스로 동기 부여가 되어 하는 일이 즐겁고 기쁨이 가득한 삶을 선택할 수 있다.

입양은 자신의 DNA를 남기며 생존에 집중하던 2 밀도계의 동물적 에고를 치유한 후 가능한 행동으로 사랑의 심장 차크라가 활성화되었다는 확실한 증거가 된다.

전생

몇 달 전 저녁에 무엇을 먹었는지 정확히 기억하는 것이 오늘의 나에게 큰 영향이 없는 것처럼 전생에 어떤 삶을 살았는지 아는 것은 현재의 내게 별 도움이 되지 않는다. 그러나 상처를 남기는 비슷한 패턴의 인간관계나 사건이 빈번히 발생한다면 그것은 전생에서부터 이어진 배워야 할 교훈이 극성 선택의 촉매로 발생하기 때문일 수 있다.

3 밀도계 독립체(인간)에게 공통으로 열려 있는 하위 세 개의 원초 차크라가 충분한 에너지를 공급받으면 심장 차크라 활성화가 보다 자연스럽게 일어난다. 따라서 전생을 알아야 하는 목적은 하위 세 개 차크라의 흐름을 막고 있는 카르마와 에고를 힐링하기 위해서이다. 적극적 치유와 에고 털기가 목적이 아니라면 호기심에 전생을 알려고 하지 말라. 그

런 마음으로 알게 된 정보는 어차피 가짜일 테니까.

환생

오컬트와 관련된 영성 메시지에 관심이 많다면 한 번쯤 이런 말을 들어 보았을 것이다.
'*모든 영혼은 주도적이고 자발적으로 자신의 삶을 선택하여 태어난다. 상위자아는 이번 생에 영혼이 배워야 할 것들을 계획해 주고 깨어남을 도와준다.*'
상위자아가 깨어남을 도와주는 것은 맞지만 인생 계획을 주도적으로 선택해서 태어나는 것은 조금이라도 깨어난 영혼들에게만 적용되는 일이다.
인간이라는 육체를 가지고 우리는 몇 번이나 환생을 하고 있을까?
 스타시드는 예외일 수도 있지만(물론 그들도 환생의 굴레에 엮이면 다시 퇴화하게 되는 건 시간문제다.) 아마도 수천 번은 될 것이다. 그 수천 번의 삶 동안 깨어나지 않은 영혼, 다시 말해 참자아를 모르고 인간 육체, 지금 가지고 있는 재산, 직업, 가족, 연인이 삶의 전부인 줄 아는 에고 혼층이 두터운 영혼은 환생할 때 선택권이 주어지지 않는다. 만들어진 육체에 순서대로 들어가 전생의 카르마를 재반복하게 되는데 우주[88]는 돌아온 영혼(육체가 죽은)을 왔던 곳으로 그대로 다시 뱉어 내 돌려보낸다. 이들 대부분은 보통 7대까지 그 혈통 안에서 전생의 가족들과 인연을 맺으며 태어난다. 예를 들어, 깨어나지 않은 한 커플의 자식은 그들의 할아버지이거나 외삼촌, 고모, 증조모… 등등의 육체를 경험하던 영혼이 다시 그 카르마를 지고 그 집안에 태어나게 되는 것이다. 이들을 게

---

[88] 성령과 성모이며 절대의식의 여성성 측면 음에너지.

임의 배경 인물(NPC[89])이나 영화의 엑스트라 배우처럼 이해하기도 하고 채널러 중에는 진짜 사람과 가짜 사람들로 세상을 구분하기도 한다.

용서

미움, 원망, 분노는 독을 마시면서 상대방이 죽기를 기다리는 것과 같다.
Malachy McCourt

깊게 뿌리 박힌 상처일수록 발견하기 힘들고, 꺼내어 치유하는 것은 그만큼 아프기 때문에 자꾸 감추게 되어 그 원인을 찾는 것도 더 어려워진다.

누군가 또는 자신이 저지른 과거의 행동이나 말을 떠올릴 때마다 분노와 수치심이 치밀어 오르면 가장 괴로운 사람은 자신이다. 억울함, 분노, 절망의 감정은 낮은 주파수의 부정적 에너지이므로 상위자아가 그 생각을 바꾸라고 알려 주는 주의(Warning) 감정이다.

그러나 준비되지 않았다면 '의식 수준 높은 내가 참고 용서해 주겠다.'거나 '못 배운 것들이라 저 모양이니 마음 넓은 내가 이해하고 넘어간다.'라는 마음으로 억지로 용서하는 척하지 않아도 된다.

지금은 일어난 사건 때문에 이미 괴로웠고 지금도 그 일을 생각할 때마다 또다시 괴로워진다는 것을 받아들이자. 언젠가는 용서할 수 있을지도 모르겠다는 그 마음으로 충분하다. 스스로에게 엄격한 기준을 적용하며 자신을 용서하지 못하는 것은 내 뜻대로 모든 것이 돌아가야 직성

---

[89] NPC(Non-Player Character)란 게임 안에서 한 자리 또는, 한 지역에 머물면서 게임의 원활한 진행을 위해 도우미 역할을 한다. 영화나 드라마의 엑스트라 조연처럼 배경 역할을 하기도 하고, 플레이어가 수행해야 할 퀘스트(Quest)나 퀘스트 수행 후 아이템 등 콘텐츠를 제공하기도 한다. 출처: [네이버 지식백과] NPC [Non-Player Character](게임용어사전: 기관/용어, 2013. 12. 12., 이재진)

이 풀리는 에고의 영향임을 기억하라. 일어난 일, 저지른 실수를 합리화하라는 것이 아니다. 사과를 했는데도 여전히 자책감에 시달리는 것은 항상 완벽하고 좋은 사람이어야 한다는 에고의 계획이 틀어졌기 때문이다.

우리는 인생을 스스로 만들며 살아간다고 믿지만 사실은 나를 통해 삶이 펼쳐지는 것이다. 아무리 곰곰이 생각해 봐도 어쩔 수 없었던 일은 인간자아가 알지 못하는 상위자아의 계획일 것이고 그 안에서 우리의 역할이 항상 착한 사람일 수는 없다. 4 밀도계 긍정극성을 선택했다면 때로는 대의를 위해 욕도 하고 싸움도 해야 할 수도 있다. 설사 그 일 때문에 마음이 아프고 육체가 상하는 경험을 하더라도 말이다. 당신의 의식이 이 매트릭스의 의미를 제대로 알고 있다면 이런 역할도 주어지게 되고 한 단계 더 진보하는 계기가 될 것이다.

지금 먹을 것을 갖고 있지 않다면 배고픈 누군가를 만나도 줄 수 있는 게 없는 것처럼 우리는 가지고 있지 않은 것을 남에게 베풀 수 없다. 가족, 연인, 자녀에게 *"너를 위해서, 너 잘되라고…"*라며 생각을 컨트롤 하려는 마음도 자신을 있는 그대로 받아들이지 못하는 왜곡된 사랑 에너지이다.

타인을 용서해야 자신을 용서할 수 있고 자신을 있는 그대로 받아들여야 다른 사람들을 그 모습대로 수용할 수 있게 된다. 진정한 받아들임만이 자신을 치유하는 완전한 용서이고 속죄이다. 용서는 에고와 고통체의 결박을 풀어 영혼을 자유롭게 깨어나게 한다.

• **심장 차크라 Green-Ray 힐링**

소유한 것을 잃을까 두려워하는 마음, 소유하고 싶은 욕망, 소유되는 두려

움, 소유되고자 하는 욕망은 *Green-ray Energy(심장 차크라)* 전송을 비활성 시키는 원인이 됩니다.(The Law of One: session 32.14)

해바라기가 태양 빛을 바라보며 위로 자라는 것처럼 의식은 상위 에너지의 끌어당김으로 성장하게 된다.

3 밀도계 중기를 보내며 독립체(의식 진화의 주체, 인간)의 의식은 체계적인 일반 교육과 성경이나 불경 같은 경전을 바탕으로 퍼진 종교 규율을 통해 성장한다. 종교는 비 물질세계에 눈뜨게 함으로 의식을 발달시키고 생존에 대한 걱정이나 두려움을 잊고 사랑과 이해의 에너지를 경험하게 돕는 순기능이 있다.

그러나 2 밀도계 동물 의식의 식욕과 성욕을 억압하는 금욕을 강요하면 이를 스스로 절제할 기회가 박탈되고 오히려 욕구에 집착하게 해 자연스러운 의식 성장을 방해하기도 한다.

심장 차크라를 열어 주는 사랑과 이해의 에너지는 외부로 시선을 향해 다른 이들을 보듬고 케어하는 여성성의 음에너지이다.

애처롭고 가엽게 여기는 애민愛憫의 마음은 에고의 힘을 잃게 하고 독립체의 STO긍정극성을 강화 시킨다.

타인을 위한 봉사로 신에 대한 사랑을 표현하는 종교가 타 종교를 탄압하고 사랑해야 할 영혼의 형제를 죽이는 사건은 5 밀도계 현명함의 빛에너지[90]가 왜곡되어 발생한 결과이다. 살인으로 신에 대한 사랑을 지키는 십자군 원정 같은 아이러니한 사건은 참자아 정체성(의식, 빛/사랑 에너지)과 분리된 사랑 에너지가 얼마나 끔찍하게 변형될 수 있는지를 보여 준다. 신성의 사랑을 올바로 이해하지 못한 지식(지혜)의 부족과 신

---

[90] 모두가 같은 근원에서 탄생한 하나이므로 타인을 사랑하는 것이 곧 나 자신을 사랑하는 것이라는 가르침과 그럼에도 우리는 모두 다른 신성의 미션을 수행하며 살아가고 있음.

을 숭배하고 두려워하는 것이 사랑이라 가르치는 종교를 따르는 사람들의 의식 차원은 3 밀도계에 머물러 있다.

현명함의 빛 에너지가 결핍된 사랑은 방향을 잃고 무질서하게 불타는 뒤틀린 산불 같아 스스로를 소진 시킨다.

사랑을 강요하는 사람이 요구받는 사람보다 더 힘든 이유는 진정한 사랑이 무엇인지 모르는 지혜의 에너지가 그 빛을 잃어 앞을 볼 수 없기 때문이다.

5 밀도계 의식

참나를 모르기 때문에 다른 사람들과 자신이 어떤 관계인지 정확히 알지 못함을 어둠이라고 한다면, 이를 밝혀 주는 창조주 무한성의 물리적 발현(우주)과 그 마음(영: Spirit)에 관한 절대 지식은 5 밀도계 빛 에너지이다.

• 5 밀도계 의식의 특징

화학적이고 물리적인 육체는 4 밀도계 의식 후반에서 5 밀도계 초기에 완벽한 빛의 몸(Light Body)으로 바뀌게 된다.

밝게 웃는 사람들에게 광채가 나는 것을 본 적 있을 것이다. 높은 주파수의 빛 에너지가 여러 층의 영체에 퍼지면서 가장 안쪽의 단단한 육체에까지 닿았기 때문이다.

의식이 성장하면서 높은 주파수를 유지할수록 몸은 가벼워지고 빛이 난다. 5 밀도계 레벨 의식은 비슷한 독립체들과 SMC(사회적으로 통합된 메모리)를 이루게 되어 텔레파시로 의사소통을 하면서 많은 지식을 공유하게 되고 정신적 초능력도 크게 발달된다.

목 차크라 Blue-Ray Energy

심장 차크라(Green-ray)가 열리기만 하면 목 차크라(Blue-ray)의 에너지 활성화는 개인이 원할 때 즉시 이루어지게 됩니다.(The Law of One: session 32.14)

목 차크라(Vishuddha Chakra, Throat Chakra)는 목 가운데 위치하고 원소는 공기(비어 있음, 空)이며 빛의 스펙트럼에서 파란색으로 나타난다. 불교, 힌두교, 도교에서 강조하는 명상 등의 수련을 통해 내면으로 빛을 집중시키는 남성성의 에너지 센터이다.

공기는 말, 글, 의사소통에 관계된 에너지로 마음을 주고받는 교감을 가능하게 한다.

대화와 소통은 말을 하는 것보다 상대의 말을 담아 들을 수 있는 공간이 있어야 가능함을 목 차크라 원소가 공기라는 것에서도 알 수 있다.

목 차크라는 자신을 표현하는 에너지이고, 3 밀도계 의식 안에서는 잠재되어 있다가 '참나'를 알아차릴 때 활성화되기 시작한다.

예수 그리스도가 모든 영혼이 창조주의 아들(Son이라 쓰고 Sun/빛이라 읽음)임을 세상에 선포[91]한 것은 공기의 목 차크라를 이용한 소리 에너지이다. 목 차크라가 활성화되기 시작하면서 의식은 인간자아를 관찰할 수 있게 된다.

초기에는 에고와 참자아를 구분하기도 하고 때로는 두 의식과 하나 되는 자신을 알아차리기도 하면서 참자아를 알게 된다.

인과체(Causal Body)는 무아無我의 상태로 그 어떤 것도 담지 않는 그저 있음(Being)이다. Siddharameshwar Maharaj

---

[91] 우리 모두의 참자아 정체성을 알리는 것이 복음(Good News)이다. 예수는 그리스도(참나)를 깨닫도록 도운 것이다.

인과체라고도 불리는 에테르 템플릿(Etheric Template)은 육체를 감싸는 에테르체를 포함한 모든 영체(Spiritual Body)의 설계 도면이고, 그리스도 의식(성자: Divine Child)의 목 차크라(Blue-Ray Energy Center)에서부터 퍼져 나오는 에너지 흐름이다.

심장 차크라를 힐링이라 한다면 목 차크라는 의사소통과 영감(Inspiration)이고 제3의 눈 차크라 인디고(Indigo) 에너지 센터는 깨어난 자의 믿음(Faith)입니다.(The Law of One: session 54. 1981년 5월 29일)

· 목 차크라 왜곡

STS부정극성의 독립체는 사랑 에너지를 자신에게만 집중시키므로 심장 차크라는 활성화되지 않고 하위 세 개 차크라와 목 차크라를 에너지원으로 사용해 의식을 진화한다.

심장 차크라가 막힌 상태이므로 STS극성의 독립체는 의사소통의 목 차크라 에너지가 왜곡된 형태로 발달하게 되는데 마치 과도한 성형 수술로 자연스러움을 잃은 얼굴을 대하는 것처럼 콕 집어 말할 수 없지만 왠지 어색하고 불편하다.

사기꾼은 남을 속여 자신의 이익을 얻는 STS극성의 비틀어진 목 차크라의 전형이다. 이들은 상대방이 뜻대로 속아 넘어가지 않을 때 말이 안 통한다며 가슴을 치고 목소리를 높인다. 이런 잠재의식의 행동은 심장 차크라를 자극해 사랑/이해의 에너지를 열리게 하려는 영혼의 몸부림인 것이다.

달변의 연설가로 청중을 사로잡아 잘못된 신념을 주입시키고 민중을 세뇌한 아돌프 히틀러는 목 차크라 변형의 대표적 예이다.

심장 차크라가 열리지 않은 상태에서 강제로 목 차크라를 사용하는 STS극성은 모든 재산을 기부하고 커뮤니티를 이루며 사는 것을 강요하거나 교묘한 조건을 내걸어 깨달음을 거래하기도 한다.

· 목 차크라 활성화

감정과 생각은 끊임없이 일어나고 사라지기를 반복하는 실체가 없는 허상이다.
그러나 인간에게 너무나도 큰 영향력을 미치고 있다. 이를 정녕 껍데기라고 할 수 있는가.
어쩌면 인간은 허상에게 휘둘릴 만큼 줏대가 없는 종족인지도 모르겠다.

현상을 논리적으로 분석하고 그 답을 찾으며 에고를 극복하는 것은 5 밀도계 빛(지혜) 에너지의 힐링 방법이다.
사랑과 용서의 4 밀도계 사랑 에너지 힐링은 눈물이 흐르고 마음이 아리는 감정의 치유 과정이다.
이성적 측면을 강조하는 인간에게는 불편할 수 있는 4 밀도계 힐링에 비해 5 밀도계 영성 지식, 철학, 현학은 똑똑해 보일 뿐 아니라 정서적으로 정상인처럼 보이기 때문에 접근이 용이하다. 그러나 영적 지식을 깨달음의 완성이라 믿고 지식과 자아를 동일시하는 일은 빈번히 일어나고 이 같은 영적 우월감에 빠진 에고의 폐해는 심각한 부작용을 낳는다. STO긍정극성의 사랑과 이해의 에너지가 배제된 균형 잃은 빛 에너지의 깨달음은 최선을 다하지도 않고 회피한 일들을 *집착하지 않겠다* 또는 *내려놓는다*면서 책임지지 않는 현실 도피증을 악화시키기도 한다.

사랑 에너지가 변질된 그루[92]는 그를 따르는 사람들을 영적으로 열등한 의식이라 간주하고 자신이 그들의 신이 되어 숭배받는 것은 당연한 일이라 믿기도 한다.

깨달음을 강조한 종교 단체의 그루들이 자신의 높은 주파수를 받아야 깨달음을 얻게 된다며 신도들에게 성 상납을 요구하는 사건은 대표적인 5 밀도계 STS부정극성의 예이다.

1960년대 미국 히피 문화는 기독교에 대한 반발과 깨달음에 대한 환상으로 일어났지만 보이지 않는 내면의 신성만을 강조하는 신봉자들은 증명된 지식이나 체험 없이 외부 세계는 가짜라며 현실 부정 종교를 또 하나 만들어 냈다.

진정한 사랑을 느끼지 못하고 빛 에너지만을 강조하고 육체를 숟가락 같은 도구로 이해하면 물질과 육체에 대한 존중은 사라지게 되어 신성한 음/양(사랑/빛)에너지를 자유 섹스로 얻을 수 있다고 믿거나 성적 희열을 신성으로 오해하기도 한다. 그러나 심장 차크라가 열리지 않고는 음/양에너지 교환은 이루어질 수 없고 육체와 영의 조화로운 흐름도 경험할 수 없다.

'*세상은 내가 보는 지각에 따라 달라지므로 모든 게 마음먹기 달렸다.*'라는 앞뒤 잘린 트위터 방식의 5 밀도계 지식은 얼핏 들으면 맞는 것 같지만 그 지각은 오직 자신에게만 적용됨을 기억해야 한다.

예수 그리스도를 이용해 서구에 퍼진 4 밀도계 사랑(이해) 에너지가 종교 단체의 이기심으로 왜곡되자 이원성 극복을 시도하는 지혜(깨달음)의 5 밀도계 빛 에너지인 선불교와 힌두 사상의 참나 찾기 열풍이 유행처럼 번지고 있다. 4 밀도계 사랑 에너지를 순수한 형태로 바로잡는 온전

92　Guru: 깨달음을 얻은 자. 주로 힌두교와 신영성 단체의 지도자를 가리킴.

한 힐링이 먼저 이루어지면 찾을 필요 없이 눈만 뜨면 어디서나 무엇에서나 참자아를 보게 되고 느끼게 된다.

・목 차크라 힐링

다른 사람들이 아니라 어제(과거)의 자신과 지금의 나를 비교하라.(Jordan Peterson)

유명 인사들, 화려한 연예인들의 인생과 자신을 비교하는 것은 매우 멍청하다. 왜냐면 나는 그들을 정확히 모르기 때문이다. 모르는데 무엇을 비교한다는 말인가?
아주 잠깐 본 유명인의 소유물과 재능을 부러워하는 걸로 내 인생에서 바뀌는 건 없다. 남들이 부러워할 만한 삶으로 변화되고 싶다면 매일 어제보다 나은 오늘의 나를 만들면 된다.

세상을 비판하기 전에 자기 일들을 정리해 모든 것이 완벽히 돌아가게 해라.(Jordan Peterson)

직장 상사가 어이없는 요구를 해서, 남편이 말을 듣지 않아서, 선생님이 제대로 가르치지 않아서, 부모가 가난해서… etc. 문제의 근본 원인을 자기 자신이 아닌 외부 환경에서 찾는 경우는 흔하다. 세상 사람들, 외부의 사건들은 말 그대로 내가 컨트롤할 수 없는 밖에서 일어난 일들이므로 이것을 모두 고치고 내 기준에 맞게 바꾸는 것은 불가능한 일이다. 마음에 들지 않는 무언가를 변화시키는 가장 쉬운 시도는 *'내가 할 수 있는 건 무엇일까?'* 하고 나를 먼저 들여다보는 것이다. 풀리지 않고 번번이 막히는 일과 불편한 인간관계를 느끼며 뭔가 올바로 돌아가지 않는다고 판단해서 지금까지 해 왔던 그 일과 행위를 당장 그만두고 다른 길을 선택하는 것은 포기가 아니라 현명한 의식의 전환이다.

진실을 말하라. 최소한 거짓말은 하지 마라.(Jordan Peterson)

인간의 가치는 진실을 말할 때 보존된다. 거짓말은 인간이 사회성을 버리고, 설 자리를 뒤흔들며 스스로를 고립시키는 일이다. 삶이 만족스러울 때보다 일이 잘 풀리지 않고 감정적으로 힘들 때, 자존감이 떨어져 있는 상황에서 더욱더 진실을 말해야 한다. 이때 깊은 나락으로 떨어질까 두려워 거짓말로 포장할 필요가 없다. 왜냐면 인정하고 있지 않을 뿐이지 이미 모든 상황은 밑바닥에 떨어져 있기 때문이다.[93]

사랑 에너지 힐링과 빛 에너지 힐링

4 밀도계 의식은 사랑을, 5 밀도계 의식은 빛을 주요 에너지원으로 사용한다.

이 두 에너지는 동전의 양면처럼 같지만 다른 성질을 지닌다. 사랑 에너지는 얼음이 녹아내리는 것처럼 눈물을 쏟으며 정화되므로 경험자는 그 효과를 즉각 느낄 수 있다. 오해가 쌓여 단절된 가족이 전문 상담사를 만나 서로를 보듬으며 용서할 때를 예로 들 수 있다.

지혜의 빛 에너지는 남성적이고 분석이다. 자신의 과거 경험들을 객관적인 관점에서 서술하고 원인과 그 영향, 사건의 사실과 과장을 구분하여 스스로를 납득시키는 방법이 대표적이다. 어릴 때 겪었던 가정폭력과 같은 트라우마는 현재까지 이어져 오지 않더라도 잠재의식에 새겨져 간간히 영향을 미치거나 편견으로 자리 잡아 의식의 성장을 간접적으로 방해할 수 있다. 이럴 때 심리치료, 정신건강 상담 등 전문가의 도움을 받아 다각도로 문제를 파악하고 적극적으로 해결책을 찾는 것이 5 밀도계 빛 에너지 힐링 방법이다.

---

93 12 Rules for Life by Jordan Peterson.

진정한 용서와 사랑은 나 자신과 모든 사람들을 있는 그대로 받아들이는 것이라 말한다. 그러나 폭력을 행사하는 배우자에게 맞고 살면서 자신의 권리를 모두 희생하는 것은 사랑이 아니다.

정신적이든 육체적이든 물질적이든 오랫동안 지속되는 비슷한 문제가 있다면 그 문제는 혼자 해결할 수 있는 시기를 이미 떠난 사안들이고 이러한 경우 전문가의 도움을 받아야 한다.

영혼과 잠재의식의 힐링을 통해 차원 상승하게 되면 기억 상실의 베일을 벗고 다음 생부터는 참나를 잊지 않고 재미난 여행처럼 의식 진화 여정을 할 수 있게 된다. 이 세상 그 누구도 이번 생에 이보다 더 시급히 처리해야 할 일은 없다.

6 밀도계

6 밀도계는 STO긍정극성 4 밀도계 사랑/이해의 주파수와 5 밀도계 빛(지혜)의 에너지가 완벽하게 조화를 이루는 의식 레벨이다. 태초의 창조주는 홀로 있는 것이 아니라 모든 생명은 신(The God) 그 자체이고 우리가 하고 있는 모든 물리적 활동은 신의 무한한 가능성을 발현하는 것이다.

절대의식에서 파생되었으므로 '*우리는 하나*'라는 사랑/이해의 마음이 4 밀도계 STO긍정극성의 에너지이고 우리는 하나이니 나에게 모든 사랑을 집중해도 된다는 왜곡이 STS부정극성이다.

 STS극성을 선택한 3 밀도계 의식 독립체(인간)는 4 밀도계를 제치고 5 밀도계 빛 에너지를 활성화시켜 의식 진화를 지속한다. 하지만 이들은 4 밀도계를 건너뛰었기 때문에 완벽한 에너지 균형을 이루어야 하는 6

밀도계에서 중기 이상으로 진화하지 못하게 되므로 그 극성을 바꿀 수밖에 없는 처지에 놓이게 된다.

오래도록 쓰지 않은 근육을 움직이는 일처럼 STS고차원 극성에게 모든 생명을 존중하고 이해하면서 진정한 사랑을 배우는 일은 대단히 힘든 과정이다. 대표적으로 여호와[94]는 6 밀도계 중기에서 다시 극성을 전환하기 시작했다.

송과선 차크라 Indigo Ray

육체의 그 빛은 그 눈이다. 그 눈이 하나가 될 때, 온몸은 완전히 빛으로 가득 찬다.[95]

어둠 속에 앉아 있던(눈을 감고 명상한) 사람들이 거대한 빛을 보았다.[96]

송과선 차크라(Ajna chakra, 제3의 눈)를 통해 전송되는 로고스의 빛/사랑 에너지는 태양의 빛 스펙트럼 남색(Indigo)으로 발현된다.

제3의 눈으로 불리는 송과선 차크라는 물리적 오감을 넘어선 직관의 원천으로 감정이 아닌 느낌(Feeling)의 영역이다.

우리는 누구나 이성적으로 판단할 근거를 찾을 수 없는 어떤 끌림이나 마치 머릿속에서 전구가 켜진 것 같은 신비한 앎의 경험을 할 때가 있다. 무한한 가능성을 직접 경험하는 영혼(Soul)과 절대의식의 마음(성

---

[94] The Law of One session 17,18, 22, 24 이 채널링 세션의 Yahweh는 약 3600년 전 STS극성의 오라이온에서 온 구약의 여러 여호와 중 하나이지만 정확히 어떤 독립체인지 알 수 없다. 유전자를 조작하여 더 강하고 지능이 높은 인간을 만들어 엘리트 그룹에 놓아 하층 의식을 지배하고 그를 섬기게 함으로 STS극성을 강화시키고 하나의 법칙 개념을 더 빠르게 전달하려는 계획을 세웠다.

[95] The Light of the body is the eye: if therefore thine eye be single; thy whole body shall be full of light(마태복음 6:22)

[96] The people which sat in darkness saw great light(마태복음 4:16)

령: The Great Spirit)이 송과선 차크라에서 연결될 때 일어나는 현상이다. 불현듯 마음에 꽂히듯 전해지는 예리하지만 은은한 느낌(직감)이나 통찰력)[97]은 상위자아가 송과선 차크라를 통해 인간자아와 소통하는 언어이다. 와이파이에 연결되어야 인터넷에서 정보를 얻을 수 있는 것처럼 우리도 송과선 차크라에 접속해야 눈에 보이지 않는 세계, 참나, 죽음과 삶의 의미 같은 에소테릭 지식을 알게 된다.

예수 그리스도를 비롯한 성인들의 초상화에는 제3의 눈이 떠지며 발산되는 빛의 후광이 그려져 있는데 부처와 힌두교 시바신[98] 이마의 백호(白毫)[99]도 제3의 눈(송과선 차크라)이 열렸음을 표현한 것이다.

우주의 시간은 그 공간 전체에 그물망처럼 걸쳐진 통 묶음이지만 지구의 각 지역은 선으로 구분되고 시간은 그 선을 따라 흘러가는 선형으로 이해된다.

3차원 시공간의 인간은 다른 차원의 행성이나 별이 어떤지 알 수 없지만 꿈(4차원의 아스트랄계)을 통해 시공간이 다르게 적용되는 차원을 간접 경험할 수 있다.

송과선(솔방울 샘)은 꿈의 세계로 가기 위한 수면 패턴에 관여하는 세로토닌과 멜라토닌 호르몬을 분비하는 기관이다. 이 송과선은 뇌의 가장 깊숙한 곳에 위치해 있음에도 불구하고 빛에 강하게 반응해 아침에 눈을 떠 밝은 빛이 망막을 통해 전해지면 세로토닌 호르몬을 분비하고 밤이 되어 어두워지면서 눈으로 투과되는 빛이 줄어들면 멜라토닌을 분비해 잠이 오게 한다. 송과선은 6번째 차크라 에너지 센터와 연결되어 있

---

97 영어로 직관력은 In-Tuition(내면에서 이루어지는 수업)이고 통찰력은 in-Sight(내면을 볼 수 있는 시각)이다.

98 성령의 화신으로 에고의 파괴를 도와 참나의 재탄생을 도움.

99 Urna: 지혜의 눈, 무량세계를 비추는 빛.

으며 잠자는 동안 꿈을 꾸는 것과 두 눈을 감고 상상하는 것은 이 눈을 통해 보는 것이므로 제3의 눈 또는 마음의 눈이라고도 한다.

초능력을 얻으려고 이마에 힘을 주고 호흡을 끌어모으고 천연 알칼리 물을 마시는 것보다 잠재의식에 갇힌 부정적 기억을 힐링하고 의식을 알아차리는 수련이 송과선 차크라 활성화에 더 효과적이다.

송과선 차크라가 안정적으로 활성화된다는 것은 토스터기(인간)가 콘센트(송과선 차크라)에 잘 꽂혀 있는 것과 같다. 전기 공급(상위자아, 절대의식, 우주, 성령…)이 잘되고 있으니 누르기만 하면 식빵[100]이 노릇하게 잘 구워질 것이다.

・ 영체 Spiritual Body/Subtle Body

제3의 눈 차크라(송과선 차크라)를 에너지 센터로 사용하는 영체는 창조주의 무한 가능성이 다운로드되는 USB 메모리와 같다.

・ 아스트랄 프로젝션 Astral Projection

육체 안에 의식이 있는 것이 아니라 의식 안에 인간의 몸을 비롯한 모든 것이 존재한다.

깊은 명상 중이나 잠자는 동안 마음을 깨워 몸에 집중된 의식을 송과체로 향하게 하면 다른 차원에 의식이 투사되는 아스트랄 프로젝션이 가능하다. 꿈은 가장 일반적인 형태이지만 꿈속에서 꿈을 꾸고 있는지 알지 못하기 때문에 아스트랄계에 투사된 자신을 의식할 수 없다. 꿈속에 있는 자신을 아는 자각몽(Lucid Dream)은 초기 단계의 아스트랄 프로젝

---

[100] 생각과 감정을 쉽고 빠르게 알아차리는 깨어난 삶이며 끌어당김의 법칙을 이용하여 원하는 것들을 계획대로 잘 이행할 수 있다.

션이고 이 후 잠자는 자신을 바라보는 짧은 유체 이탈을 시도할 수 있다.

잠자는 육체에서 마음(의식)을 분리해 빠져나오는 방법:
영지주의(Gnosis)에서 내려오는 가르침은 머리를 북쪽으로 향하게 누워 지구의 자기장에 몸을 맞춘다. 잠들기 전 아스트랄 프로젝션 경험에 대한 기대와 흥분 그리고 몸에서 빠져나오겠다는 강한 결의가 필요하다. 매일 밤 잠들던 자세로 누우면 순간 잠에 빠지므로 등을 바닥에 대고 팔다리가 꼬이지 않게 한다. 몸에 힘을 완전히 빼고 자신에게 '편안한 몸 상태로 이제 잠에 들어도 좋다'라고 명령하듯 마음으로 말한다.
이런 생각을 인지시키면서 잠에 들려고 하는 몸과 반대로 깨어 있는 정신을 알아차려야 한다.
몸은 '원래 이 자세가 아닌데…'라며 불편해 하다가 매일 밤 잠들던 습관적 자세의 익숙함을 포기하고 잠에 들게 되는데 이때 몸의 감각 기관이 더 이상 뇌를 위해 일하지 않고 분리된 것처럼 느껴진다. 정신까지 몸과 함께 잠에 들려는 찰나에 차원 상승 증후군의 하나로 알려진 삐~하는 High pitch 소음을 들을 수 있는데 이를 기대하고 있어야 들린다. 그 소리가 점점 커지면서 롤러코스터가 아래로 곤두박질칠 때의 흥분감이 고조에 달하면 위에서 누군가 멱살을 잡아당기는 것처럼 자신을 일으켜 하늘로 솟구치듯 육체를 벗어날 수 있게 된다.
심신이 피곤하면 깊은 잠에 바로 빠지게 되므로 늦은 밤 아스트랄 프로젝션에 성공하기는 어렵다. 새벽에 일어나 10~15분 정도 깨어 있다가 다시 잠에 드는 것이 몸에 집중된 마음을 분리해 의식을 자유롭게 하는 데 유리하다. 옆에서 건들지 않도록 혼자 있어야 하며 눈을 가려 빛을 차단하고 외부 소음을 최소화할 수 있도록 이어폰으로 세타파와 델타파로 이루어진 Binaural Beat(두 개의 다른 주파수로 이루어짐)을 잠들기 전 20~30분 정도 들으면 도움이 된다.

주파수 영역	이름	관련되는 일
>40Hz	Gamma 감마 Waves	정신 활동, 인식력, 문제 해결 능력 증가. 두려움이 사라짐
13-39Hz	Beta 베타 Waves	집중력 증가, 생각의 활성화
7-13Hz	Alpha 알파 Waves	편안함, REM 수면, 잠에 빠지기 전과 깨어나기 전 상태
4-7Hz	Theta 세타 Waves	깊은 명상, 편안한 상태 NREM 수면
4<Hz	Delta 델타 Waves	깊은 수면 상태, 신체를 자각하지 못함

제트 엔진이 돌아가는 것처럼 시끄러운 소리를 내며 빨려 들어가듯 터널로 향하는 다차원 아스트랄 프로젝션은 두려움을 느끼면 일어나지 않는다.

이런 경험이 부담스럽다면 자각몽을 시도할 수 있다. 꿈을 기억하겠다고 자신을 인지시키는 확언[101]하며 잠에 든다. 자신이 꿈을 꾸고 있는 것인지 알아보기 위해 현실에서 할 수 없었던 일들, 예를 들어 나무 꼭대기 높이까지 점프를 해 보는 것으로 꿈을 꾸고 있다는 것을 확인할 수 있다. 처음 꿈속에서 꿈이라는 것을 알아차리면 너무 놀라 잠에서 바로 깨게 된다. 일반적으로 수많은 연습을 해야 높은 수준의 다차원 프로젝션이 가능하지만 물고기자리에 달 자리(Moon Sign)가 있는 사람들은 태

---

101 Affirmation-*꿈을 기억한다. 꿈을 기억한다… 꿈에서 깨어난다…* 등 확언은 언제나 미래형이 아닌 현재형 메시지여야 한다.

생적으로 자각몽과 아스트랄 프로젝션이 잘 일어난다.

· DMT

자연의 허브에서 추출 가능한 DMT는 남아메리카에서 행하는 샤머니즘 성인식에서 마시는 요포와 아야후아스카(Ayahuasca)에 다량 포함되어 있다. 모르핀 같은 진통제의 환각 성분이 들어 있어 불법 마약류로 분류되어 있다. DMT는 출산 중 산모와 산도를 통과하는 태아에게 그리고 육체가 죽을 때 가장 많이 분비되는데 산모들은 출산의 고통이 끝난 직후 설명할 수 없는 희열과 통쾌함을 느꼈다고 증언하기도 한다. 송과선(솔방울 샘)에서 분비되는 DMT는 의식을 탈출 시켜 초자연적인 세계로 차원 초월을 일으키고 초의식(상위자아)과 조우하는 경험을 하게 하며 시간의 지연이나 팽창(시간 여행)을 가능하게 한다.

독립체(인간)에 따라 동일한 시간 동안 이해하는 정보가 다른 이유도 활성화된 송과선 차크라에서 분비되는 DMT로 경험되는 시간의 지연과 팽창 현상 중 하나이다.

절대의식과 개체 의식이 일치된 깨어난 삶은 자신의 생각과 감정 그리고 주변 사람들과 상황들을 인간자아와 분리해서 알아차리는 것이다. 지구에 살고 있지만 이 곳에 종속되지 않은 의식은 시공간에 매이지 않고 자유롭다.

· 초능력

송과선 차크라의 발달로 얻게 되는 초자연적 직관력과 관계된 6가지 기본 초능력은 프랑스어 'CLAIR'[102]를 사용한 용어로 불린다.

---

102 분명하고 뚜렷한, 선명한이라는 의미의 Clear와 같은 뜻이다.

Clair cognizance(선명한 인지력): 평범한 인간적 관점을 초월한 뛰어난 인지 또는 지각 능력. 여러 분야의 고차원 지식을 전달받아 응용하는 탁월한 이해력의 지능. 니콜라 테슬라가 대표적이다.

Clair voyance(투시력/천리안): 의식의 다차원 이동이 가능해 거리나 물리적 제약에 영향을 받지 않고 뚜렷하게 보는 능력으로 Psychic-Seeing(영적으로 볼 수 있음)이다. 볼 수 없다고 믿어지는 것 예를 들어 영(Spirit), 고차원 의식의 외계 존재들, 천사, 에너지층의 흐름, 미래, 과거, 에너지체(Energy Body: Aura)를 볼 수 있으며 리모트 뷰잉(Remote-viewing: TV 리모컨이 작동하는 것처럼 원거리의 일들을 볼 수 있음)이 가능하다. 에드거 캐이시가 대표적이다.

Clair audience(투청력, 영청력): 들을 수 없다고 믿어지는 것을 듣는 능력으로 고차원 영적 세계의 메시지를 들을 수 있다. 《기적수업》의 헬렌 슈크만 박사는 대표적인 클리어 오디언트(Clair-Audient)이다.

Clair sentience(영적 감각): 느낌으로 환경을 이해하고 고차원의 메시지를 느낌으로 전달받는다. SMC가 형성되기 시작하면서 최근 활발히 발달되고 있다. 마음을 느끼므로 엠패스(Empath: 다른 사람들의 감정과 마음을 감지할 수 있음)라고 불린다.

Clair alience(Psychic-Smelling): 평범한 사람들보다 월등히 뛰어난 후각 능력. 냄새로 사람을 구분하거나 영적 존재를 알 수 있는데 특히 귀신 냄새를 잘 맡는다.

Clair gustance(Psychic-Tasting): 직접 먹어 보지 않아도 맛을 아는 능력. 맛을 보고 음식의 원산지나 내용물을 구분한다. 천재적인 요리사.

• 양자 도약과 끌어당김의 법칙

양자(Quanta: 파동과 입자 모두를 가짐) 역학의 이중 슬릿 실험은 물질을 이루는 전자 그리고 빛마저도 입자와 파동[103]으로 존재하고 있다가 관찰자의 유무에 따라 그 형태를 달리한다는 것을 증명하였다. 관찰자는 생각/마음을 의미하므로 이중 슬릿 실험은 헤르메틱 첫 번째 원리 유심론[104]과 주파수로 이루어진 세계를 증명하기 때문에 뉴에이지 오컬트로 영성을 공부하는 사람들이 관심 있게 지켜보는 분야이고, 같은 이유로 양자 역학에 호의적인 과학자들은 영성에 관심이 많다.

모든 것(All)은 이미 완벽한 무한성의 빛/사랑 에너지이므로 새로 창조되는 것은 사실 없다. 생각과 느낌으로 에너지를 재배열하거나 조합해 원하는 경험을 할 수 있다는 마음의 힘을 창조의 법칙이 아니라 끌어당김의 법칙(Law of Attraction)이라 하는 것은 참 어울리는 표현이다.

그러나 자신의 감정, 생각, 느낌으로 형성된 에너지장을 바꾸어 해당 주파수를 끌어당기는 이 법칙이 형이상의 세계를 정확히 설명하는 것은 아니다. 나는 가만히 있으면서 에너지를 끌어당기는 경우는 매우 드물고, 파동으로 존재하는 무한 가능성의 우주에 그물처럼 촘촘히 퍼진 에너지장에서 독립체(인간)의 의식은 이리저리 점프(도약)하며 그물의 격자 위에 서서 해당 에너지를 물리세계에서 경험하기도 하고, 손으로 물을 휘저어 그 흐름을 바꾸듯 자유 의지로 파동의 주파수를 변형하기도 한다.

끌어 당김의 법칙의 효과가 잘 나타나지 않는 이유도 가만히 상상하고

---

[103] 바다의 파도 물결처럼 어디에서 어떻게 나타날지 알 수 없기 때문에 모든 가능성이 존재함.
[104] All is mind(모든 것은 마음이다.) 우주는 마음/생각이다.

느낌을 의도적으로 조작하면서 에너지를 잡아당기려고만 하기 때문이다. 인간은 시공간의 제약을 극복하는 것이 힘들기 때문에 원하는 경험을 상상하는 것만으로는 에너지를 바꾸거나 당겨 오기 어렵다. 능동적으로 그 에너지로 점프하는 방법 중 하나는 직접 그 경험을 시도해 보는 것이다. 예를 들어 원하는 집이나 직장이 있다면 직접 그곳에 자주 방문해서 실제 그곳에 소속된 것처럼 행동해 볼 수 있다.

• 다차원 의식의 환생

의식은 수없이 쪼개지고 합쳐지면서 또 다른 나를 만들어 내고 있다. 이를 '*다차원 의식의 나*'라고 할 수 있다.

아내가 잔소리를 하는 이유는 나를 믿지 못하고 애 취급을 해서가 아니라 관심을 갖고 상대방이 필요한 것을 챙겨 주는 것이 나와 다른 성별의 여자들이 사랑하는 방식이라는 사실을 깨달은 오늘의 나는 어제의 나와 다른 의식의 나이다.

새로운 의식의 나는 이전과 다른 지각을 가지고 변화된 시선으로 세상을 경험하게 된다.

셀 수 없이 많은 나들(Selves)은 분리되고 다시 결합되기도 하는데 가끔 희미한 나의 기억과 달리 상대방은 매우 세밀하게 기억하는 경우(그리고 그 반대의 경우도 마찬가지이다)가 있는데 이것은 변화된 의식이 육체에 새로 투사되었기 때문에 그 당시의 일들이 마치 남의 기억처럼 느껴지게 된 것이다. 이는 조금씩 바뀐 의식으로 비슷하지만 똑같지 않은 삶을 수없이 반복하는 영원 회귀이고 같은 시공간의 육체 안에서 일어나는 전생과 환생이다.

크라운 차크라 Violet Ray

독립체의 고유 에너지 흐름이 집중되는 케세릭체(Ketheric Body) 중심의 크라운 차크라는 절대의식과 연결되는 통로이다. 7번째 크라운 차크라는 임의로 활성화시킬 수 없으며 그렇게 할 필요도 없다.

하위 세 개의 차크라가 안정적으로 활성화되면 심장 차크라가 열리고 상위자아의 에너지라고 할 수 있는 목 차크라와 송과선 차크라를 자유자재로 사용하게 된다.

높은 차크라일수록 더 영적일 것이라는 판단은 인간의 편견이다. 케세릭체는 육체를 포함한 하위 에너지층과 상위 에너지층을 통합하며 지문과 같이 독특한 에너지 패턴을 형성하는데 어떤 개인도 동일한 두 개의 에너지체 모양을 보일 수 없으므로 고차원의 존재들은 이를 통해 독립체(인간)를 구분할 수 있다.

의식 진화의 마무리

7 밀도계 의식 진화 과정은 피아노 건반의 도레미파솔라시까지 하나의 옥타브를 이룬다. 이를 24시간으로 비유하면 다음과 같다.

1 밀도계 의식: 수면은 8시간이라는 긴 시간을 잠으로 보냈음에도 불구하고 잠들기 직전과 깨어날 때만 의식하므로 잠깐처럼 느껴진다.

2 밀도계 의식: 잠에서 깨어나기 직전 만들어지는 꿈은 2 밀도계에 해당한다. 꿈속에서의 '나'는 일상에서 활동하는 '나'와 다른 느낌이다. 꿈을 꾸고 있는 것을 알게 되는 순간 의지로 꿈을 조종할 수 있는 주체가 될 수 있다. 꿈은 잠깐 동안의 일이며, 아침에 기억하더라도 금

세 잊게 되고 생활에 큰 영향을 미치지 않는 것처럼 2 밀도계 경험은 거의 저장되지 않는다.

3 밀도계 의식: 현재 인류는 3 밀도계에서 의식 진화 중에 있다. 술을 많이 마시고 늦은 시간까지 불금을 보낸 다음 날 잠에서 완전히 깨어나기 전 20~30분 정도 피곤하고 힘든 시간을 3 밀도계에 비교할 수 있다. 어머니에게 등짝이라도 한 대 맞으면 촉매가 되어 정신이 번쩍 깨어날 것이다.

4 밀도계 의식: 아침 시간에 해당한다. 꿈에서 깨어난 후 씻고(치유하고) 본격적으로 영혼이 의식을 주도하면서 오늘의 계획을 세운다.

5 밀도계 의식: 오전과 점심시간에 해당하는 의식이다. 활동적이고 역동적인 상태이며 생산적인 활동이 집중된다.

6 밀도계 의식: 오후와 저녁 시간에 해당하는 의식이다. 인간의 상상력을 초월하는 창조 활동을 한다. 우리는 6 밀도계 의식 독립체들을 신神적 존재로 인식한다.

똑같지 않아요

의식의 진화(Spiritual Evolution)는 학년이 올라가면서 더 많은 것을 배우게 되는 학교에 비유할 수 있다. 현재의 인류는 3 밀도계 말기에서 4 밀도계 초기 의식으로 진화하고 있는데 영적으로 우리의 의식은 유치원생 수준이다.

의식 진화의 각 밀도 단계는 빛의 스펙트럼처럼 선으로 명확히 구분되지 않는다.

각 밀도계에는 하위 7단계가 존재하고 그 안에서 또다시 7단계로 세

분화되고… 이런 식으로 무한한 단계가 계속해서 존재한다. 따라서 같은 3 밀도계의 진화 과정에 있는 독립체라 할지라도 그들의 의식 수준은 각자 다를 수 있다. 그러므로 3 밀도계 마스터 사이클이 끝나고 추수 기간(현재)에 4 밀도계로 진입한다고 해도, 모두 동일한 레벨에 머물게 되는 것은 아니다.

기독교에서 우물쭈물 설명하지 못하고 일렁뚱땅 넘어가는 질문 중 하나가 예수를 믿으면 누구든지 똑같이 죄 사함을 받아 구원을 받느냐는 것이다. 예를 들어 연쇄 살인범이 죽기 직전 회개 기도를 해서 구원받고 천국에 간다면 먹고 싶은 것을 참아 가며 나누고 그리스도 의식을 사랑으로 실천한 테레사 수녀 같은 영혼의 입장에서 보면 억울한 일일 수도 있다.[105]

신의 은혜와 공정성 문제를 설명하기 위해 기독교인들은 착한 일을 하면 천국에서 보상을 받는다고 가르친다. 이런 논리라면 모든 것이 완벽해야 할 천국에서 지금 이 세상에 존재하는 빈부 격차가 또다시 반복된다는 뜻인데 그런 곳이 천국이라면 가고 싶은가? 물론 천국의 보상은 물질이 아니라 신과 함께하면서 영원한 평화와 기쁨을 누리고 영적 관계의 완전성을 이루는 것이라 반박하겠지만 나와 의견이 다르다고 지옥 불에 떨쳐 놓고 행복할 수 있는 사람들이 모인 곳은 정신 병원으로써 완전하다.

다른 생명을 자신보다 51% 이상 사랑하고 이해한 독립체의 의식과 80% 이상 사랑을 전파한 독립체의 의식 수준은 당연히 차이가 난다. 이런 이유로 Ra그룹은 예수 그리스도의 극성을 Extreme(극단적인)이란 단어를 사용해 설명하였다.

---

[105] 물론 그 영혼은 억울하다고 항변하지 않을지라도… 공평한 처우가 아닌 것은 사실이지 않은가?

차원 상승이나 의식 진화는 개인의 영적 성장과 의식 수준의 발전을 의미한다. 게임에서 얻은 아이템을 잃지 않고 다음 단계로 가는 것처럼 차원 상승을 한다고 해도 개인의 의식 수준은 그대로 반영된다.

깨달음을 찾는 사람들 중에는 윤회의 사이클을 벗어나기 위해 세상과의 접촉을 최소화해서 카르마를 만들지 않고 명상에만 집중하는 사람들이 있다. 이들은 종종 세상에 대한 신뢰를 상실한 상처받은 내면의 아이를 품고 있는데 이에 대한 방어기제로 세속의 인간들을 업신여기고 때로는 무관심한 태도를 취하기도 한다. 서로 사랑하고 이해하며 아끼는 STO 극성으로 진화하려면 다른 생명이 존재해야 한다.

영적 관점에서 본다면 우리는 개체가 아니라 모두 하나의 영(에너지)으로 연결되어 있더라도, 의식 진화 관점에서 타인을 진심으로 사랑할 수 없으면 나 자신도 있는 그대로 받아들이지 못하는 것이므로 STO극성으로 차원 상승하는 것은 불가능하다.

내면의 불안, 무력감, 자기 비하 등의 부정적인 감정은 활활 타오르는 사랑과 이해심의 모닥불에 쏟아붓는 폭우와 같다. 상처받는 것이 두려운 에고는 잘 보호하고 있지만 아프고 추한 나의 그림자는 모른 척 덮어 두고, 남을 사랑하지도 못하는 딜레마에 빠져 윤회의 쳇바퀴만 열심히 돌리면서 정작 윤회하지 않겠다는 계획을 세우고 있는 것은 아닌지 스스로를 돌아보아야 할 것이다.

쳇바퀴 안에서 미친 듯 뛰는 햄스터를 보라. 뛰면서 그 밖으로 나올 수 있겠는가? 우선은 멈추어야 한다. 그리고 가만히 내면을 들여다보아 감추어진 그림자에 빛을 비추어라. 그래야 쳇바퀴 밖으로 한 발을 내딛을 수 있다.

Ra그룹에 의하면 3 밀도계를 졸업한 대부분의 영혼들은 다른 행성으로 가지 않고 그 행성에 머물러 의식 진화를 지속한다고 한다. 매 순간 할 수 있는 만큼 최선을 다해 에고를 알아보고 내려놓으려 노력하는 사랑과 용서의 힐링은 단 하나도 잊히지 않고 의식 진화 게임에 사용할 수 있는 아이템이 된다. 또한 지금의 인연은 앞으로도 계속 만나게 될 소울 메이트들이니 그들의 힐링을 도와주고 자신도 힐링하면서 함께 차원 상승하면 어떨까?

차크라 셀프 체크 리스트

아래 차크라 셀프 체크 리스트를 통해 몸, 마음, 영혼의 에너지 흐름과 불균형을 스스로 알아볼 수 있다.

송과선 차크라와 관련된 음에너지는 그 자체로 좋거나 나쁨이 있는 것은 아니지만, 해당 차크라와 연결된 감정이나 생각이 한쪽으로 치우쳐 양 에너지를 거부하는 불균형 상태에 빠지게 되면 우울증과 같은 정신질환이 나타날 수 있다.

하위 차크라가 지나치게 열려 있으면 의식 진화가 더디고, 하위 차크라의 서포트 없이 심장 차크라가 무리하게 활성화되어 있으면 고차원 STS극성의 타겟이 되어 잘못된 방식으로 자신을 희생해 사랑 에너지를 표현하기도 한다.

아래 리스트 모두에 체크되는 것보다 전체에 골고루 퍼져 있는 것이 안정적이다.

• 뿌리 차크라 Root Chakra/Red Ray

☐ 매일 같은 루틴(Routine)을 유지하고 예측 가능한 일들을 하는 것에 안정감을 느낀다.

☐ 스케줄대로 계획된 일정을 해야 한다.
☐ 새로운 일이나 특이한 외국 음식을 시도하는 것을 피한다.
☐ 잘 알려지지 않은 생소한 곳으로 여행은 꺼려진다.
☐ 성공하고 싶은 욕망과 야심이 강하다.
☐ 좋은 물건, 명품, 비싼 자동차는 내게 매우 중요하다.
☐ 주기적인 운동을 통해 꾸준히 몸을 관리한다.
☐ 되도록 자주 맛있는 음식을 먹기 위해 노력한다.
☐ 좋은 사람들을 곁에 두고 싶은 집착이 있다.
☐ 술, 게임, 담배, 운동, 음악, 예술, 쇼핑 기타 등등 어떤 것을 지나치게 좋아해 중독이라는 말을 들은 적이 있다.
☐ 승부욕이 강하다.
☐ 회사, 가정, 일, 친구 등 가까운 사람에게 충실하고 신의가 있다.
☐ 배우자를 사랑하지 않아도 의리 때문에 한눈팔지 않는다.

• 천골 차크라 Sacral Chakra/Orange Ray

☐ 단지 친절하게 대한 것뿐인데 상대방은 이성의 감정으로 오해하는 경우가 있다.
☐ 금방 사랑에 빠지고 연인 관계를 잘 만든다.
☐ 여러 모임에 참여하는 것을 좋아하고 사람들과 잘 어울린다.
☐ 섹스 어필을 통해 원하는 것을 얻기도 한다.
☐ 사랑에 대한 판타지가 있다. 예를 들어 백마 탄 왕자 같은 연인이 문제를 해결해 줄 것이다, 천사처럼 예쁜 여자가 매일 웃는 얼굴로 스트레스를 날려 줄 것이다.
☐ 연인 관계에서 상호 의존적이고 애인과 되도록 같이 많은 것들을 하

길 원하고 모든 것을 공유하고 싶다.
- ☐ 쉽게 약속하고 아무렇지 않게 잊어버리기도 한다.
- ☐ 감정이 들쑥날쑥하다.
- ☐ 오묘하고 다크한 비주류 예술 세계에 공감한다.
- ☐ 감성적이고 상상력이 풍부하다.
- ☐ 생각 없이 행동하고 죄책감에 빠지는 일이 잦다.
- ☐ 변덕이 심한 편이다.
- ☐ 연인 관계에서 섹스는 매우 중요하다.

· 태양 총 차크라 Solar Plexus Chakra/ Yellow Ray

- ☐ 어려 보이거나 젊고 생기발랄한 이미지를 풍긴다.
- ☐ 재밌는 유머와 밝은 에너지로 분위기를 업시킨다.
- ☐ 모든 것(사람/상황)을 긍정적으로 보려고 한다.
- ☐ 모험적이고 도전적이다.
- ☐ 무서운 놀이 기구, 번지 점프, 스카이다이빙 등을 즐기는 아드레날린 정키(Adrenaline Junkie)이다.
- ☐ 책이나 영화, 게임보다 직접 경험하는 것이 더 좋다.
- ☐ 내가 원하는 것이 무엇인지 확실히 안다.
- ☐ 선택과 결정이 빠르다.
- ☐ 당당하고 자신감이 있는 편이다.
- ☐ 일/사람/상황에 대한 장단점 분석이 정확하다.
- ☐ 가끔 어린이처럼 순진하다는 얘기를 듣는다.
- ☐ 마찰을 피하려고 동의하는 척할 때가 많다.

• 심장 차크라 Heart Chakra/Green Ray

☐ 예의와 친절함은 매우 중요하다.
☐ 다른 사람(또는 동물)에 대한 연민(걱정, 위로, 돕고 싶은 마음)이 강하다.
☐ 말하지 않아도 다른 사람의 감정 흐름과 변화가 느껴진다.
☐ 예민하고 민감하다.(음식, 분위기, 공기, 사람의 감정, etc.)314B
☐ No라고 말하는 것이 힘들어 거절을 잘 못한다.
☐ 단 한 사람과 오래도록 지속적인 연인 관계를 원한다.
☐ 어린 시절 사랑과 관심을 받지 못했고 가정이 화목하지 않다.
☐ 감정적으로 깊은 상처가 있는 사람들이 주위에 모인다.
☐ 불후한 가정 환경, 학대, 충격적인 사건이나 사고 등을 겪은 사람들과 인연이 되곤 한다.
☐ 나무, 바다, 모래, 강, 산 같은 자연에서 재충전되는 느낌을 받는다.
☐ 클래식, 전통 음악, 오페라를 들으면 감정이 북받친다.

• 목 차크라 Throat Chakra/ Blue Ray

☐ 노래를 잘하고 음악 취향이 확고하다.
☐ 첫인상이 좋다는 말을 듣는다. 예를 들어 인터뷰에 강하고 처음 만나는 사람들과 어색함 없이 잘 어울린다.
☐ 노래 가사, 시(Poem)를 쓴 작가의 마음을 이해한다.
☐ 글 쓰는 것을 좋아한다.
☐ 자기 의견이 강하고 의사 표현은 당연한 것이다.
☐ 토론의 중심, 발표, 연극의 주인공, 무대에 서는 일이 적성에 맞는다.
☐ 결혼하였더라도 혼자만의 공간과 시간은 필수이다.
☐ 집착하거나 질질 끌면서 의사 표현이 명료하지 않은 사람들을 이해

할 수 없다.
- ☐ 원해서 또는 원하지 않더라도 모임의 중심이 된다.

• 송과선 차크라 The Third Eye Chaka/Indigo Ray

- ☐ 남들이 하지 않는 도전이나 특이한 시도를 자발적으로 한다.
- ☐ 독특한 사고방식을 갖고 있다.
- ☐ 세상의 일반적인 기준에 맞춰 사는 것에 관심 없다.
- ☐ 사람들의 일률적 일상이나 편견에서 벗어나 독자적으로 살고 싶다.
- ☐ 다른 사람들과 다르다는 느낌을 자주 받는다.
- ☐ 오컬트(Occult), 타로, 마법, 끌림의 법칙, 명리학, 주역, 뉴에이지 등 형이상학에 관심이 많다.
- ☐ 여러 분야의 지식을 알고 싶지만 문답식 암기 교육은 싫다.
- ☐ 영적, 정신적 교감의 의미를 알고 있다.
- ☐ 절대의식(신, 우주, 성령, 상위자아)과 하나 됨(초의식과 연결)을 안다.
- ☐ *우리는 왜 여기 있으며 나는 누군가?*를 자문한다.
- ☐ 존재감, 정체성, 진정한 나를 찾는 것은 삶의 중심이다.
- ☐ 친구들과 공통점을 찾기 힘들고 관심사가 전혀 다르다.
- ☐ 음모이론(Conspiracy theories)의 진위를 연구해 보고 싶다.
- ☐ 궁금한 것은 끝까지 알아내려고 노력한다.
- ☐ 지능이 높고 이해력이 탁월하다.
- ☐ 사람들이 궁금해하는 것들의 답을 알 때가 많다.
- ☐ 나이에 비해 생각이 깊다.
- ☐ 학교 공부는 어렵지 않지만 지루하다.
- ☐ 초자연적 현상을 경험한 적이 있거나 가능한 일이라 생각한다.

☐ 세상일들에 잘 놀라지 않다. 예를 들어, 코로나바이러스, 메르스 사태에도 겁먹지 않는다.
☐ 감정 조절을 잘하고 감정과 생각을 분리하는 것이 가능해 차갑다는 말을 듣기도 한다.
☐ 다른 세상에서 사는 것 같다(4차원이다)는 얘기를 듣는다.
☐ 사회적으로 마음을 열고 소통하기 힘들지만 나와 비슷한 사람들이 늘어나고 있음을 안다.
☐ 새로운 지식과 테크닉을 쉽게 익히고 적용할 수 있다.

영혼의 깨어남 단계

밖을 보는 이는 꿈을 꾸고, 내면을 보는 이는 깨어난다.
C.G Jung

독립체(영혼)는 누구나 최초의 근원으로 향해 가는 진화 과정 또는 멀어져 가는 퇴화 과정에 있다.(Edgar Cayce, Reading 2079-1)

진정으로 너희에게 말하겠다. 어린 아이들과 같이 되지 않으면 절대 천국의 왕국에 들어가지 못할 것이다.(마태복음 18:3)

처음 보는 바다, 처음 타 보는 자전거, 처음 맛보는 아이스크림… 아이에게 이 세상은 모든 것이 새로운 경험이고 놀라움의 연속이다.
돈이 많아서, 학력과 직업이 좋아서, 잘생겨서… 더 중요한 사람으로 결정해 버리는 어른들의 선입견과 달리 아이는 이유 없이 그냥 좋아하는 순수함이 있다.
천국에 가려면 '이 세상에서 희생해야 한다, 또는 깨달음은 이럴 것이다.' 라고 판단해 착하게 살겠다는 마음도 에고가 만들어 놓은 이미지에 자신을 끼워 맞춘 연기하는 페르소나의 인위적 노력이다.
우리 영혼은 수많은 환생을 거치며 의식을 진화하고 있으며 3 밀도계 의식 레벨이라면 정도의 차이는 있지만 누구나 영혼의 깨어남 단계를 밟게 된다.
영혼의 깨어남은 육체의 안위를 위해 공격과 방어 자세로 세상을 해석하던 에고를 털어 내고 아이처럼 자유롭고 순수한 의식 레벨로 향하는 과정이다.

인생의 목적은 깨어남을 완성하는 것이 아니라 깨어서 삶의 여정을 진행하는 것이므로 '*깨어나야 한다, 깨닫겠다, 더 이상 환생하지 않겠다.*' 같은 깨어남에 관한 계획은 의식이 성장하면서 자연스레 사라진다.

충격적인 사건을 계기로 영혼이 깨어나는 경우는 드물고 여러 단계를 거치며 깨어남을 경험하는 것이 일반적이다.

인간자아는 영혼이 잠자고 있는지조차 모르다가 어느 때부터 '*이 세상이 전부는 아니다, 뭔가 잘못된 것 같다, 이상하다.*'라고 느끼기 시작하면서 깨어남의 첫발을 디디게 된다. 이때 무언가 잘못되었다는 느낌 때문에 그 원인을 찾는 인간자아는 자신을 거부하거나 미워하기도 하고 세상을 고쳐야 한다고 믿는다. 내면의 눈이 떠지면 그렇게 열심히 찾던 진실이 언제나 나와 함께 있었음을 발견하고 기가 막혀 한바탕 웃게 된다. 이 단계에도 영혼은 잠을 설치기는 하지만 깨어난 것은 아니다. 마음의 평화를 찾기 위해 종교에 의지하기도 하고 불면증에 시달리거나 정신과 상담을 받는 경우도 있으며 술, 미디어, 마약, 쇼핑 등에 중독되어 불안감을 잊으려 하는데 현재 최대 49%의 지구 인간들은 이 단계에 있다.

영혼이 조금씩 깨어나면서 인간자아는 자신을 들여다보면서 반성하고 이해하게 되고 다른 이들을 향한 연민의 마음이 강해진다. 변명과 이유를 찾던 마음을 내려놓고 능동적으로 영혼의 깨어남을 선택하게 된다. 이 기간은 인간자아에게 가장 길고, 힘들고, 외로운 깨어남 단계이다. 이 기간을 '*영혼의 어두운 밤*'이라고 한다.

영혼의 어두운 밤 Dark Night of the Soul

영혼의 어두운 밤(Dark Night of the Soul)은 14세기 성 요한이 감옥에서 지은 시(詩)에서 유래한다. 성 요한(St. John of the Cross)이 제목을 붙인 것은 아니지만 진정한 나(상위자아)와 하나 되는 깨어남의 여정은 인간 자아 입장에서는 알 수 없는 길이므로 어두운 밤길을 홀로 헤매는 것처럼 암담하게 느껴지기 때문에 이렇게 표현한 것이다. 영혼의 어두운 밤은 살면서 겪게 되는 고통스러운 사건이 원인이 될 때가 많지만 몇 달, 길게는 몇 십 년 동안 별 이유 없이 캄캄한 감옥에 갇힌 것 같은 답답함을 느끼기도 한다.

영혼의 어두운 밤은 의식 성장의 테스트가 되기도 하지만 고통과 아픔 속을 헤매는 와중에 *'차원 상승의 찬스가 왔구나!'*라는 긍정 마인드로 시련을 대하기는 참 힘든 일이다.

또한 *'나는 혼자구나, 이 세상은 왜 사는 건가?'* 하며 전에 하던 그 질문을 반복하며 두 번째 영혼의 어두운 밤을 지나고 있는 사람들도 있을 것이다. 의식이 깨어나지 못한 상태에서 느꼈던 우울함, 외로움은 한겨울에 신발도 없이 내던져진 느낌이라면 깨어남에 대해 알고 있는 현재의 외로움, 분노, 의문은 언제든 스위치를 켤 수 있는 전등불이 가득한 어둠임을 본인 스스로 잘 알고 있지 않은가?

가족의 죽음, 이혼, 사랑하는 사람과 뼈아픈 이별, 실직, 사업 실패, 사고, 큰 병을 겪기도 하는데 *'사는 게 무엇인가?'*라는 의문 속에 공허함을 느끼는 영혼의 어두운 밤길을 걸으며 가장 먼저 해야 할 것은 눈 가리개 같은 허울을 버리는 것이다. *'~때문에'*라면서 자신의 행동과 판단을 합리화하고 있는 에고를 알아보라. 그렇게 하고 나면 해야 할 일들이 하나씩 보이기 시작할 것이다.

죄책감, 수치심뿐 아니라 기쁨, 행복처럼 긍정적 감정도 지금은 내게 왔더라도 또 지나가 버리는 계절 같은 것임을 기억하면서 들어오고 나가는 숨에 의식을 집중해 보자.

언제나 좋은 일만 생기고 밝고 유쾌한 사람들만 주위에 있다면 깨달음을 얻을 수 없다. 어떤 사건이 발생해 자극을 만들어야 그 과정에서 생겨나는 에고를 알아보고 털어 내며 성장하기 때문에 당시에는 *'왜 나에게?'* 라는 의문에 억울하고 화가 치밀어 오르는 일들도 지나고 보면, *'이렇게 되려고 그랬구나!'* 하고 알아보게 되면서 의식은 진화한다.

운전 중 손가락질하고 욕을 하며 클랙슨을 마구 누르거나 고속도로 1차선에서 시속 50km로 달리며 차선을 바꾸지 않는 운전자를 만날 때 우리는 어떻게 반응하는가?

상대방의 행동은 그 사람의 의식 수준에서 나온 것이고 그 행동에 반응하는 것은 나의 의식 수준에 근거한 나의 선택이다. 깨어나는 독립체는 그 행동을 받지 않겠다고 결정할 수 있다. 어릴 때 욕하는 친구에게 *"반사~"* 해 본 적 있는가? 같은 원리이다.

상대방의 의식 수준은 나의 것이 아니므로 이런 일을 경험해도 아무렇지 않거나 불쾌한 마음이 들었더라도 금방 *"그럴 수도 있지…."* 하고 털어 낼 수 있게 된다. 또한 자신의 실수로 상대에게 의도하지 않은 피해를 입히게 된 것을 인지하게 되면 바로 사과하고 얻어진 교훈을 새기지만 자책감으로 오래 괴로워하지 않는다. 그 당시에 더 나은 행동이나 결정을 할 수 있는 의식 수준이었다면 그렇게 하지 않았을 테니 고칠 수 있는 것은 지금 바로잡는 것이 모두를 위해 더 나은 선택임을 알기 때문이다.

"나는 신이다, 너는 신이다." 라고 말만 하지 말고 신(상위자아)답게 행동하라. 받고 싶지 않은 에너지는 거부하고, 원하는 것은 구걸하듯 간청하지 말고 당당하면서도 예의 있게 요청하는 멋진 신이 되자.

깨어남의 중기

주변 사람들에게 *"이상하다, 달라졌다"*라는 얘기를 듣게 되는 시기이다. 능동적 깨어남 단계 초기에는 가족이나 친구, 지인들이 깨어나지 못한 것이 답답하게 느껴진다. 그들에게 깨어남을 소개 또는 강요하고 싶은 마음이 들어 시도하지만 실망과 좌절을 느끼는 일이 다반사이다. 때로는 이상하게 보이는 게 두려워 입을 다무는 자신이 겁쟁이처럼 느껴지기도 하지만 그 마음은 에고이다.

상위자아는 인간자아 의식(생각 또는 감정)을 옳고 그름, 잘하고 못함으로 판단하지 않는다.

우리는 누구나 자신만의 깨어남 여정을 가게 되므로 내가 깨어난 방법을 다른 이들에게 적용하는 것은 잘 맞지 않는다.

이 여정에 혼자만 있는 것 같아 외롭고, 때로는 기쁨에 또는 세상 사람들이 불쌍하게 느껴져 갑자기 눈물이 흐르기도 한다. 차라리 다른 사람들처럼 물질적인 것들을 갈망하면서 웃고 우는 감정에 빠져 사는 것이 편하겠다는 생각이 들 때도 있겠지만, 한 번 깨어난 영혼은 그 의식 진화의 속도는 느려질 수 있어도 다시 잠들어 있던 때로 돌아갈 수 없다. 학생이 배울 준비가 되면 스승이 나타나는 것처럼 중기 단계쯤 오면 여러 가지 가르침과 영적 지식을 많이 얻게 된다.

인생을 컨트롤하려던 마음이 에고라는 걸 알아보게 되면서 많은 변화를 겪게 되는데 깨어서 말하고 행동하고 생각하려 하므로 결과와 보상에 상관없이 주어진 일에 최선을 다한다.

에너지가 상승하게 되면서 근접 에너지장 영역이 확대되는데 STS극성에 영향을 받고 있는 사람들은 이들 근처에 있을 때 불안하고 불편함을 느끼게 된다.

영혼의 깨어남에 크게 방해된다면 인간자아의 부정적 인간관계, 단체, 직장, 결혼, 친구, 연인 관계 등이 소원해지거나 멀어지면서 자연스럽게 정리되고 '참나'를 분명히 알게 될 때 다시 관계가 회복되기도 한다. 에너지장 보호를 위해 혼자 있는 시간이 많아지고 자신의 주파수에 맞는 곳으로 이사를 가거나 직장을 바꾸고 새로운 사람들을 만나며 주파수 전환을 하기도 한다. 스스로 에너지장을 보호할 수 있는 의식 수준에 다다를 때까지 이러한 주변 정리 과정은 한동안 진행된다.

변화에 대한 두려움이 사라지면서 영혼의 깨어남과 의식의 진화 단계는 한층 무르익게 된다. 에너지장 보호 능력이 강화되면서 남들의 시선과 과거 사건에서 자유로워지고 자연의 흙, 나무, 돌, 물을 만질 때 에너지 교환을 느낄 수 있게 된다.

새롭게 깨어난 의식은 자신의 본질을 확고히 인지하게 되는 본인만 알 수 있는 신비롭고 특별한 결정타를 맞는데 불교에서는 이를 돈오(頓悟)라고 한다. 기독교 계통의 종교 경험이 있는 사람이라면 성령 강림을 느끼게 된다.

때로 순간 모든 것이 멈춘 듯한 찰나 안에 슬로우 모션처럼 모든 것이 명확하게 보이고 느껴지는 무 시간성(Timeless)을 경험하기도 한다. 힘겨운 에너지장 정리를 잘 해냈다는 상위자아의 선물로 생각할 수 있다. 다음 단계로 진화하면서 집착은 점점 사라져 오감을 통해 전해지는 물질세계 에너지를 순수한 경험으로 받아들이게 된다. 인간자아의 의식은 영혼과 하나 되고 상위자아와 깊이 연결되면서 다른 깨어난 영혼들과 연대감이 강화된다.

모든 것(이 세상/영/에너지/사람/동물/식물 etc.)이 창조주의 무한한 가능성의 표현이라는 것을 아는 4 밀도계 의식은 있는 그대로 받아들이는 것이 무엇인지 정확히 알고(방치나 못 본 척이 아니다) 진정한 공감을 실천할 수 있다.

의식이 에고에 잠식되어 있으면 내가 에고에 휘둘리고 있음을 알지 못하지만 상위자아 의식과 깊이 연결되었을 때에는 에고를 인식하게 되고 에고에 얽매어 있었음을 알아차릴 수 있다.

깨어남이 진행될수록 본인만 알 수 있는 신체, 환경, 감정, 정신의 미묘한 변화를 감지하게 되는데 의식의 주파수 영역이 확대되기 때문이다. 이 단계의 의식 레벨에 있는 사람들과 한 공간에 있는 것만으로 에너지는 잠시나마 상승되므로 깨어남 극초기의 사람들은 이들과 가까이 하려고 한다.

상승된 의식 또는 상승 주파수는 그만큼 많은 빛을 담아 더 많은 정보를 프로세스할 수 있는 시공간의 팽창을 경험할 수 있게 한다.

마음은 육체와 환경을 통해 자극을 받으며 상호 작용하기 때문에 먼저 깨어난 세이지(Sage)의 주파수 영역대에서 공명하는 것은 의식 성장에 큰 도움이 된다. 이들과 한 공간에 있을 때 교회, 성당, 사원이나 사찰에 가서 머리 숙여 자신을 내려놓고 오면 기분이 나아지고 정신적 안정감을 느끼는 것과 유사한 경험을 할 수 있다.

중기 이상의 단계에 도달하면 빛이 태양으로부터 오는 것을 믿을 필요 없이 그냥 아는 것처럼 신(창조주, 상위자아, 절대의식, 아버지, 우주 에너지 etc. 이름이 무엇이든)을 믿게 되는 것이 아니라 모든 것의 근원이 되는 창조주의 빛/사랑 에너지가 자신 안에 있음을 느끼게 되어 삶에서 저항이 사라지고 그대로 내맡김[106]을 실천하게 된다.

---

106 아무것도 하지 않으면서 잘되기만을 바라는 게 아니다. 할 수 있는 것을 다한 후 걱정이나 집착을 하지 않는 것이다.

성령(절대의식의 마음, 제3의 눈)을 만나는 다리에 도달했으므로 이후에는 외부의 정보가 더 이상 필요 없고 스스로 모든 것을 알게 된다.

각 단계는 반드시 지나야만 *내가 그때 그랬구나*를 알 수 있게 되므로 작은 사건이나 생각에 집착하거나 완벽하려는 마음을 내려놓고 놀이처럼 살다 보면 어느 순간 '*에고 본 지가 오래된 거 같은데…*' 하게 될 것이다. 물론 이 또한 에고의 소리임을 알고 하하하 웃어넘기게 된다.

천사

3 밀도계 진화 과정에서 능동적으로 긍정극성[107]을 선택하고 차원 상승하여 4 밀도계에 진입한 독립체들은 같은 극성의 다른 의식들과 생각을 공유하게 되는 SMC(Social Memory Complex: 상호 결합된 메모리 복합체) 네트워크망에 연결된다. SMC는 긍정극성의 독립체가 더 많이 조인할수록 그들이 진화하면서 얻은 지식, 지혜, 사랑, 이해심을 서로 공유하게 되어 더 강력한 STO극성으로 발전하게 된다.

가족과 함께 보내는 시간 그리고 직장 동료나 친구들과 하는 사회적, 물리적 활동은 줄어들고 있지만 우리의 생각은 더 복잡하게 연결되고 있다. 어떤 문제나 궁금한 것이 생겼을 때 우리는 제일 먼저 인터넷에서 검색을 한다. 어쩌면 우리는 혼자 문제를 해결했다고 착각할지도 모르지만 누군가 그 정보를 업로드했기 때문에 답을 알게 된 것이다. 이런 관점에서 우리는 과거보다 타인에게 더 많이 의지하고, 누구인지도 모르는 그들을 신뢰하고 있는 것이다.

마찬가지로 혼자 지혜를 쌓고 사랑을 나누며 진화하는 것은 한계가 있지만 같은 극성의 단체가 통합된 SMC를 형성해, 그 안에서 사랑/빛 에너지를 공유하게 되면 중대한 업무를 보다 쉽게 할 수 있다. 예를 들어 지구 행성 자체의 차원 상승을 돕는 일이나, 3 밀도계에서 진화하는 독립체에게 창조 원리와 참자아를 가르치는 일 또는 STO극성을 선택해 차원 상승할 수 있도록 안내하는 영의 가이드 역할을 할 수 있다.

---

107 Service to Others: 사랑(이해)과 관심을 외부로 돌리고 더 크게 만들어 내는 영성 극성(Spiritual Polarity). 우리는 모두 하나이므로 다른 사람들을 아끼고 사랑하는 것이 곧 나를 사랑하는 방법이다.

이런 고차원의 STO긍정극성 독립체들의 SMC집합을 우리는 천사라고 부른다.

4 밀도계부터는 물리적이고 화학적인 육체보다 영체(Spiritual Body)가 점점 확연해지고 후반기에는 빛의 몸(Light Body)이 완성되어 고차원 존재들의 밝게 퍼진 빛 체를 날개로 오해하기도 한다.

에메랄드 태블릿에서 토트(Thoth)가 *"당신들이 내가 가진 지식(참나를 앎/깨달음) 때문에 나를 신으로 여기는 것처럼 당신들도 곧 그 지식을 얻음으로 누군가에게 신으로 불릴 것이다."*라고 말하는 것처럼 차원 상승을 지속하며 긍정극성이 강화되면 우리도 3 밀도계 의식 독립체들에게 천사로 불리게 될 테니 천사는 미래 자신의 모습이기도 하다.

지구의 차원 상승을 돕기 위해 환생한 스타시드(Starseed/ Wanderer) 중에는 3 밀도계 독립체(인간)의 수호천사 또는 지구 행성의 주파수 보호 역할을 하던 천사들이 많은데 이런 영혼의 지구 환생을 특별히 인간 천사(Human Angel)라고 부르기도 한다.

천사들은 어떤 그룹이나 관료 조직 같은 체계를 형성해 효율적으로 태양계를 도울 수 있는 방안을 모색하는데 이 단체를 연합이라고 한다. 이 연합에는 지구에서 4 밀도계 긍정극성 이상으로 진화한 독립체들과 태양계 내 다른 행성의 독립체들 그리고 다른 갤럭시에서 온 독립체[108]들이 포함된다.

이 연합(또는 연맹)의 멤버들은 모두 다른 모습으로 각기 다른 레벨의 진화 과정에 있지만 '*하나의 법칙, 모두는 하나이다(All is one)*'를 지지하기 위해 동맹을 맺고 있다.

---

108 이들을 우리는 외계인, ET(Extra Terrestrial)라고 부른다.

3 밀도계 지구의 진동 주파수를 책임지는 이 연합을 대표하는 의회[109]에는 5~6 밀도계에 속한 9개의 SMC[110]가 있다. 의회는 텔레파시로 의사소통하고 어떤 의견이나 안건이 나오면 부정/긍정극성이 모두 반영된 균형 잡힌 액션을 취할 수 있도록 방법을 제시한다.

천사들의 회의는 서로의 자유 의지를 존중하므로 상하 관계로 명령하는 것이 아니라 의견을 제시하고 의논하는 시스템을 운영한다는 것이 핵심이다.

이 의회를 도와주는 24개의 7 밀도계 SMC독립체는 가디언[111]이라고 한다. 이들은 4 밀도계 STO주파수로 차원 상승하는 과도기의 지구를 보호하기 위해 그리고 다른 우주(Multi-verse 또는 은하계)의 STS부정극성이 차원 상승의 마지막 단계를 밟고 있는 인류[112]를 노예로 만들려는 것을 막기 위해 에너지 장벽(The Quarantine)으로 지구를 덮어 충실히 지키고 있다.[113] 누구든 이 에너지 장벽을 뚫기 위해서는 빛과 사랑(Light/Love)의 에너지로 흠뻑 젖어야 하고 자유 의지와 유일한 창조주의 법 '*우리는 모두 하나이다*'를 지켜야 한다.

이들이 지구 행성을 지키는 것은 환경 운동가들이 야생 동물의 생태계 보호를 위해 난개발을 반대하는 시위를 하는 일 또는 과학자들이 동물의 생태를 멀리 숨어서 관찰하며 연구하는 것과 흡사하다. 숲 밖에서는 불도저가 왔다 갔다 하고 그들을 저지하려 목소리 높여 싸우고 동물 보

---

109 실제 명칭이 아니라 The Lawo of One의 Ra그룹이 설명을 위해 선택.

110 대천사(Archangel)로 추정됨.

111 Guardian: 실제 명칭이 아님. Ra그룹이 가장 근접한 의미의 단어를 선택.

112 마음/몸/영의 복합체: Mind/Body/Spirit Complex.

113 하지만 이 격리 보호 장벽은 과거 무너진 적이 있고 그 사건의 영향력은 지금 우리가 매일 경험하고 있다.

호 법률이 제정되고 경찰은 동물 학대범을 체포하며 동식물의 권리를 지켜 주지만 정작 보호받고 관찰당하는 입장에서는 그런 일이 일어나고 있는지 전혀 알 수 없을 것이고 관심도 없는 것이 사실이다.

우리가 사랑하는 반려견의 손 내밀기 재주를 보며 기뻐하고 칭찬하는 것처럼 고차원 의식의 SMC도 지구 과학자들이 허블 망원경(Hubble Space Telescope)으로 우주에 펼쳐진 무한 가능성을 알아보기 시작한 것에 환호하며 더 많은 사랑/빛 에너지를 보내고 있을 것이다.

눈에 보이지 않아 알지 못하는 일을 설명하기 위해 이런 비유를 들었지만 3 밀도계 인간 의식이 반려동물을 보는 마음을 고차원 STO극성(천사)이 인간을 사랑하는 마음에 비교할 수는 없다. 혹시 그대가 주방 여기저기를 종횡 무진하는 쥐들을 미소로 바라보며, *"2 밀도계에서 열심히 진화하고 있는 의식을 담은 육체가 들어왔구나. 정말 반가워!"* 할 수 있는 의식 레벨이라면 모를까.

점점 더 많은 사람들이 반려동물을 기르고 동물 권리 보호 관련 일을 하는 것은 고차원 STO극성의 천사들이 3 밀도계 인간 독립체의 차원 상승을 돕는 것처럼 이들도 하위 2 밀도계 독립체의 자각 능력을 독려하면서 의식 성장을 돕고 있는 것과 비슷한 현상이다.

천사들은 사랑이 가득한 존재로 누구든지 도움을 요청하면 언제든 도와주지만, 무조건 착하고 좋기만 한 것이 아니라 대단히 지혜로워 진화하는 의식 독립체(3 밀도계 인간)의 자유 의지를 침해하는 일은 없다.

성령의 메시지를 전하는 가브리엘 천사 SMC, 치유에 뛰어난 능력을 보이는 라파엘 천사 SMC처럼 전공 분야가 있는 천사들(고차원 STO극성의 SMC)말고도 헤아릴 수 없이 많은 STO극성의 고차원 의식 그룹이 존재한다. 특히 독립체(인간)의 수호천사는 늘 우리 곁에 있지만 그들은 자유 의지를 존중해야 하므로 독립체가 어떤 말, 행동, 생각하는 것을 막을 수 없고 도움을 청하기 전에는 먼저 도울 수 없으며 답을 찾는 방법을 제시할 수는 있지만 답을 알려 주지 못한다. 따라서 여러 종류의 영성 힐러 또는 멘토가 *"당신은 전생에 이런 저런 사람이었고 이제부터 이렇게 저렇게 해야 한다."*라고 단정한다면 그건 고차원에서 내려온 메시지가 아니라 그 독립체의 에고이다.

무언가를 요구하지 않더라도 영성 힐러들은 우울증이나 외로움의 촉매에 이끌려 영성에 눈을 뜨거나 자신의 트라우마를 치유하려다 스스로 힐러가 된 경우가 다수이다. 이들 상당수가 관심받음으로 살아 있음을 느끼는 STS극성의 나르시시스트가 되기도 하므로 주의해야 한다.

전생, 스타시드, 인생 목적을 기억하는 일은 성령조차도 당신을 위해 대신해 줄 수 없으니 진정한 영의 가이드(Spiritual Guide)는 길을 안내하는 역할에만 충실할 뿐 그 이상의 일을 하지 않는다.

천사들은 진화 단계에 따라 빛이 나는 물리적 형태로 보일 수도 있지만 형태가 완전히 사라진 밝은 빛, 패턴이 있는 빛 또는 색으로 보이기도 하고 진동 에너지 또는 소리로 나타나기도 한다. 따뜻하고 평화로운 느낌, 향기로운 냄새나 특이한 빛의 형태로 주변에 이들이 있음을 알 수도 있다.

당신의 의식이 4 밀도계 차원 상승에 가깝다면 이원성 마인드를 뒤흔들기 위해 힌두와 티벳 불교의 타라 여신처럼 죽은 시체를 발로 밟고 인간의 잘린 팔들을 치마로 만들어 입고 나타날 수도 있을 것이다. 그런 모습을 보고 웃을 수 있다면, 당신은 매트릭스(허상이며 동시에 자궁이다)를 떠날 준비가 끝났다.

4 밀도계 이상의 STO극성의 천사들은 의식의 진화를 통해 그 레벨에

오른 경우도 있지만 처음부터 오버 스피릿(Overspirit)으로 탄생한 케이스도 있다.

수메르 점토판에 언급된 지금의 인간을 만든 아누나키(Anunnaki: 하늘에서 땅으로 내려온 자들)와 이들을 보좌하던 이기기(Igigi) 그룹은 천사(STO) 와 악마(STS) 극성이 섞여 있던 것으로 추정된다. 이들 중 일부는 인간 여자와 관계를 맺는 불법을 저지르고 땅으로 떨어지는 벌(또는 공중에 떠 있는 우주선으로 올라오지 못하는)을 받게 되는데 이들이 타락천사(Fallen: 떨어진 Angel)이다.[114]

사랑의 힘

유럽의 박물관이나 미술관에 칼을 들고 악(Evil)을 무찌르는 모습으로 대천사들과 성인들이 표현된 것과 달리 천사는 악마로 불리는 STS부정극성을 막아야 할 때 싸우지 않고 사랑의 에너지를 보낸다.

딱딱한 얼음은 칼로 내리치는 것보다 열을 가해야 녹일 수 있는 원리를 떠올려 보면 당연한 이치이다.

 STS극성을 선택한 독립체들은 95%라는 높은 극성을 유지해야 하므로 자신의 극성 보호에 아주 예민하다. 조건 없는 순수한 사랑을 받게 되면 STS극성의 강도는 약해지므로 이를 매우 두려워하는데 사랑이 가득한 곳은 피해 도망갈 수밖에 없다. 극성이 진화할수록 반대편 극성과 마찰은 적어지지만 4 밀도계에서는 여전히 선악(Good and Evil)으로 규정되는 STO긍정극성과 STS부정극성이 대립하는 일들이 일어나 두 극성 모

---

114 하늘에서 온 존재들이 볼 때 젊은 여자들이 아름답더라. 그래서 그들은 마음에 드는 여자들을 가졌다.(창세기 6:2)

두에게 대미지를 입히기도 한다.

4 밀도계 STO긍정극성은 되도록 많은 의식 독립체들을 사랑하고 도와주고 싶은 마음 때문에 반대 극성이 자신을 노예화하려는 부정적 에너지를 받아 줄 수가 없다. STS부정극성의 요구를 거절해야 하는 것이 미안하지만 다수를 위해 방어해야 하므로 에너지를 소모하게 된다.

STS부정극성은 두려움, 부러움, 걱정, 경외심, 공포가 베이스 에너지가 된 왜곡된 사랑 에너지를 받아야 극성이 강화되는데 상대방이 두려워하거나 미워하지 않고 사랑으로 감싸 안으려는 에너지를 보내기 때문에 이를 거부하느라 힘을 잃게 된다.

4 밀도계의 고차원일지라도 양극성 모두 대립 후에는 회복기를 가져야 한다.

천국

종교에서는 그들이 정한 신을 믿는 선택받은 소수만이 천국에 가고, 일반인들은 착하고 좋은 일을 많이 한 사람이 죽으면 가야 할 장소로 믿는 곳이 천국이다. 셀 수 없이 많은 사람들이 지옥 불에 영원히 불타도 내 배만 부르면 괜찮다는 마음을 가진 이들이 천국에 어울리는가?

거지가 상류층 파티에 갈 수 없는 이유는 그 옷차림 때문이 아니라 그 의식이 상류층과 맞지 않고 본인 스스로 자격이 없음을 알기 때문이다. 천국으로 가는 것이 아니다. 천국 같은 의식에 닿기 위해 성장하는 것이다.

천국은 에고에서 자유로워진 감정적 무소유의 의식이 공유되는 집단의 에너지장이다.

나와 상관없이 이미 결정된 세상의 모습이 모두에게 공평하게 보여지는 것이 아니라 우리는 모두 각자가 선택한 세상만을 볼 수 있음을 아는 것이다. 예를 들어, 각 개인의 의식 수준에 따라 인천 월미도에서 트로트 음악에 맞춰 춤추는 노인들을 활기 넘치는 자유로움으로 또는 술 취한 주책으로 볼 수도 있는 것이다.

천사들은 이를 잘 알고 있는 STO의식의 독립체이고 우리 모두가 도달해야 할 목표라 할 수 있다. 이런 면에서 천사들은 대학에 먼저 입학한 형이나 언니처럼 길을 안내하고 과외도 해 주는 것이라 이해할 수 있다.

악마

STO극성을 선택해 4 밀도계 이상의 고차원으로 진화하는 독립체들은 통합된 의식(SMC)을 만들어 천사가 되는 것처럼 반대의 STS부정극성을 선택한 독립체들도 그들 나름의 방법으로 극성을 강화시키며 진화한다. 밝고 긍정적인 사랑 에너지를 외부로 전하는 STO극성의 천사들과 반대로 STS극성의 에너지는 자신에게 모든 사랑 에너지를 집중한다. 힘들게 95% 이상 자기애를 발휘하여 STS극성[115]의 4 밀도계로 차원 상승한 독립체들을 인간은 악마라고 부른다.

악마라고 하면 머리에 뿔을 달고 사람을 잔인하게 죽이는 괴물을 상상할 수 있지만 STS극성 독립체들은 다른 이들과 자신을 완벽히 구분하므로 육체를 선호하고 외모에 굉장히 신경을 쓴다. 그러나 천사들과 마찬가지로 고차원 의식이므로 극성이 진화할수록 물리적 육체보다는 영체가 강해져 빛으로 보인다.

관심받는 것을 그 무엇보다 좋아하기 때문에 천사들과 달리, 자신의 존재를 드러내려 하고 '내가 한 것'이라는 자부심이 대단하다. 이들은 창의력이 거의 없고 정해진 루틴과 방식을 고집하는 경향이 강한데 몇 백 년이 지나도 인간의 정신을 점령하는 방법은 변하지 않았다.

당신들이 STO긍정극성이기 때문에 다른 사람들을 사랑하는 것이 자연스러워 이해하기 어렵겠지만 4 밀도계 STS부정극성 독립체들에게는 자신을 사랑하는(Love self) 것이 모두를 사랑하는 것과 같습니다.

---

[115] Service To Self: '모든 것은 하나이다'는 절대 우주 법칙을 모든 사랑과 관심을 자신 하나에 집중시킴으로 표현하는 영성 극성(Spiritual Polarity).

이들이 이해하는 '서로'라는 개념은 자신만을 사랑하는 것을 가르치고 그 가르침을 받기 위해 노예가 되어야 하는 관계입니다. 이 가르침을 노예에게 전수해 STS(Service to Self, Self-Serving)극성으로 차원 상승하게 하는 것이 STS극성 독립체들의 목적입니다.(The Law of One: session 26.34)

STS극성의 고차원 존재들은 상대를 속여 노예로 만들기 위해 자신들이 원하는 모습으로 마음대로 변신할 수 있지만 그들의 본성인 부조화(시끄럽기만 한 음악에서 느껴지는 에너지), 공포, 두려움, 으스스하고 오싹하게 소름 끼치는 느낌, 역한 냄새를 감출 수는 없다. 채널링이나 명상 중 따뜻함과 거리가 먼 느낌이 든다면 흔들리거나 무서워하지 말고 "*관심 없어요. 사양하겠습니다.*" 하는 것으로 STS극성의 에너지와 엮이는 것을 막을 수 있다.

이들은 태초의 창조주, 무한성의 빛/사랑 에너지에서 분산된 우리와 다를 바 없는 의식이지만 엄청나게 힘든 어둠의 길을 선택한 독립체들로 두려워해야 할 존재이기보다는 "*상처를 제때 치유하지 못해서 관심병에 걸렸구나. 난 너를 감싸 줄 만큼 강한 빛이 아직은 아니라 같이 놀 수는 없다. 잘 가.*" 하며 무시하거나 할 수 있다면 사랑과 빛의 에너지를 보내는 것도 좋다.

악마라고 불리는 부정극성의 고차원 독립체들도 STS극성을 선택하는 사람들을 물색하기 때문에 사탄 숭배자, 나르시시스트 채널러, 악마 추종자들을 찾아다니며 충실히 대꾸해 주는데 달콤한 사탕을 먹으면 당이 충전되어 금방 기분이 좋아지는 것처럼 천사의 에너지보다 훨씬 명확하다. 이들에게서 진심 없는 기계적 가짜 친절함을 느낄 수 있는데 STS고차원 극성(악마)이 그들의 채널(메신저, 신도)을 대하는 방법은 유괴범이 아이를 꼬실 때와 흡사하다.

고차원 STS부정극성은 사랑의 심장 차크라를 철저히 무시하고 하위 세 개 차크라를 기본으로 사용하므로 밝은 흰 빛보다는 노란색에 가까운 빛을 내고 극성을 잃지 않기 위해 Green Ray(심장 차크라) 에너지를 거부한다.

STS극성을 선택하는 독립체들도 형이상의 지식 예를 들어 카르마, 에고, 생각이 모든 창조의 시작이라는 것, 우주(이 세상)는 거울 같아 자신이 원하는 것 또는 거부하는 것을 그대로 보여 주므로 개인의 관점에 따라 달라지는 주관적이고 사적인 매트릭스라는 것, 신(The God)은 나쁜 일에 벌을 주거나 착한 일을 보상하는 존재가 아니라는 것을 잘 알고 있다.

악마라고 하면 단순히 못되고 나쁘다고 생각할 수 있지만 영적 능력의 상위 차크라를 사용할 줄 알기 때문에 지혜가 풍부하고 교활하며 똑똑하다. 하지만 심장 차크라가 닫혀 있어 6 밀도계 중기 이상으로 진화할 수 없기 때문에 고차원의 STO긍정극성의 사랑 에너지에 기반한 지혜(빛 에너지)보다 아래 수준이다. 그렇지만 인간의 상상력을 초월하는 높은 수준의 정신 파워, 초능력(영적 능력)이 있으므로 악마와 싸워 이기겠다는 계획은 우매한 것이다.

마스터와 노예 Master and Slave

부정극성 SMC (네트워크로 통합된 메모리 복합체)	
마스터 독립체	노예 독립체
초기에는 부러움을 일으킴. 노예를 만들어 복종시키고 이들을 통제함. 노예에게 두려움과 경외심이 생기면 마스터의 극성은 강화됨.	마스터를 부러워하고 주인처럼 되기 위해 똑같이 행동하고 생각하면서 극성이 강화됨. 명령에 복종하면 STS로 성장하는 방법(지혜)을 얻게 됨.

천사들에게 빛/사랑의 에너지를 STO방향으로 전하는 빛의 일꾼(Light Worker)이 있는 것처럼 고차원의 STS부정극성 독립체(악마)도 STS극성으로 향하는 하위 차원의 의식들을 어둠의 일꾼 또는 노예로 삼아 폭압하면서 극성을 강화해 나간다.

이러한 과정은 피라미드처럼 아래로 퍼지게 되고 그레이(Grey) 외계 종족, 일루미나티, NWO(New World Order), 프리메이슨리(Freemasonry), UN은 STS부정극성 고차원 독립체들의 노예라고 알려져 있지만 증명되지 않은 '카더라' 정보를 유의하여야 한다.

인류의 자유를 탄압해서 이득을 얻게 되는 집단들 예를 들어 코로나19, 러시아-우크라이나 전쟁의 최대 수혜자, 지역감정, 인종 구분 등 이원성을 종용하는 자들은 STS극성의 하수인들이다.

3 밀도계 의식 독립체(인간)들이 STS부정극성으로 향하는 첫 단계는 금수저 부자(또는 권력자)들을 부러워하고 그들처럼 되고자 하면서 시작된다. 스스로 노예가 되어 상위 차원 STS극성 독립체의 명령을 따르고 그들의 마스터는 돈과 권력으로 사람을 컨트롤하고 생명의 가치를 무시하는 방법을 가르치면서 STS극성을 서로 강화시키며 진화하게 된다. STS극성 강화 체계는 군사 독재 시스템과 유사하여 명령을 따르지 않거나 실패하는 하위 의식의 노예들을 정신적으로 고문하기도 한다. 또한 계급이 낮더라도 힘이 커지면 쿠데타를 일으켜 윗선(Upper level)을 제거할 수 있어 노예 독립체의 STS극성이 99% 이상으로 발전되면 상위 차원의 마스터를 오히려 이용할 수도 있게 된다.

STS극성은 강제로 사랑 에너지를 뺏을 수 없고 상대가 자발적으로 에너지를 내놓게 만들어야 한다. 예를 들어, 다른 사람들에게 코로나바이러스를 옮기지 않기 위해 백신을 맞아야 한다는 캠페인처럼 착한 사람

증후군을 자극하고 정부 기관의 명령을 군말 없이 따르는 선량한 시민이 되라는 마인드 컨트롤은 STS극성이 지혜(빛 에너지)가 부족한 초기 STO긍정극성의 에너지를 착취하는 교활한 방법이다.

죄책감이 깔린 동정심은 왜곡된 사랑 에너지이므로 STS는 이를 이용해 극성을 강화할 수 있다.

엔트리 포인트 Entry Point

귀신 들린 자는 4 밀도계 이상의 STS부정극성 독립체에게 의식을 잠식당한 이들이다. 성경에도 예수 그리스도가 귀신(악마)을 내쫓는 사건이 나오는데 예수가 그에게 이름을 물었을 때 *"내 이름은 군단이다. 우리는 많다."*(마가복음 5:15)라고 답한 이유는 악마들도 부정극성의 SMC로 이루어져 있기 때문이다. 엑소시스트 같은 공포 영화에서 악귀(악마)를 쫓아내는 퇴마는 실제 사건을 영화로 만든 경우가 있지만 Law of One의 Ra 그룹에 의하면 악마는 우리 안에 존재하지 않는 것 예를 들어 공포, 두려움, 탐욕을 창조해 집어넣을 수는 없다.

고차원 STS극성들은 인간이 이미 가지고 있는 두려움, 치유하지 못한 과거의 상처, 거짓으로 포장해 놓은 가짜 모습, 마음의 트라우마를 끄집어내어 왜곡하거나 증폭해 자책하도록 유도할 수 있는데 인간이 이들 계획에 넘어가 다른 사람들을 원망하고 증오하는 감정이 일어나면 그 틈을 비집고 에너지장에 침입한다. 독립체(인간 의식)의 에너지체를 스캔해서 우울함, 분노, 슬픔, 두려움, 불안함, 미움, 싫어하는 것들, 트라우마가 되었던 사건 등 부정적 감정이나 생각을 찾아 그 부분을 진입 포인트로 생각(에고)을 컨트롤하기 시작한다.

가라앉아 있던 과거의 기억들을 휘저어 부정 에너지의 흙탕물을 일으키면 독립체는 자신 또는 사건에 관계된 사람들을 미워하게 되고 분노, 불안 같은 부정적 감정이 일어나게 된다. STS부정극성은 그 부정 에너지를 흡수하고 다시 뱉어 내 더 커지게 만들어 그 안에서 만찬을 즐기며 자신의 극성을 강화한다.

이런 일을 당하는 3 밀도계의 인간은 활개 치는 에고로 인해 의식은 퇴화하거나 성장에서 잠시 머뭇거리게 되므로 STS극성들은 일석이조의 효과를 얻게 된다.

엔트리 포인트가 무엇이든 한 번 걸리게 되면 정신줄을 잡을 때까지 계속해서 부정적인 생각을 할 수밖에 없다. 이때 *모 아니면 도*라는 심정으로 이 괴로움(3 밀도계에서 깨어남을 자극하는 촉매)을 해결하고자 영혼의 깨어남을 능동적으로 선택해 영적 힐링을 하기도 하고 반대로 더 깊은 우울증, 울화병 심각하게는 정신병 증세로 힘든 삶을 살기도 한다.

STS극성은 높은 주파수의 스타시드와 빛의 일꾼(이미 깨어난 영혼)을 타겟으로 삼는 경우가 많은데 이들은 에너지 강도가 높고 그들의 일을 방해하면 다른 사람들의 잠재적 에너지 레벨도 낮출 수 있기 때문에 일석이조의 효과를 얻게 되기 때문이다. 예를 들어 깨어남에 관련된 유튜브를 만드는 스타시드의 일을 방해하기 위해 잠재의식 속 트라우마를 건드려 일에 집중할 수 없게 하거나 지병을 악화시키고, 자살을 종용하기도 한다. 매일 아침, 저녁으로 여러 가지 의식이나 기도, 명상을 통해 에너지장을 보호할 수 있지만 너무 다양한 변수에 노출되기 때문에 살면서 어느 정도의 대미지는 감수할 수밖에 없다.

에너지 전환

모든 것은 에너지이다. 분노, 행복 같은 여러 감정 그리고 잔인한 살인 상상이나 즐거운 여행 계획도 모두 에너지이다.

운동 에너지가 커지면 위치 에너지는 작아지는 것처럼, 머리카락에 책받침을 문지르는 마찰의 운동 에너지는 열을 만들고 다시 정전기로 변하는 것처럼, 에너지는 흐르고 움직이며 그 형태를 바꿀 수 있지만 사라지거나 새로이 창조되지는 않는다. 그러므로 불안, 슬픔, 두려움, 분노 같은 부정적 에너지를 밝고 긍정적인 에너지로 바꾸는 것이 가능하다.

STS극성은 왜곡되지 않은 순수한 사랑 에너지를 만나게 되면 자신의 극성이 약화되니 약점, 실수, 아픔, 슬픔도 거부하지 않고 있는 그대로 이해하고 감싸 주겠다는 마음을 가지는 독립체와 다른 사람들도 있는 그대로 받아들이고 잘못을 용서하려 노력하는 독립체를 피할 수밖에 없다. 혼자 하기 어려울 때도 많고 실패처럼 느껴질 수도 있겠지만 모든 일은 영혼의 경험이고 의식 진화의 과정이다.

"앞으로 나는 내가 알고 있는 모든 상처 그리고 인식하지 못한 나의 어두운 면(그림자)을 내려놓고 힐링하겠다."라고 선언하자.

사랑/빛 에너지의 영혼은 깨어나 의식과 하나 되고 심장 차크라가 열리면서 참자아를 자연스럽게 기억하게 될 것이다.

The Law of One의 Ra그룹을 채널링한 칼라(Carla)는 원래도 건강이 좋은 편이 아니었는데 부정극성의 고차원 독립체들이 칼라의 지병을 악화시켜 채널링을 포기시키려 시도했다. 해결 방법을 묻는 돈(Don: 질문자)에게 Ra그룹은 사랑과 빛의 에너지를 보내고 그들의 안녕을 기원하는 기도를 하라고 조언했다. 우리를 괴롭히는 이들에게 사랑과 빛 에너지를 보내 축복하라는 답변을 Don은 이해하지 못해 되묻자 Ra그룹은 상대 극성을 자신의 극성으로 서비스하려고 시도하는 자체가 참 재미나죠 *(Great Humor)*라고 답했다.(The Law of One: session 67.26)

이 답변에는 *하기 힘들 거예요. 잠시 고려해 본 것만도 참 대견하네요.*라는 의미가 담겨 있다.

여행하는 별 가루, 영혼 Stardust Traveller

잠재의식[116]은 영혼의 마음(생각)입니다. 이 잠재의식은 창조주(신, 절대의식, 성령, 아버지 기타 등등 이름 안 중요함)의 전체의식과 별개로 독립성을 가질 수 있습니다.
다시 말하면, 원하지 않으면 신과 분리되었다고 믿는 것이 허용됩니다.
(Edgar Cayce)

피아노 건반 하나를 누르며 시작된 소리들이 모여 코드가 되고, 이러한 코드들이 조화롭게 어우러져 멜로디가 형성되며, 하나의 노래가 완성된다. 이 노래를 연주하는 다양한 악기들의 화합은 심포니를 창조한다. 더 많은 악기들의 조화로움으로 오케스트라가 완성되는 것처럼 창조 과정은 점차 복잡해지면서 아름답고 화려한 작품이 되어 간다.
신의 본성이 무한한 창조임을 이해한다면 절대의식이 음 하나만을 계속 누르며 모노톤으로 멈춰 있기보다는 다채로운 창작을 추구할 것임을 의심할 수 없다. 이렇게 신은 자신의 본성을 담고 표현할 영혼을 창조하지 않을 수 없었던 것이다.

원초의 사랑/빛 에너지로 태어난 영혼은 어느 날,
'신(절대의식)과 분리된다는 건 어떤 걸까?' 하는 잠깐의 궁금증이 들었다. 신의 무한성은 빛/사랑 에너지의 영혼에게 유전되었기 때문에 그 생각은 곧바로 실제가 된다. 절대의식으로부터의 분리는 엄청난 폭발을

---
[116] 잠재의식은 대부분 인간자아가 인식하지 못한 상태에서 자동으로 저장되는 마음의 영역이다. 영혼은 옳고 그름을 판단하지 않고 지켜보는 경험자이므로 잠재의식은 좋고 나쁨을 구분하지 않는다.

일으켰으며 과학자들은 이를 빅뱅이론으로 설명한다.

영혼은 우주가 생기기 전에 이미 존재하였다. 빅뱅을 통해 물질을 입게 된 영혼들을 담기 위해 신의 음에너지(성령)는 우주(성모)가 된 것이고 그래서 우주를 신성의 자궁이라 부르기도 한다. 에드거 캐이시 리딩에 의하면 모든 영혼은 빛에서 나왔으므로 빛나고, 이 빛은 하늘의 별로 보인다고 한다. 나의 별이 하늘 어디인가에 있을 거란 감성은 시적 표현만은 아닌 것이다. 영혼은 자유 의지로 탐험하고, 창조하고, 테스트하고, 새로운 것을 발견하기도 하고, 항상 변화하고, 성장하고, 배우고… 일일이 나열할 수 없는 많은 것들을 한다.

영혼(Soul)이 창조주의 궁극의 동반자가 될 자격이 있는 것은 본인의 자유 의지로 신의 파트너가 될 것인지 말 것인지를 스스로 선택하기 때문이다.

영혼은 다시 음과 양으로 이루어져 있는데 음에너지 측면은 시간적 공간(Time/Space) 안에서 절대의식의 동시성 자체이므로 진화할 필요가 없다. 양에너지 측면의 영혼은 의식으로 이해할 수 있으며, 공간적 시간(Space/Time) 안에서 생각을 물리 형태로 발현하면서 진화(성장)하는 진행형이다.

정리하면, 영혼은 무지개색 설탕을 흩뿌려 만든 솜사탕 같은 에너지 층인데 동전의 양면처럼 절대의식과 하나로 존재하는 측면과 분리되었다고 믿는 측면이 있다.

신약 성경의 *돌아온 탕자* 비유에서 재산을 미리 분배받아 집을 나섰다가 모두 잃고 진심으로 사죄하며 돌아온 둘째 아들은 절대의식과 분리되었다고 믿는 영혼의 양에너지(의식)[117] 측면이고 아버지와 집에 항상

117　최초로 분리된 영혼의 양에너지 측면은 다시 음과 양으로 나누어진다. 이때의 양에너지는 인간의 HGA(수호천사)가 되고, 음에너지는 인간 의식이 된다.

머물었던 큰아들은 영혼의 음에너지(영혼)인 것이다.

소울 그룹과 영혼의 종류

모든 영혼은 그룹에 속해 있다. 지구의 영혼들은 일차적으로 아침 별(Morning Star) 그룹에 소속되며 한 영혼이 두세 개의 그룹에 속하는 것도 흔한 일이다.

폴 얀디우(Paul E. Yandeau)가 성 조르마노(St. Germain)[118]에게 받은 채널링 메시지에 의하면, 현재 지구에는 2,135개의 영혼 그룹(Soul Group)이 있고 각 그룹에는 144,000개의 모나드(Monads)가 있으며 각 모나드에는 12개의 오버소울[119]이 존재한다. 신약 성경 요한 계시록에 144,000이라는 숫자에 대해 기독교에서는 구원받기로 결정된 영혼의 숫자로 해석한다.

그 영혼들이 지구에 머문 시간적 기준은 무엇인가는 제쳐 두더라도 이렇게 정확한 숫자로 이미 구원이 정해져 있다면 어떻게 살든 상관없다는 얘기인데, 이렇게 공평하지 못한 신을 과연 믿을 만한가?

기독교, 불교, 철학, 음악, 영화계, 과학계의 모임을 그룹이라 하는 것처럼 144,000이라는 숫자는 예수 그리스도의 사랑 에너지 가르침을 중점적으로 공부하기로 결정한 그룹에 속한 영혼(요한)이 꿈에서 그 그룹을 관장하는 모나드 144,000 또는 마얀 달력의 1 B'ak'tun(144,000일)을 알게 된 것이 아닐까?

요한이 직접 꿈을 꾸었다고 했는데도 불구하고 용이 나올 때는 요한이

---

118 수십 개의 언어를 구사하고 연금술을 마스터한 귀족이라는 신분이 최초의 그의 모습이다. 하지만 그는 시대를 뛰어넘어 나타나 나이를 짐작할 수 없어 불멸로 여겨지기도 하고 토트의 현신이라고도 한다.

119 Oversoul: 오버소울-6 밀도계에서 빛/사랑 에너지 균형을 이룬 상위자아.

비전을 본 것이라고 하다가 Gilders' Crucible[120]은 불의 강(Lake of fire)으로 멋대로 의역해 '지옥 불'이라는 단어를 탄생시킨다. 한 영혼의 깨어남 과정을 담은 일기 같은 The Book of Revelation(발설의 서)는 교회에 가지 않으면 벌레가 육신을 파먹게 하고 불구덩이에 사람을 산 채로 던져 영원히 불타게 만든다는 종교 단체 수장이 애용하는 설교 뒷받침 자료가 되었고 세상이 망하면 돈은 필요 없게 되니 그 돈은 교회에 버리라는 당부도 잊지 않는다.

공포는 STS부정극성이 노예를 만드는 방법이다. 공포에 휩싸인 사람들이 많아지면 이익을 보는 이들을 찾으라. 그러면 뒤에 감춰진 의도가 무엇인지 알 수 있을 것이다.

당신의 상처를 어루만지며 당신이 얼마나 특별한 영혼인지 속삭이는 자들을 멀리하라. 에고는 이 같은 선민사상에 늘 굶주려 있다.

다시 영혼 그룹으로 돌아와,

같은 그룹의 영혼들은 환경을 인지하고 해석하는 기준이 비슷하므로 감정, 생각, 성향이 유사한 경향이 있다.

유니온 소울(Union Soul): 이 그룹에 속해 있는 영혼들은 여러 소울메이트[121] 그리고 Soul Family(영혼의 가족)와 팀을 이루어 같은 공간과 시간

---

120 길더의 도가니: 오랜 시간 동안 불로 달구어 불순물을 날리고 순도를 높여 정제된 금을 얻기 위한 도가니. 연금술의 도구로 이해할 수 있다.

121 대중적으로 알려진 소울메이트는 신이 원래 하나였던 남녀의 완벽함을 질투해 둘로 나누었고 이로 인해 나의 반쪽을 찾기 전까지 인간은 늘 외롭다는 플라톤의 설에 기반한다. 로맨틱한 애인 관계는 3 밀도계에서 미묘한 둘만의 교감을 배우는 의식 진화의 한 방법일 뿐이다. 소울메이트(Soul mate)는 말 그대로 영혼의 친구이다. 따라서 형제, 자매, 부모, 자식, 친구, 직장 동료, 선생님, 연인도 소울메이트가 될 수 있다. 이들과 깊은 유대감을 느끼기도 하지만 증오, 혐오, 거부감 같은 부정적 감정도 영혼의 관점에서는 힐링에 집중할 수 있는 기회가 되므로 소울메이트는 긍

대에 태어나 여러 생을 함께한다. 서로 도우며 성장하고 카르마를 같이 해결하기도 한다. 이 그룹의 영혼들은 혼자 있는 것을 좋아하지 않아 끊임없이 연인 관계를 맺거나 사람들과 함께 있으려고 한다.

옴니 소울(Omni Soul): 협동을 꺼려하고 배워야 할 것을 독립적으로 배우며 성장하고 스스로 해야 할 일을 알아서 하는 영혼들이다. 묵묵히 자신의 갈 길을 가는 이들은 연인, 친구, 가족 같은 인간관계에 연연하지 않으며, 목적을 명확히 알고 있기 때문에 타인이 볼 때는 외로워 보일 수 있지만 본인은 혼자 있는 것이 편하고 만족스럽다.

듀얼 소울(Dual Souls) 또는 트윈 플래임(Twin-Flame): 쌍둥이처럼 짝을 만든 영혼으로 보통 알고 있는 소울메이트는 트윈 플래임에 가깝다. 혼자서도 해야 할 일을 완수하지만 깊은 유대감(커넥션)을 느끼는 짝꿍 트윈 플래임과 프로젝트를 같이하면 시너지 효과가 창출되어 더 큰 성과를 이룰 수 있다. 2~3명의 소수로 이루어져 있고 같은 시간대에 환생한다. 비틀즈의 존 레넌과 폴 매카트니는 가장 잘 알려진 트윈 플레임 영혼이다.

다중 표현 영혼 그룹(Multi-Expressional Soul): 자신의 감정과 생각을 여러 가지 방법으로 다채롭게 표현하는 목적을 가지고 태어난 그룹의 영혼이다. 질보다 양적으로 많은 경험이 목표이므로 한 명과 독점적인 연인 관계에 있는 것을 선호하지 않으며 예술가 직업을 선택하는 경향이 있다. 되도록 많은 사람들에게 끊임없이 자신을 표현하고 싶어 하는 실험 정신이 강해 이것저것 시도하는 것을 망설이지 않는 영혼이다.

정적이기보다 괴로움을 발생시키는 촉매 역할을 하는 경우가 더 많다.

평형 이동 영혼 그룹(Parallel Soul): 두 개 이상의 같은 3차원 주파수 영역의 인생을 평형으로 경험하는 영혼이다.

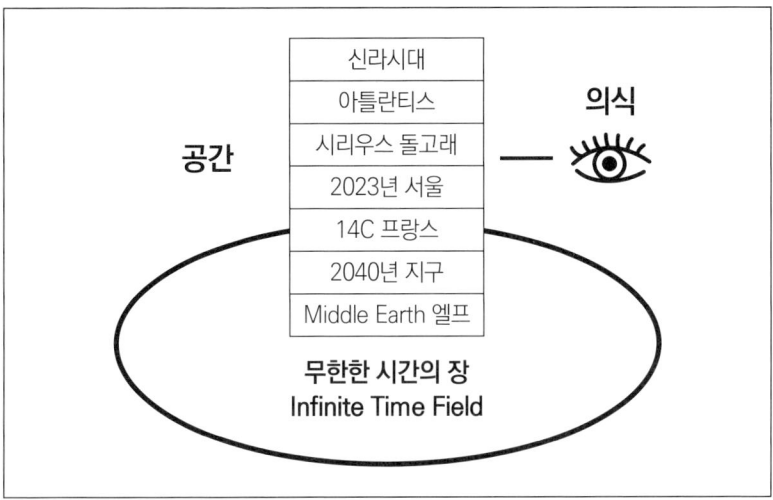

모든 영혼의 삶은 동시에 여러 다른 평행 우주/밀도계에서 일어나지만 위의 그림과 같이 선택된 의식(빛 에너지)이 머무는 곳만을 알아차리는 데 반해 평형 이동 영혼은 같은 차원의 주파수대에 여러 인생을 동시에 살기 때문에 데자뷰 현상을 자주 경험한다.

잠자는 동안 4차원 아스트랄계에서 활동하므로 잠이 많고 꿈을 많이 꾼다. 낮에도 백일몽이나 딴생각에 빠지거나 멍때리는 일이 잦고, 지구보다 다른 차원이나 우주에 대한 관심이 높다.

영혼의 인수인계 진입 영혼(Soul Transfers, Walk-ins): 특별한 미션을 성취하기 위해 이미 태어난 육체에 들어오는 영혼이다. 기존에 점령하고 있던 영혼과 동의 하에 새로운 배워야 할 교훈, 의식의 성장 계획, 카르마를 인수인계 받는다. 워크인(Walk-ins)으로 불리는 새로 진입한 영혼은 기존 영혼보다 고도로 진화된 의식의 높은 주파수를 가지고 있는 경우가 대부분이다. 분만 과정을 겪을 때 육체에 무리가 가해져 사망하는 경우를 피하기 위해 그리고 신생아로 태어나 성장을 기다릴 필요 없이 주어진 미션을 바로 수행하기 위해 이런 방법으로 지구에 투입된다. 워크인 이양 과정은 보통 충격적인 사건을 겪으며 이루어진다.

아브라함 링컨 대통령은 노예들의 인권이나 자유를 지키는 일보다 남북전쟁을 피하고 싶은 마음이 더 강해 오래도록 고민하였다. 그런 와중에 4밀도계 STO의식(영혼)이 워크인하면서 링컨 대통령 기존 영혼이 망설이던 일을 해내게 된 것이다.

유산을 포함하여 원인 불명의 태아의 죽음은 고차원 주파수의 영혼들이 진입하며 무겁게 가라앉은 물리체와의 주파수 차이를 이기지 못해 발생하는 경우가 많다. 영혼은 임신 3개월 후부터 태아의 육체에 들어오고 나가기 시작하고, 생후 한 달이 지나서야 육체와 합쳐지는 과정을 마무리하기도 한다. 명확한 원인을 알 수 없는 신생아 사망 신드롬(Infant Death Syndrome, SIDS)은 영혼이 단순히 계획을 변경해 육체를 떠난 경우이다.

영혼의 엮임(Soul Braiding, Walk-alongs): 새로운 영혼이 기존 영혼과 단기간 동안 한 육체 안에서 공존하는 것이다. 지구에 온 적 없는 영혼이 이곳이 어떤지 잠깐 테스트하거나 미션을 이행하기 위해 또는 전생 경험이 없는 스타시드(Starseed)가 인간의 특성을 배우기 위해 이러한 방법을 쓰기도 한다. 갑자기 변한 사람들은 워크인 이거나 소울 브레이딩 영혼일 수 있다.

혼령(Soul Entities): 아스트랄계는 계단 같은 여러 층으로 형성된 4차원 세계이다. 육신의 죽음 후 아스트랄계 저층에 머무는 영혼을 길 잃은 혼령이라 하는데 보통 말하는 귀신들이다. 하위 차크라에 무거운 고통체로 인해 육신의 죽음을 받아들이지 못한 경우가 많고 귀신 들림은 이 혼령들이 인간을 영매(채널)로 의사소통을 시도하는 것이다.

의식 차원이 낮아 SMC를 이루지 못하고 육체가 없는데도 하위 차크라를 에너지로 쓰기 위해 채널의 에너지체에 뱀파이어처럼 기생하므로 채널은 대체로 건강하지 못하다. 접신하면서 몸을 떨거나 눈동자가 뒤집히는 무당들의 신이란 존재는 낮은 차원의 귀신이 인간들의 관심이 좋아서 아스트랄 4차원계를 맴돌고 있을 가능성이 높다. 이 혼령들은 인류의 의식 진화에 관심이 없고 단지 인간 세계에 맴도는 게 재미있을 뿐이다. 인간의 호기심과 관심이 없어지면 더 이상 인간 세계를 드나들 수 없으므로 이런 혼령에게는 *"빛으로 가십시오."*라고 단호하게 잘라 말하고 철저히 무시하면 대부분 사라진다.

영혼은 모두 평등한 우주의 시민권자들이고 똑같은 권리(성장 진화할 권리)와 의무(영성 극성을 선택할 의무)를 가지고 있다. 고차원의 천사일지라도 당신의 요청과 허락 없이 소통하는 것은 불가능하니 혼령에게 의지하고 자신의 영적 주권을 넘겨주는 것은 어쩔 수 없는 일이 아니라 본인이 선택한 것이다.

스타시드 Starseeds 또는 방랑자 Wanderers

의식 진화를 지구에서 시작해 이곳에서 환생을 거듭하고 있는 지구 씨앗(Earthseed: 어스시드)과 구분해 다른 갤럭시, 별, 행성에서 진화하다 최근 지구에서 환생한 고차원의 영혼을 스타시드라고 한다.

이들은 주로 강렬한 영혼의 깨어남을 경험하지만 빠르게 받아들이고 이 과정 중에 은하계의 역사, 우주의 창조 원리, 절대의식을 기억하고(쉽게 이해하고) 6 밀도계의 오버소울과 어렵지 않게 소통한다. 더 정확히 표현하면, 인간자아 육체가 머물고 있는 이 세상이 자신(참자아)의 꿈의 세계이고 자신은 처음부터 그 하나(Oneness)였음을 안다.

다음은 스타시드의 특징이다.
- 지구가 낯설다. 지금 살고 있는 이 세상이 이상하다. 미친 것 같다, 괴짜라는 말을 듣는 것이 싫어 다른 사람들과 비슷하게 정상인 척하며 살고 있다. 정확히 모르겠지만 삶이나 살아 있음이 말이 안 되는데 아무도 이런 나를 이해하지 못한다.
- Ra그룹에 의하면 원더러 50%는 정신 이상으로 분류될 만큼 심각한 우울감과 혼란을 겪기도 한다.
- 굉장히 예민하다. 알레르기가 있고, 인공적인 밝은 빛, 시끄러운 소음을 견디기 힘들다. 피부, 냄새, 분위기, 기운, 에너지에 민감하다. 음식에 까다롭다. 돌로레스 캐넌에 의하면 몇십 년째 음식을 먹지 않고 공기를 마시고 흙을 밟으며 영양분을 흡수하거나 한 음식만 먹는 사람도 있고 특히 육류를 싫어한다.
- 다른 사람들, 동물, 식물의 마음이 느껴진다. 정육 코너 근처에서 공포감을 느끼는 경우도 있다. 사람들과 자연의 생각을 읽는 것처럼 느껴지기도 한다. 술, 화학 제품, 햇빛에 예민하게 반응하고 와이파이, 전기 흐름 같은 주파수를 느낄 수 있다. 이 특징은 자신의 정체성을 확실히 알게 되면서 사라지기도 한다.
- 태어난 가족 내 아픈 손가락이다. 혈족의 카르마를 정제하고 가족의 부정적 에너지를 흡수해 더 악화되는 것을 방지하는 역할을 하기 때

문이다. 가족에게 냉대를 당하거나 버림받는 것처럼 느껴지거나 실제 그런 일을 겪었다. 어려서 입양되었다고 느꼈던 적이 있고 진짜 가족이 따로 있을 것 같은 생각이 많이 들었다.

☐ 기발한 아이디어가 많다. 창의적이고 생각이 빠르다. 혁신적으로 세상을 바꾸고 싶고 그런 시도를 한다.

☐ 대안 교육, 귀농, 자연 친화적인 라이프 스타일을 선호한다. 요가, 채식, 무예, 유기농, 한의학, 명상에 끌린다. 프랑스 파리에서 쇼핑하는 것보다 대자연을 만끽하는 휴가를 좋아한다.

☐ 돈을 많이 벌기보다는 다른 이들에게 도움이 되는 창의적인 일을 하고 싶다.

☐ 영성에 끌린다. 믿음을 강요하고 컨트롤당하는 느낌 때문에 종교는 거부감이 든다. 백마법(white Magic 긍정적인 말의 힘), 끌어당김의 법칙, 형이상학, 현학, 채널링에 관심이 많다.

☐ 영의 가이드, 수호천사 같은 영적 존재가 지켜 준다는 느낌이 든다. 별에 대한 동경이 있고 바라보다 이유 없이 눈물을 흘린 적이 있다.

☐ 외계인이 있다는 것을 안다. 임사체험(NDE: Near Death Experience)을 한 적 있다.

☐ UFO에 납치된 것을 어렴풋이 기억하거나 그런 꿈을 꾼 적이 있다. 자각몽이나 아스트랄 프로젝션으로 다른 차원을 경험한 적이 있다.

☐ 빛의 존재가 방문한 적이 있다. 동그란 빛이 오랫동안 주위를 맴돌았던 적이 있거나 거울에 반사되는 빛을 본 순간 강한 에너지를 느낀 적 또는 이와 비슷한 빛에 관한 특이한 경험이 있다.

모두 해당될 필요는 없지만 이 책을 읽으며 알고 있던 지식이라는 친숙함이 느껴진다면 스타시드일 확률이 높다. 스타시드들은 대부분 같은 소울 패밀리에 속해 서로를 알아보고 유대감을 느낀다.

스타시드가 아닌 경우

□ 화성(Mars)과 멀덱(Maldek)에서 전쟁으로 행성을 파괴하고 약 75,000년~10,000년 전에 지구로 이민 와 3 밀도계 진화 여정을 다시 시작한 의식 독립체는 스타시드가 아니다.

특별한 영혼이라는 우월감에 도취되어 이렇게 힘들고 외롭게 사는 이유는 스타시드이기 때문이라는 핑계로 이번 생에 극복해야 할 촉매는 무시하고 힐링을 거부하면서 해야 할 일들을 미루는 사람은 스타시드가 아니다.

STS극성은 95% 이상의 매우 높은 극성을 유지해야 하므로 기억 상실의 베일을 지나며 자기 본성을 잊는 선택을 하지 않기 때문에 STS극성의 스타시드는 거의 없다.

스타시드의 공통적인 특징은 지구 환경이나 인간 사회에 적응하지 못하고 집이 어딘지 모르지만 하여튼 돌아가고 싶다는 마음이 강하게 들고, 해야 할 일이 있는 것 같은데 정확히 기억할 수 없어 답답함을 호소하거나 이유 없이 외롭고 화가 난다는 점이 있다.

스타시드는 대부분 5~6 밀도계에서 이미 STO긍정극성의 SMC를 이룬 고차원 독립체이지만 SMC일원으로 사랑 에너지 또는 빛 에너지가 완벽하지 못해 그 불균형을 해결해야 하는 경우도 있다.

3 밀도계의 마지막 사이클에는 양극성이 팽팽히 맞서 다양한 촉매(어려움, 괴로움, 도전이라고 이해할 수 있지만 영혼이 해결해야 할 숙제)를 경험할 기회가 많아 에너지 불균형을 힐링하기 좋은 기회이지만 기억을 잃

기 때문에 위험이 큰 도전이라 스타시드를 용감한 영혼이라고 부르기도 한다.

The Law of One 채널링팀 멤버 중 짐(Jim)은 평생 스스로에게 매우 엄격한 완벽주의가 있었고 실수에 대해 자책이 심했다. Ra그룹에 의하면 그는 현명함의 빛 에너지는 충만하지만 자신을 있는 그대로 받아들이는 사랑(이해) 에너지가 부족해 이런 촉매를 만들게 되었다. 그는 사랑을 배워 에너지 조화를 이루기 위해 3 밀도계로 환생한 6 밀도계 의식의 스타시드 영혼이다.

첫 번째와 두 번째 물결(wave)을 타고 태어난 스타시드들은 사랑/이해의 에너지 또는 현명함의 빛 에너지의 부족함을 촉매로 선택해 스스로 도전하고 극복하면서 균형을 이루는 것을 목적으로 태어나게 된다. 따라서 위의 특징에 포함시키지 않았지만 병이 있거나 쇠약하거나 외모적으로 극복해야 할 부분이 있거나 어려운 가정 환경, 폭력에 노출되거나 어려서 미움을 받는 경우가 흔하다.

예를 들어 시력이 심각하게 나쁘거나, 신체장애가 있거나, 어려서 병을 앓아 그 증상이 남아 있는 경우, 평범하지 않은 외모는 사랑/이해의 에너지가 지나치게 외부의 다른 독립체에게 집중되어 생긴 에너지 불균형을 바로잡기 위해 환생 전에 이런 조건을 촉매로 선택했을 수 있다. 진정한 STO사랑(이해) 에너지는 세상 사람들, 자연, 식물, 동물들과 똑같이 자기 자신도 있는 그대로 수용하는 마음이다. 이들은 촉매(도전/극복해야 할 괴로움)를 이겨 내 자신을 받아들이는 힐링이 이번 생에 스타시드로 환생한 목적일 수 있다.

빛(지혜) 에너지의 부조화는 인간관계에서 생각 없는 말실수를 빈번히 경험하거나 참을성이 부족한 성격이 촉매로 나타날 수 있다. 자신이 처한 환경이나 성격을 분석하면 어떤 촉매가 지속적으로 발생하는지 알 수 있을 것이다.

Ra그룹에 의하면 STS부정극성의 고차원 존재들은 스타시드를 하이 타겟으로 삼기 때문에 우울감, 불안감, 슬픔, 분노 같은 부정적 감정을 더 많이 겪게 되기도 한다. 스타시드라면 이런 감정이나 생각을 거부하거나 지책하지 말고 흘러가도록 내버려 두는 연습으로 스스로를 치유할 수 있다.

세 번에 걸쳐 오는 자원봉사 영혼들

3 밀도계 의식 독립체(인간)들이 전쟁을 일삼으며 세계 대전 때 핵무기를 만들자 연맹(Confederation)에서는 화성(Mars)과 멀덱(Maldek)에서 일어난 일처럼 인간들이 지구 행성에 큰 대미지를 주게 될 것을 우려해 긴급회의를 소집하게 되었다. 자유 의지와 기억 상실의 베일을 침해하지 않으면서 지구를 지키기 위해 집단의식의 진동 주파수를 올려 줄 자원봉사 영혼을 전 우주적으로 모집하게 되고 이렇게 해서 모여든 자원봉사 영혼들은 세 번에 걸쳐 지구로 보내지게 된다.

지구의 차원 상승 마스터 사이클 엔딩에 즈음하여 자신의 극성을 조율하기 위해 환생한 스타시드들과 진동 주파수 상승 미션을 받은 스타시드들이 다수 태어나게 되었다.

첫 번째 물결은 1940~1970년대에 태어난 선구자 스타시드로 이들은 다음에 오게 될 스타시드 물결(wave)을 위한 터 닦기 역할을 했다. 지구 궤도 진입과 인간 육체에 적응하는 어려움을 겪었고 대부분 기억 상실의 베일을 뚫지 못해 미션을 기억하지 못했으며 정체성 혼란으로 깊은 우울증을 이기지 못해 자살 시도가 빈번했다.

돌로레스 캐넌의 한 클라이언트는 최면 세션 중 주파수 상승 미션을 하기 위해 지구에 오겠다고 자원하는 자신의 영혼을 보고 이런 말을 했다. "믿을 수 없어요. 앞으로 당면하게 될 일을 전혀 모르고 밝게 웃으며 자원하고 있어요. 정말 바보 같아요!"

두 번째 흐름을 타고 보내진 스타시드들은 처음 시도에서 배운 교훈을 적용해 무언가를 하기보다는 그냥 존재하는 것만으로 주파수를 높이거나 유지할 수 있는 이들로 구성되었다. 에크하르트 톨레는 그의 책 《A New Earth》에서 스타시드라는 용어를 사용하지 않았지만 이들 영혼을 *주파수를 유지하는 자들*(Frequency Holders)이라고 표현했다.

남성성의 양에너지는 돌진하는 활동성의 외향적 에너지이다. 조직하는 좌뇌의 분석적이고 계산적인 특성이 강하고 물리적인 형태를 만들어 경제 성장에 기여하려 한다. 태양 총 차크라가 발달된 3 밀도계의 물질 지향적 관점에서 보면 무언가를 이루고 성취하는 것은 삶의 목적이므로 이들은 전반적으로 인간 사회의 중심이 되고는 한다.

여성성의 음에너지는 정적이고 공감력의 우뇌 특성을 보이며 큰 그림을 그리는 통합적 사고방식을 추구한다. 주파수 홀더들은 쉬지 않고 분출하는 양에너지 쪽으로 치우쳐 밸런스를 잃어 가는 것을 방지하는 음에너지가 강하다. 정원을 가꾸고 소소히 빵을 굽고 정신적 육체적으로 도움이 필요한 사람들, 동물, 자연을 돌보는 일을 하고 심리적 안정감을 주는 예술 활동을 즐긴다.

두 번째 흐름의 주파수 홀더 스타시드는 그냥 지구에 존재하는 것이 목적이다. 이들 자원봉사 스타시드 중에는 적극적으로 주변의 부정적 에너지를 빨아들여 에너지 필터링을 하며 주파수(에너지)를 상승시키기도 한다.

깨어나지 못한 상태라면 '*나는 왜 이럴까…*' 하며 이유 없이 느끼는 우울함과 자살 충동이 자신의 것이라고 믿으며 거부하겠지만 사실 이들이 느끼는 많은 생각과 감정들은 가족, 친구, 회사 동료, 이웃 또는 밖에서 스치던 전혀 모르는 사람들의 에너지가 흡수되었을 확률이 높다. 인간자아가 능동적으로 영혼의 깨어남을 인지하지 못한 상태라면 자신이 누구인지 그리고 에너지를 정화하고 균형을 유지하는 일을 하고 있는 것조차 모르므로 흡수한 에너지를 우주(또는 지구 어머니)로 돌려보내는 필터링 역할을 잘할 수 없다. 이렇게 자신의 에너지장에 부정적 에너지가 지속적으로 축적되어 정신적, 감정적으로 힘든 시간을 보내게 되고 무언가 명확히 모르겠지만 잘못된 것 같은 답답하고 짜증나는 인생을 살 수밖에 없다.

1950~1990년대에 주로 태어난 두 번째 자원봉사대 영혼들은 주파수 홀딩(에너지 필터링)을 효율적으로 하기 위해 사람들이 많은 밖으로 나가야 하지만 집에 있는 것을 선호한다.

한 번으로 자원봉사 일을 끝내야 한다는 기억이 잔재해 카르마에 엮이는 것을 방지하려 자녀를 낳지 않거나 결혼을 피하는 경우가 있고, 이들을 여러 측면에서 서포트하기 위해 함께 환생한 영혼과 결혼하기도 한다.

Ra그룹에 의하면 현재 지구에는 6천만~6천 5백만의 스타시드가 환생해 있으며 이 중 8.5%~10%(1981년 당시)의 영혼이 깨어나 자신의 정체성을 알아 가고 있다.

세 번째 흐름으로 지구에 온 자원봉사 영혼들은 레인보우, 크리스털, 인디고 아이들로 불린다. 이들은 앞에 먼저 온 두 번의 자원봉사단 스타시드 웨이브와 달리 대부분 행복하고 열린 가정에서 태어나 충분한 사랑을 받고 자라며 전폭적인 지원으로 영혼의 목적을 이룬다. 이들은 기존의 꽉 막힌 제도를 타파하는 혁명가이고 지구 환경을 지키면서 새로운 기술을 발전시켜 STO긍정극성의 안정화를 위해 노력한다. 전쟁을 반대하고 국가와 조직의 권력 남용으로 침해되는 인권 보호에 앞장서 인류애를 추구하는데 부패를 폭로하는 줄리안 아상쥐(Julian Assange) 같은 내부 고발자(Whistle Blower) 역할을 한다.

또한 전생을 기억하거나 안정된 송과선 차크라 활성화로 초능력이 발달되어 있으며 "왜?"라는 질문을 자주하고 학교생활에 적응하지 못하는 공통점이 있다.

지구가 4 밀도계 긍정극성으로 차원 상승한 2012년 이후 태어난 아이들은 주로 인디고 차일드인데 사실 이들은 높은 주파수 영역에서 내려온 것이 아니므로 더 이상 스타시드가 아니다.

지구 행성의 주파수 유지, 자신의 에너지 밸런스 목적 외에 지구에서 의식 진화하는 독립체(인간)에게 영적 깨어남을 가르치기 위해 태어나는 스타시드의 대표 케이스는 예수 그리스도이다. 그는 STO 4 밀도계 긍정극성에서 사랑/이해의 에너지를 가르치려 환생했다.

스타시드에게

나는 누구인지, 이 세상이 무엇인지에 대해 누군가 아주 상세한 답을 하여도 받아들여야 하는 건 그대의 몫입니다.

우리는 모두 자신만의 고유한 방법으로 깨어나므로 소울메이트, 천사, 소울 패밀리의 도움을 받을 수는 있지만 마지막 결정은 스스로 해야 합니다.

스타시드가 겪는 정신적, 신체적, 감정적 어려움이 태어나기 전부터 계획된 것은 사실이지만 그렇다고 여러 괴로움을 '아… 내가 결정했다고 하니 참고 견뎌야 한다.' 할 필요 없습니다. '이제 알았으니 견디는 것은 그만하고 힐링해서 털어 버리겠다, 절대의식의 무한 가능성을 내가 결정한 방식대로 주도적으로 표현하겠다.'라고 하면 언제든지 바꿀 수 있습니다.

스타시드이기 때문에 지구에 뿌리내리고 사는 것이 버거워 뿌리 차크라 흐름이 좋지 않은 경우가 흔하니 자연에서 맨발로 땅을 밟고 바다, 강물, 계곡에 발을 담그고 의식적으로 에너지를 교환하고 힐링하는 것이 큰 도움이 됩니다.

혹시 대부분의 스타시드가 5~6 밀도계에서 내려왔다고 하니 '내가 예수 그리스도보다 높은 차원이었다고? 믿을 수 없어!'라는 생각이 든다면 의식을 높여 창조주의 입장에서 상상해 보세요. 나무 한 그루와 인간, 꽃 한 송이와 고양이 한 마리는 모두 나름의 방식으로 절대의식의 사랑/빛 에너지를 표현하고 있는 영혼을 담는 평등한 그릇입니다. 더 지혜로운 사람과 그렇지 않은 사람이 있을지 모르지만 인간으로 우리는 모두 차등 없이 소중한 것처럼 영혼에 높고 낮음은 없습니다.

에필로그

깨어남의 과정이 독립체마다 다른 것처럼 힐링의 방법도 일반화할 수는 없을 것입니다. 그러나 영적으로 깨어날 때가 온 것이라는 말만 하고 분량을 핑계 삼아 해결책이나 힐링 방법을 제시하지 못한 것이 마음에 걸립니다.

네이버 블로그 '애벌레의 여정'에서 힐링 관련 내용과 자세한 채널링 시도 방법을 다루고 있습니다.

The Law of One의 Ra그룹과 채널링을 하게 된 세 사람은 L/L Research의 멤버들입니다. Don Elkins(질문자), Carla L Rueckert(채널) Jim McCarty(Scribe: 메시지를 적거나 녹음)입니다.

Ra는 광선(Ray)이라는 뜻의 어원이며, 이들은 이집트의 태양신으로 알려져 있습니다. 고대 이집트 사람들은 신에 대한 정확한 개념은 없었지만 태양의 역할을 알고 감사하였기 때문에 그들에게 영적 지식을 전달해도 좋다는 연맹의 허가를 받게 됩니다. Ra그룹은 이집트에 방문해 그 당시 평균 30세의 짧은 수명 때문에 의식 진화 기회가 거의 없는 이집트인들을 위해 피라미드를 지어 힐링을 도왔고, 타로와 점성학을 가르치기도 했습니다. Ra그룹은 지배층이 피라미드를 독점하고 *하나의 법칙(The law of One)*을 왜곡했기 때문에 그들을 떠났습니다.

1980년 초반 L/L Research 채널링 팀을 통해 다시 한번 *The Law of One* 채널링 메시지를 남겼습니다. Ra그룹은 차원 상승 사이클을 정확히 25,920년이라고 하지 않았습니다. 지구 축이 황도 12궁을 따라 움직이는 시간에 맞추어 지구 행성 3차원 사이클을 계산했고, 마야 달력 B'ak'tun이 끝나는 시점(2012년 12월 21일)과 Ra그룹이 말한 지구 마스터 사이클 추수 시간대(1981년에 약 30년 후)가 같다는 점이 책에 반영되었습니다.

당신은 전부입니다.
존재하는 모든 생명, 자신과 다른 사람들의 모든 감정,
모든 사건과 상황도 당신과 분리된 것이 아닌 당신입니다.
당신은 통합된 하나입니다.
당신은 무한함입니다.
당신은 사랑/빛 에너지이고 빛/사랑 에너지입니다.
당신은 있음 그 자체입니다.
이것이 존재하는 유일함, 그 하나의 법입니다.

    You are everything, every being, every emotion, every event, every situation. You are unity. You are infinity.
    You are love/light: light/live.
    You are. This is the Law of One

(The Law of One, session 1.7. 1981년 1월 15일)

항상 곁에서 사랑으로 지켜 주는 수호천사 이재우 님과 격려를 아끼지 않고 응원해 준 신기선 님께 사랑과 빛의 축복을 전합니다.

참고 자료 목록 및 사진 출처

The Law of One. https://www.lawofone.info/
From Opening to Channel: How to Connect with Your Guide by Sanaya Roman and Duane Packer, information at www.orindaben.com.
The Presence Process by Michael Brown,
A New Earth: Awakening to Your Life's Purpose by Eckhart Tolle.
Power VS Force by David Hawkins
《기적수업: 내면의 평화재단》, 헬렌 슈크만 채널: 구정화, 김지화 옮김.
《노자의 도덕경》, 노자, 최태웅 옮김, 새벽이슬 출판.
PhD.Dean Radin - New Experiments show Consciousness Affects Matter
Human by Design: From Evolution by Chance to Transformation by Choice by Gregg Braden.
Sri Ram Kaa & Kira Raa 가 Archangel Zadkiel(대천사 재드키엘)을 채널링하며 얻은 정보.
The Kybalion 저자 미상
Journeys out of Body by Robert Monroe
Astral projection Resource by Frank Kepple
Expanding Consciousness by Aaron Abke, Spirit Science
Joan Borysenko & Joan Drescher, On Wings of Light The Layers of the Soul:
The wild Pendulum -On the Mechanics of Consciousness by Itzhak Bentov.
The Convergence Graphic Novel, manataka.org,
The interpretation of nature and the psyche by Professor W Pauli and Carl Gustav Jung.
On synchronicity by Carl Gustav Jung,
Deepak Chopra on synchronicity, Fundamental Education, Supreme Message by Samael Aun Weor Gnostic Teaching, Inner Temple.
Source Field Investigation by David Wilcock, Prana your Energy by Dr. Usha Peri, Kumar Anand
The Cerebrospinal Fluid & the Fluid Nature of Consciousness by Dr. Mauro Zappaterra
When the body says No by Dr. Gabor maté
Breaking the Habit of Being Yourself, You are the Placebo by Dr. Joe Dispenza

The Ancient Secret of the Flower of Life 1,2 by Drunvalo Melchizedek, Spirit Science
Three waves of volunteers and the new Earth by Dolores Cannon
Dr. Masaru Emoto water experiments,
Alchemy & mysticism by Alexander Roob
primary perception by Cleve Backster
12 Rules for Life: An Antidote to Chaos by Jordan B Peterson
McCarty, R., M. Atkinson, and R.T. Bradley, Electrophysiological evidence of intuition: Part 2. A system-wide process J Altern Complement Med, 2004. 10(2):
(DePaulo B, Kashy D. Everyday lies in close and casual relationships. Journal of Personality and Social Psychology. 1998;74(1):63–79. pmid:9457776)
(Descartes, R., 1641, Meditationes de prima philosophia, Paris: Michel Soly. (In French.) Reprinted in AT, vol. VII. English translation in CSM, vol. II.)
Human Origin on Edgar Cacey by Kevin Williams, Understanding Soul, and Spirit by John Van Auken.
에드거 캐이시 리딩: EC Readings (EC 136-8), (EC 136-83) (EC 5753-1) (EC 리딩-2079-1) (EC 262-58 1934년 2월 8일), (EC 262-59 1934년 4월 8일)
mpan, CC0, via Wikimedia Commons
Daniel M. Short, CC BY-SA 3.0 <https://creativecommons.org/licenses/by-sa/3.0>, via Wikimedia Commons.
Author of source image: ekem. Transparency by Mikael Häggström, CC0, via Wikimedia Commons
Deathlime(at en:), Public domain, via Wikimedia Commons
MidnightLightning, CC BY-SA 3.0 <https://creativecommons.org/licenses/by-sa/3.0>, via Wikimedia Commons
https://pixabay.com/photos/volunteer-voluntary-accompany-guide-422598/
Smithsonian Institute's collections from the following link: http://www.asia.si.edu/collections/zoomObject.cfm?ObjectId=35166, Public domain, via Wikimedia Commons
Abake, Public domain, via Wikimedia Commons.
Anonymous Unknown author, Public domain, via Wikimedia Commons
William Tyler Olcott'(Q8019602), Public domain, via Wikimedia Commons
Metropolitan Museum of Art, CC0, via Wikimedia Commons
Flinga, Public domain, via Wikimedia Commons
Chong Fat, Public domain, via Wikimedia Commons
Austrian National Library, Public domain, via Wikimedia Commons
ThaliaTraianou, CC BY-SA 4.0 <https://creativecommons.org/licenses/by-sa/4.0>, via Wikimedia Commons
Johannes Kepler, Public domain, via Wikimedia Commons